邵荃麟全集

SHAO QUANLIN QUANJI

第一卷

文艺理论与批评（上）

武汉出版社
WUHAN
PUBLISHING HOUSE

(鄂)新登字 08 号

图书在版编目(CIP)数据

邵荃麟全集.1,文艺理论与批评.上/邵荃麟著.—武汉:武汉出版社,2013.10

ISBN 978—7—5430—7887—1

Ⅰ.①邵…　Ⅱ.①邵…　Ⅲ.①中国文学—当代文学—作品综合集②文艺理论—文集③文艺评论—文集　Ⅳ.①I217.2

中国版本图书馆 CIP 数据核字(2013)第 232961 号

著　　者:邵荃麟
责任编辑:杨建文
封面设计:刘福珊
出　　版:武汉出版社
社　　址:武汉市江汉区新华路 490 号　　邮　　编:430015
电　　话:(027)85606403　85600625
http://www.whcbs.com　　E-mail:zbs@whcbs.com
印　　刷:武汉精一印刷有限公司　　经　　销:新华书店
开　　本:880mm×1240mm　1/32
印　　张:14.5　　字　　数:302 千字　　插　　页:7
版　　次:2013 年 12 月第 1 版　　2013 年 12 月第 1 次印刷
定　　价:480.00 元(全套八卷)

版权所有·翻印必究
如有质量问题,由承印厂负责调换。

邵荃麟像（1906—1971）

中國文學十年
（1949——1959）
論主觀問題
論批評
創作小說選
邵荃麟評論選集
中國社會發展遲滯的原因
英雄
EXCHANGE FROM HOOVER
被侮辱和被損害的
宿店

邵荃麟的部分作品

1937年，邵荃麟、葛琴与刘白羽合影

位于浙江省宁波市江北区庄桥街道东邵村的邵荃麟故居

福建永安虾蛤村改进出版社旧址，1940年邵荃麟夫妇曾在此居住

出 版 说 明

邵荃麟(1906.11～1971.6),原名邵骏运,浙江慈溪县东邵村(现属宁波市江北区庄桥街道)人,现代著名文艺理论家、作家。曾长期从事革命文化工作,中华人民共和国成立后,历任政务院文化教育委员会计划局局长、副秘书长,中共文教委员会委员,中共中央宣传部副秘书长兼教育处处长。1953年起,邵荃麟担任中国作家协会党组书记、副主席,《人民文学》杂志主编等职,他坚决贯彻党的文艺方针政策,坚持现实主义创作方向,积极组织作家深入生活,加强国际文化交流,为繁荣发展文艺事业做出了重要贡献。在“文革”中邵荃麟遭到残酷迫害,1971年含冤病死狱中。

邵荃麟一生著述甚丰。在近三十年的创作生涯中,他先后创作了评论、小说、剧本、译著、论文等多种,结集出版的有论文集《论第二次世界大战》,独幕剧集《喜酒》,小说集《英雄》、《宿店》,翻译作品《游击队员范思加》、《意外的惊愕》、《被侮辱和被损害的》、《阴影与曙光》等。他所选注的《创作小说选》与《文学作品选读》对中学生阅读现代文学、学习和写作具有极大的启发和影响。他的文艺理论著述在身后结集为《邵荃麟评论选集》,其中许多重要的理论文章显示了他对文艺现状和理论建设的独到而深刻的见解。本集收录了迄今有确切线索并有文献印证的邵荃麟的全部著作，力图全面、系统、客观地反映他一生的创作风貌和文学成就。这是他的作品首次全面结集出版，对于抢救中国现代文化遗产，对于推动邵荃麟研究，将产生重要的积极的影响。

全集以文体为分卷的基本依据，兼顾体现并突出其创作成就和特色，共分八卷，依次为：《文艺理论与批评（上）》、《文艺理论与批评（下）》、《作家作品评论》、《杂文　时评》、《译著　译文（上）》、《译著　译文（下）》、《小说》、《戏剧　散文　序跋　书信　附录》。各卷次或部分按已结集出版的在前、未入集的作品在后的原则编排。专集以初版时间为序，重复的篇目从后出版的专集中剔除；未入集的作品以发表时序为准。

为尽量保持作品的历史风貌和作者的行文风格，除按现代汉语规范对个别用法前后多次变异的汉字加以统一；以初版、初次发表为主，参照其他版本对错别字作了校订，完善了文本的个别内容；将无特殊含义的异体字恢复现代汉语本字外，其余一般不作改动，原文照排。外国人名或地名的翻译，除同一卷次统一以免误读外，不求一律；落款的方式也保持历史原貌。作者自注照录，编者只根据个别情况作了少量简注。为方便读者使用和研究，本书附录部分还辑录了邵荃麟著作目录、邵荃麟生平及著译年表，以及篇目笔画索引等。著译年表对已散佚的文章作了存目处理。

编辑《邵荃麟全集》是一项拓荒性的工作。新中国成立后由于种种原因对其著作整理、研究不多；加上邵荃麟在抗日战争前后，辗转于浙江、福建、桂林、重庆、香港等地，所发表的文章牵涉的报刊众多，而且有些还是临时的战时报刊，至今已少有保存；一些馆藏文献资料保存和利用情况不太理想；资料比较分散，部分手稿、书信收藏于个人手中，多已散佚，抢救和发掘资料的工作十分不易；文字考订工作浩繁；加上编者水平所限，疏漏或不当之处在所难免，诚乞方家批评指正。

本书由武汉出版社社长、总编辑彭小华策划和统筹，副总编辑邹德清具体统筹编辑组日常事务，杨建文协助统筹编辑组日常事务，杨建文、肖德才、李杏华、李俊、万忠、李艳芬等分别担任各卷责编，梁桂莲参与了前期部分工作，特此说明。

邵荃麟的亲属邵济安女士、王存诚先生等在全集目录的编定和资料收集方面做了大量工作，相关图书馆和机构对全集的编辑出版也予以了积极支持，在此一并表示感谢。

武汉出版社

2013 年 8 月

总　目

第一卷　文艺理论与批评(上)

第二卷　文艺理论与批评(下)

第三卷　作家作品评论

第四卷　杂文 时评

第五卷　译著　译文(上)

第六卷　译著　译文(下)

第七卷　小说

客人

英雄

海塘上

欺骗

吉甫公

多余的人

雨天

新居

一个女人和一条牛

宿店

大铜山的一夜

旅途小景

歌手

一个副站长的自白

糖

车站前

银弟

贬价

荒唐的人

第八卷　剧本　散文　序跋　书信　附录

目　录

我们对于现阶段文化建设的意见

——代发刊词

一　现阶段文化建设运动的内容与性质

民族文化与世界文化的关系

抗战以后，由于中国人民生活剧烈的变动以及民族革命战争对文化迫切的要求，文化的民族性特别被重视起来了。革命的民族文化的具体内容与形式创造已成为当前文化界的直接课题。学术中国化，文艺的民族形式创造，中国文化遗产接受诸问题的提出，都是为适应现阶段中国历史的实际要求，这一切仍应认为是承袭着“五四”以来中国新文化运动的传统，它的总方向仍然是“五四”所提出的启蒙运动，并没有基本的变动。民族文化的建设绝不是重起炉灶的一个新问题，而是二十多年来中国文化革命运动更进一步的发展。

民族文化的存在是根据于各个民族生活的特质。世界人类的生活沿着一定的历史必然法则而发展，因此，人类的文化必然是具有其共同的世界的本质。但是这一世界本质却必须通过各个民族生活的特质与由这一特质而产生的民族形式而表现出来，因为各个民族具有它不同的言语，不同的生活样式以及种种互殊的条件，离开这一切现实的特殊条件，文化的内容的世界本质就无从获得充分的发展。这里也说明了，所谓民族文化并不是和世界文化绝对对立而存在，而是依据着本质与特质的相互关系和他们的发展而存在的。人类愈趋文明，各个民族间的接触亦愈密切，于是彼此的生活互相渗透，互相影响。这时，各民族的特质便逐渐在被扬弃，逐渐趋向世界本质的统一。大同世界实现之日，四海成为一家，民族的特质将被否定，所谓民族文化终于融合于世界文化而不复存在。孙中山先生力倡民族主义而却以世界大同为其终极目的，其真谛即在于此。民族文化与世界文化的关系亦然。民族文化的发扬，是为要取得其更充实更丰富的世界内容，以赶上世界文化的水准，同时亦即是以促进人类生活的大同为其终极目的。这是所谓特质向本质发展的过程。从这里，我们也就看到，民族文化是随着民族生活的历史而发展的，在它的发展过程中，同时是在不断地否定着它本身中不合时代和阻碍着向世界文化发展的成分。绝不是把历史的古董来作为民族文化的精华，也不是在中西文化中划出一条鸿沟作为两个对立物来等量齐观，更不是把“中学为体，西学为用”的变相说法作为民族文化的解释。民族文化必须具有其一定的时间与空间的意义，必须具有其现代的世界内容，必须具有其适应于其民族生活的独特的形式与独创性，这样民族文化才能取得其进步的意义，才能担负起改造民族生活的任务，才能真正地服务于抗战建国，而所谓文化有无国界的问题也循此得获解决。在中国，民族文化问题的提出，更具有其特殊重大的意义。首先，因为中国的文化是落后于世界的，为了迎头赶上，为了建设现代化的国家，它必须更强调文化的民族形式，才能把现代世界的文化内容，融解于中国人民生活之中。中国人民的言语，生活样式等是极其特殊的，中国历史又是极其悠久而具有丰富内容的，因此，发扬中国民族文化的独创精神，更见重要。其次中国正在艰苦的民族抗战中间，我们一方面需要吸收更丰富的世界文化内容，同时又需要反对日本帝国主义的文化侵略与奴化。民族文化问题提出于目前，一方面是包含着反对帝国主义文化的意义，另一方面是对民族革命的特质的重视，只有加强文化的自主性与独创性，重视文化的民族性，才能加强文化的战斗与革命的作用。

中国革命的民族文化的建立，同时也是中国文化革命运动基础的奠定。它不仅是建设的，而同时是革命的；不是保守的，而是进步的。因此，我们必须从“五四”以来中国文化革命运动的传统意义上去了解现阶段中国革命的民族文化的实质，才能把握当前文化建设运动的正确方向。

中国民族革命运动与民族文化

民族文化的存在，即是依据于其民族生活的特质，则这一民族的社会历史条件，必须又同时是决定民族文化特质的主要因素。二十世纪中国社会的特征是半封建半殖民地的。中国人民是从帝国主义与封建残余的双重压榨下，在受着苦难，在觉醒过来，在团结着，战斗着，一直到现在发展为伟大的全面抗日战争。这就是构成中国人民生活全貌的主要特征，也就决定中国民族革命主要的性质，这即是说对外要求独立自主，对内要求民主自由（在目前就是要求抗战最后胜利与建立民主的新中国）。这一革命又必然而且必须以全国人民大众为其基础，才能争取到彻底的解放。同时，这一革命不仅是为民族争取独立与解放，并且还包含着世界的意义。它本身必然是世界人民反侵略运动及反帝国主义斗争的一部分，甚至是主要的支柱之一。中国民族革命所具有的世界意义，在文化上，也就说明了中国民族文化与世界文化的具体关系。由于上述民族革命运动的性质，就决定了中国民族文化建设运动的性质，革命的民族文化同样是从国民大众反对帝国主义文化思想侵略的斗争中，反对封建思想的束缚的斗争中孕育出来，发展开来的。因此它的性质，也就是反帝国主义的，反封建的，属于国民大众的，这成为中国文化启蒙运动的基本纲领，从“五四”到现在，是继承着同一性质而发展的。到了目前这民族抗战的时代，民族文化愈益显出明确的具体的性质，这表现在：(一)敌我的文化思想斗争到了最尖锐的地步，文化已经成为民族战争中具有高度战斗性的直接武器；(二)民族意识思想与汉奸买办意识思想的斗争更尖锐了，脱离现实的生活的文化思想逐渐不能存在，新中国的建设对于现代科学与民主的文化思想要求更迫切了；(三)人民生活巨大的变动猛烈地在破坏着旧的社会生活基础，文化生活的取得逐渐成为国民一种自觉的要求。文化运动性质的明确化便必然要求更具体更精密的文化的内容与形式。革命的民族文化的创造在这时便更显出其重要的意义。

民族文化与三民主义

三民主义是中国民族革命的最高原则，它是针对着中国社会半殖民地半封建的特质，适应着对外争取独立自主，对内实现民主自由的历史要求而提出的辉煌的革命总纲领，同时它的本身也就是构成现代文化思想的一个主要部分。三民主义的思想不是玄虚的，少数人的，而是从全国人民现时生活斗争中产生出来，并且和世界的历史要求相适应的现实主义的政治思想。它的最大特色，是在中国历史上首先否定了传统的保守的非科学的旧文化思想，建立了以现代的世界文化思想为主要内容，而适应中国民族特质的，富于战斗性的政治学说。孙中山先生曾说："就人群进化的道理来说，旧思想总是妨碍进步的，总是束缚人群的，我们要求人群自由，打破进步的障碍，所以不能不打破旧思想。"(《三民主义是打破旧思想的主义——在桂林军政学七十六团体欢迎会演讲》)这是中国思想界的一次大革命——民主思想对封建思想的大革命。"五四"以后，中国的新文化运动就以这种民主主义的思想为基础而很快地和三民主义的政治思想结合起来。民国十三年中国国民党改组的宣言中，更明确地规定了中国革命的纲领与任务，这样就自然地成为中国新文化运动的政治指导方针。这种关系更密切起来。民族文化建设运动，成为三民主义建国工作的重要的一环，三民主义的实践赋予了革命的民族文化以明确的具体内容，而使这些内容通过民族形式渗入于中国人民生活之中，与帝国主义封建的文化思想相搏斗。革命的民族文化是实现三民主义争取抗建胜利的有力武器。

三民主义的基本内容是:(一)争取民族的自由平等,并和世界革命民族联合,争取人类的自由平等(民族主义);(二)建立民有民治民享的现代化民主国家,彻底消灭封建思想与制度(民权主义);(三)实行节制资本,平均地权,改善人民生活,以达到大同世界的终极目的(民生主义)。所以三民主义是被称为彻底的民主主义思想,这种彻底的民主主义正是现阶段中国民族文化思想的核心。

根据于上述内容,革命的民族文化的基本内容,也就是:(一)反对帝国主义的文化侵略(在目前特别是反对日本帝国主义的奴化文化),发扬民族的意识与革命性,建立民族革命的道德观,和一切违反民族与人民利益的思想(在目前特别是汉奸的和平妥协的思想意识)作斗争(民族的);(二)反对封建的保守的非科学的旧文化思想意识与制度,提高人民自觉的与爱好自由的民主精神,实现文化思想上的平等自由,发扬科学的精神,提高国内少数民族文化水准和取得文化上的平等地位(民权的);(三)反映全国人民的生活,并为人民的利益服务,充实及提高国民精神生活,使其与物质生活的改善并行前进(民生的)。

但,上述内容必须通过民族的独创形式表现出来,才能获得内容的充实与发展,才能真正渗透于中国人民生活中间。

现阶段民族文化建设的基本条件

在现阶段抗战建国过程中间,中国文化运动具有其明确的具体的性质与内容,既如上述,因此在文化建设工作中间,必须具体地确定共同标准。即是说,现阶段的民族文化建设工作，必须遵守下列各条件而进行——这些条件是以抗战建国纲领所规定之原则为出发点的：

第一，它必须是以实现三民主义服务于抗战建国为总的前提的。

第二，它必须以中国所需要的现代民主思潮（三民主义）为其核心内容的。

第三，它必须是以文化启蒙与提高国民文化生活为中心任务的。

第四，它必须以现代科学思潮与现实主义为基础的。

第五，它必须以适合中国民族特质，反映中国人民生活的形式为其创造方法的。

二　现阶段抗战形势与文化建设运动的检讨

现阶段抗战形势的特征

抗战已经进入到第五个年头，主客观的条件已经证实了并决定了抗战的持久性质。初期抗战的若干特征已经被相持阶段的特征所代替了。在现阶段中，敌人全线进攻的能力已经丧失，而我们的兵力却深入到敌后的每一角。我们的主观力量是增强了，然而客观的困难也同时增大了，这表现在：第一，战争已经由军事的攻守战展开为政治经济文化的全面战争。第二，我们的物质条件较前更加困难了。现在的战略总任务是完成反攻的准备。这是决定于我们主观力量对客观困难的斗争和敌我力量消长程度的对比，这种力量是指政治军力经济文化各种力量的总和。这种多面的个性的长期性的斗争就是现阶段抗战形势的第一个特征。第三,今天的战争,不仅是争城之战,而且是争民之战、争物之战以及民族思想道德与汉奸思想意识之战,因此,现阶段抗战中政治经济文化思想的斗争便更重要于军事的作战。第四,为要坚持持久战争,以击溃敌人多面的进攻,政治经济军事文化各方面的国防建设,益具有迫切的需要。在政治上便是民主政治基础的奠立;在经济上便是国防工业的建设与战时财政金融政策的确立;在文化上便是革命的民族文化的建设;一切均应和军事上现代战斗部队的建立并重,而以争取军事胜利为其共同目标。第五,敌后战争的重要性更见提高,一方面是针对敌人的后方"扫荡",一方面是摧毁敌人的后方建设,而这种战争同样也包含政治经济军事文化各方面的。

敌人奴化文化政策

综上所述,现阶段的文化战斗与建设的任务,较诸抗战初期益见艰重,而在另方面,敌人也正在更积极地进行其奴化文化的政策,这种政策的内容是:

(一)创办各地的汉奸报纸杂志丛书,利用各种艺术性的宣传方法,以及散布大批通俗化的小册子到民间去,散播投降妥协和平的毒素,歪曲人民对抗战现实的认识。

(二)建立奴化教育的系统,编制反动的教科书,强迫学生读日文,实行侦察与监视的训育方法,以其根本灭绝沦陷区内青年与儿童的民族思想与意识。

(三)厉行复古,利用腐烂了的封建文化来灌输奴隶思想。

（四）提倡淫靡的戏剧歌曲色情文学以败坏中国人民的道德与体格。

（五）绑杀上海及沦陷区各地的爱国文化人与青年。

（六）威胁利诱，收买上海及沦陷区各地的学校与文化机关。

（七）组织公开的或不公开的汉奸文化团体，提倡所谓“和平文化”作为文化活动的御用工具。

（八）厉行思想统制，检查及封锁含有爱国意义的书刊的流传。

（九）轰炸我后方的学校、图书馆及各种文化机关。

这种政策虽然并不能阻碍我民族国家意识的发扬，也不能掩饰敌人的残酷行为，但也不容我们过低估计其影响，而应该提高警惕，加倍努力，与这种奴化文化政策作坚决的斗争。

四年来文化建设上的收获

敌人的侵略非但不能阻遏我文化事业的活动，反而使中国文化获得空前的发展与进步。四年以来，在我们文化建设过程中，我们认为已经获得了下列的主要收获：

（一）我们的文化，已经由一两个主要中心而分布到各地去。过去较为偏僻的地区，如桂林昆明金华永安曲江老河口衡阳吉安等城市现在都成为该省的文化中心，文化更普遍地辐射到落后的农村中去。而尤其值得称道的是敌后文化据点普遍的建立（如华北华中江苏湘鄂赣边区等），这种据点多半建立在乡村中间，使国民文化水准通过这种关系而一般地提高起来。

（二）大众化工作，已经由理论的探讨达到实践的阶段。各种各样新的文化活动方式（如壁报通俗戏剧歌曲与图画等）不断地从实践中创造出来；文化入伍与文化下乡已获得部分的成就；有计划的大众读物的供给已在开始（如广西四川浙江华北等），这些工作已经显出了相当的成绩。

（三）在军委会政治部领导下，各地部队政治工作的建立与士兵读物的大量发行，使中国士兵的文化水准一般地提高起来。

（四）学术研究已经达到更深入的阶段。这表现在：一、哲学、历史、文学、科学以及孙中山先生遗教的研究与论争，从这种研究与论争中获得了新的正确的见解；二、学术的研究更倾向于现实主义；三、艺术的创造逐渐克服了抗战初期公式主义与浮泛的弱点，取得更广泛与深入的内容，并且开始从事于民族形式的创造；四、接受中国文化遗产工作已由专家在开始进行。

（五）国民教育制度的确立与推行，如教育部之召集全国国民教育会议，将义务教育与成人补习教育统一于国民教育之内。并大量培养国民师资，增筹经费，使各省之国民教育得以充分发展，如广西省的积极推进国民基础教育，为国民教育制度奠立一个良好的基础。其他浙江及华北之努力肃清文盲运动，江西的保学运动等等均有了相当成绩。

（六）少数民族教育的被重视与发展。中央曾通令办理边疆教育培养瑶苗回蒙等族人才，广西贵州特种教育的进行，广东连县瑶民实验区的设立等等。

（七）文化人的团结奋斗与文化人的深入下层使文化运动

发挥了巨大的效用，尤其是抗战初期，这种成绩是非常显著的。

四年来的抗战文化建设中间，我们固然已经得到了一些珍贵的收获，这自然也是由于文化界同人的努力。然而，我们不得不指出，促进这种进步，更主要的因素还是由于抗战的客观环境对文化迫切的要求，我们的主观努力实际上是远落在客观的要求之后，这是值得注意的一点。其次，文化发展虽然普遍，但是非常不平衡；某些地区的文化进步极快而某些地区则又异常落后。新的文化虽然有空前的发展，但落后的封建文化思想的潜在力仍极强大，而且有重新抬头的趋势；这一切都在检讨中值得我们警惕的。

四年来文化建设上的缺憾

在收获的另一方面，便是我们工作进行中的缺憾，这些缺憾是：

（一）反敌人奴化文化的斗争不够。我们的文化宣传未能深入到沦陷区域的人民中间，文化多半集中于大后方，即在前方也普遍感到文化的饥荒。

（二）乡村文化工作，通过宣传与戏剧团体的巡回，曾经获得迅速发展，但往往缺乏持久性，一度高潮之后又归消沉，在文化教育的意义上收获不大。

（三）各部分文化工作大多缺乏持久性的通盘计划，零星散漫收效不大；各地工作未能密切配合，一方面工作感觉不够，另一方面却又表现了许多不必要的浪费。

（四）学术思想研究与一般文化活动上尚未能在抗战建国

的最高原则下达到自由研究、自由批判的境界；另一方面宗派门户之见仍未完全清除。

（五）大部分地区的文化建设工作未能与政治经济建设以及民众日常生活密切配合，以致文化建设工作往往失去具备的内容与实践的意义。

（六）国际文化的介绍，由于交通的限制与物质上种种困难，在近年中感到极端的缺乏。

（七）适合于战时的学校课本尚未正式订颁，一般学校的教育尚不能完全适合战时的需要；在训育上，尚未能高度地发挥学生青年的自觉的创造精神。

以上所述各种缺憾，或由于客观的物质上的困难，或由于主观的努力不足。但，痛自反省，猛加鞭策，正是今天国人应有的精神；只有更深入去检查这些缺憾，更加倍努力去克服它们，这才能使百尺竿头更进一步。

文化界的冷落倾向

最近，中国文化界忽然呈现着一种冷落的倾向，这是值得注意的一个严重现象。

这种冷落的现象，首先是表现在出版事业的衰落，报纸书籍与杂志出版的数量，较之两年前大大地跌落；其次是乡村文化工作的停滞倾向，从前流动于穷乡僻壤的文化宣传团体减少了；第三是学术研究创作与批判的空气较前低落了。例如艺术作品剧本歌曲等供应的恐慌，学术论辩的消沉，研究与创作的刊物的停止与减少。这一倾向的发展可能形成文化建设运动上一种危机，直接影响到抗建巨业的进行。

然而，这种冷落倾向却绝不足使我们悲观消沉，因为在另一方面，我们却相反地看到国民的文化水准和对文化的要求较前提高和更加迫切了；青年知识分子对学术文化的兴趣也更加热烈了。这种基础的客观条件存在，只要抗战一日继续，中国文化运动的前途永久是光明的；只要我们主观上一致努力，这种客观困难是不难克服的。

我们考察这种冷落倾向的原因，主要是下列各点：第一，是物质条件的困难；例如印刷、运输、纸张的各种限制，使文化读物的生产与流传受了极大的影响；第二，学术思想研究工作缺乏精神与物质上的一定保障，政治上的问题常常影响到学术思想研究独立的尊严性，作家学者常感言路不够广阔，使学术研究不能循愈辩愈明之路，收互相切磋之效；第三，是文化界市侩主义的抬头，酿成投机的庸俗的自私的恶劣作风。然文化之发展与政治经济生活的进步，尤有莫大关系，故最基本的一点，仍在民主政治的确立与民生经济的推进。革命的民族文化唯有在三民主义的实践中，才能发挥出其最大的作用与力量。

现阶段的抗战对文化要求些什么？

文化的发展既具有一定的时间性与空间性，故谈现阶段的文化建设，首先应把握此时此地的特征，从当前客观的要求上，去确立我们的方针。

现阶段抗战对文化建设的要求，和其他建设的要求一样是具有一个总的前提，这即是说：对外坚持独立自主的抗战国策，对内要求团结御侮与建设自由平等的三民主义新国家；离开这一前提或基本的要求，则文化建设完全落空。

在这总的前提之下，现阶段对文化的基本要求，便是适合现阶段国防精神上与物质上的种种需要，具体地说，就是：

第一，要求通过文化来动员民众，坚定人民抗战的意识和信心，建立民族的气节与道德，发扬自动自觉的民主精神，提高士兵的政治觉悟，绝灭一切违反民族与人民利益的汉奸思想与意识，以防止抗战情绪可能的低落倾向。

第二，要求普遍地有计划地进行大众化工作，创造一切适合于中国人民的文化形式，供给大量通俗化书报戏剧等到军队里去，人民中去，普遍推进国民基础教育与识字运动以救济人民的文化饥馑。

第三，要求确立现代各种学术的科学基础，使其具有服务于抗战建国的实践性，并使其能适合于中国人民的生活，要求文化界的精诚合作，互相切磋，并提高文化创造的自由。

第四，要求发展适合于国防物质建设需要的自然科学与技术科学，提倡国防科学运动，并使此种运动与政治经济生活取得配合。

第五，要求培养大量的各种专门人才与教育广大的青年知识分子，使其参加抗建的各种工作。

第六，要求政治教育与文化教育的一致，政治宣传与艺术创造的一致，理论教育与生活实践的一致，以创造较完整的新文化内容与形式。

针对上述种种客观的现实的要求，我们才能具体地提出对现阶段文化建设的意见。

三　对现阶段文化建设的具体意见

对大众化工作的意见

（一）现阶段中国文化运动是文化的启蒙运动，因此大众化的工作必然是这一运动的核心，只有从提高国民文化水准与充实国民文化生活的过程中，才能改造国民的精神生活和发扬民族的革命潜在力，所以孙中山先生在《建国方略》中把心理建设放在第一位。中国人民受数千年来传统的封建思想文化的浸淫与束缚，在其生活意识与习惯中已经渗透着种种迷信的非科学的自大与自卑的奴隶思想的毒素，这是中华民族的弱点也是中华民族衰弱的根源，我们必须根本铲除此弱点，才能发扬民族的伟大的战斗力量。因此，今天所谓大众化工作，乃是包含着国民思想革命的意义。即是说，以现代科学与民主的思想与国家民族的观念，去克服封建的迷信的奴隶思想的一种艰苦斗争，而这种斗争必须通过大众形式的文化工具。在另一方面说，大众化工作又是把文化由少数人手里归还于国民大众的文化革命，这种革命又直接帮助了国民大众生活的解放。我们必须从国民思想改造与文化革命的观点去认识大众化工作的意义，不应该把它认为仅仅是技术的问题，形式的问题，单纯的狭义的教育问题。

（二）确定了这一前提，我们才能具体地去谈到怎样推行大众化工作的问题，我们认为第一个具体问题应该是民族的大众形式的创造，民族的大众形式的创造在现阶段文化建设工作上是一种最迫切的要求。所谓民族的大众形式,应该是创造的而不是因袭的;是通俗的而不是庸俗的。这种形式创造的第一个条件就是文化的社会实践与文化工作者的生活实践;文化工作者从民众日常生活中去摄取、去研究他们生活的特征(言语习惯兴趣风尚等),从而去创造新的民族的大众形式,把现代世界文化融化在他们的生活中间。

(三)其次,大众化工作必须在人民日常生活中去进行,必须和他们的生产活动与社会活动紧密地配合,离开生活去和民众高谈文化,即使通俗,也是隔靴搔痒。因此,大众化工作必须和基层政治生活经济生活取得一致。如通过国民月会、新生活运动、合作社、农场以及人民自动的各种组织活动中去推进大众化工作。

(四)大众化乃是一种长期的艰苦的耐心工作,决不是一朝一夕所能成就。它必须有精密的持久的计划,有一定的人力和物力的条件,此项工作决非一二私人所易举办,必须由政府与文化团体作长期计划的大规模推进,或由政府对进行此项工作之文化机关与组织予以精神及物质上的帮助;同时,大众化工作要求有一部分专门人才,耐心做去,持久不辍,因此从事于大众化工作者必须与从事学术研究与创造工作者分工合作。大众化工作者必须理解提高的意义,而从事学术研究工作也必须注意于形式的大众化。

(五)在大众化工作中间,必须注意到政治教育与文化教育的一致,在一切政治的宣传与训练中,必须提高大众的文化生活,而在一般的文化教育中,也必须注意到抗战建国的宣传与教育,这在士兵教育中间,尤其是值得注意的一点。

（六）大众化工作必须具有最广泛的最机动的多样形式，不仅适应于民族的生活，而且适应于地方生活的特征和各地的方言。

（七）大众化工作并须推及于少数民族中间，研究少数民族的生活特征从而创造少数民族的文化形式，以提高少数民族的大众文化水准。

对于学术研究与创造工作的意见

（一）学术的研究与创造，已经成为建设新中国的迫切的条件之一，在抗战中间，无论在政治建设上经济建设与建军工作上，都显出我国学术的落后。因此，今天中国无论哪一方面的学术研究与创造，必须以服务于抗战建国为前提，必须具有充分的革命性、现实性与实践性，反对一切玄虚的、超然一切的学院派的研究，清谈式的无裨于实际的争论，和“与抗战无关”的艺术创造。

（二）为要使我们的学术建设具有充分的革命性、现实性与实践性，我们的学术运动必须以现代科学与民主的思潮作为其一定的基础。即是说：我们的学术运动必须是继承和发展“五四”以来启蒙运动这一传统，决不是改弦易辙，把历史上非科学的理性主义或玄虚的伦理观念作为新学术运动的基础，这种脱离物质基础的陈腐思想观念，在历史上已经种下过无穷的祸害，运用到现阶段来决不可能与现代的思想相调和的。

（三）因此，在现阶段学术建设中间，我们必须强调科学化运动。中国国民党临时全国代表大会对科学运动曾指出四项原则：一、在技术上提高自然科学的研究；二、在社会制度方面，则适用社会科学原理使社会的组织与活动趋于合理化；三、在教育上，着重于科学的探求与设备；四、在文化上，是使科学的技术与社会制度相贯通，理智与感情相贯通。可见现在所谓科学运动，不仅是指自然科学运动，而且包括一切社会生活与学术思想的科学化运动。所谓科学化，换言之，即是一切道德学术思想必须以人类实在物质生活作为基本观念，故与中国旧时代之以“良知”“理性”为出发点的超物质观念在基本上是矛盾的。从上所述，即在自然科学的研究上，也决不是和社会现实生活相脱离，而必须是使“科学的技术与社会制度相贯通”，在这一意义上，我们尤须注意到科学的实践作用和反对学院式的研究作风。

（四）学术的科学化既然具有和社会实践不可分的意义，因此另一方面，即是说明科学与民主不可分的关系，也即是学术思想的发展与民主政治的相互关系，从“适用社会科学原理使社会的组织与活动趋于合理化”的意义上来说，现在的学术科学化运动本质上就是促进中国民主运动的一种武器。反过来说，学术科学化运动，也只有在民主政治的途径中始能获得充分的发展。这就规定了学术建设运动的两个重要条件：第一，为了获得民主的内容，它必须通过中国民族的特殊形式；第二，为了获得充分发展，它必须具有学术研究自由的法律保障。

（五）文化遗产的接受，无疑是现阶段学术建设的重要工作之一。但是我们必须认识，现阶段接受文化遗产的工作是具有其特定的意义，既不同于腐儒的复古，也不同于近人所谓

"整理国故"。接受文化遗产是为了建设新的民族文化,绝不是为了发扬旧的文化。这一前提必须明白确定,然后始能建立接受文化遗产的正确观点与新的方法。

所谓新的观点,就是第一,它必须以现代历史科学的观点去研究古代的社会意识形态,从这些研究中,更具体地去了解中国历史的真实,从而去改造现代中国现在的现实,和创造未来的新的现实;就是说,是站在文化革命的观点去接受文化遗产。第二,我们站在重视文化的民族特质的观点接受文化遗产。即是说,从民族生活思想的史的发展过程中去探求文化的民族形式的发展,作为创造新的民族形式的准备。从上述新的观点上作出发,我们所运用的方法,自然应该是现代的科学方法,即是从历史的真实的意义上去客观地分析它们,发掘它们,和对它们重新予以评价,反对一切主观的附会、阿Q主义的自夸,以及浅薄自炫的引经据典,然后始能从研究中去批判地接受它的精华,以融化于现代文明之中。这工作是艰苦的,然而却必须绝对严肃地科学地去着手,才能克服和反对一切企图在接受文化遗产的名义下,去实行复古的倾向。

(六)在另一方面,对于西洋文化的绍介,仍然应予绝对的重视,以克服抗战以后此种工作停滞的缺陷。我们应该利用良好的国际关系,沟通并畅达中国与友邦的文化交流。中苏中美等文化协会的努力,甚使吾人钦佩,今后尤须充实工作的内容,选聘专门人才有计划地从事于专门学术的介绍与迻译。在介绍西洋文化中间,我们必须力避形式上的全盘欧化,需要注意到通过怎样的形式使它能够被中国人民所容易接受。

(七)学术研究与建设,乃是艰苦繁重的工作,非旦夕之间所易收效，也非一二私人所易从事，故政府必须直接组织各种规模较大的文化学术研究机关，或文化考察团体，以及尽量扶植保障民间的此种研究机关，并且对现有的研究机关应该设法充实其内容，纠正其脱离实践的学院派的研究作风。

对学校教育的意见

（一）抗战建国纲领中，对教育方面曾经有“改订教育制度及教材，推进战时课程”的规程，这在今天仍然应该是整个教育设施上一个最主要课题。教育部应该迅速地编印及审定各级学校的战时课本，确立国防教育的制度，整个地实行国防教育政策。在临全大会宣言中并且指出注意国民道德之修养与民族气节的崇尚，为教育工作的要旨，在这现阶段中尤有重大意义，应作为学校训育上的重要方针。

（二）高等教育机关，尤其是研究院，必须注意到理论与实践相联系的原则，针对现阶段中国抗战的需要，但同时大学教育以及研究院必须保持高洁的自由的学术立场，保持蔡孑民（元培）先生所倡导的大学精神，取兼容并纳的原则，不为庸俗偏狭的门户宗派观念所囿，以收切磋琢磨之功。

（三）战后学校教育的恢复与发展相当迅速，这是我们所非常欣慰的，但由于战时物质的困难，致使教育质的发展赶不上量的发展，今后应注意质量并重的原则，政府应该设法拨款充实各校图书仪器以至工场农场的设备，使其力求完备。

（四）在训育上，应采取积极的指导方式，培养学生的创造性与自觉性，发扬学生活泼与爱好自由的美德，提倡学生自治的精神，避免消极的干涉与防范，训育者应有宽大公正光明磊落的胸怀，禁止施用教育以外的其他手腕，使学生有安心求学的保障。

（五）注意儿童与青年的营养与健康，特别在战时生活费用高涨之际，学校当局亟需注意到学生一定需要的营养成分，勿使学生正常发育遭受妨害，影响到国民体格的健全。

（六）改进考试制度上的机械弊病，打破传统的过分严格的资格限制，扩大学生应考的范围，使具有实学有志深造的青年均有升学的机会，而对于战区及受经济压迫失学青年，尤需有切实救济的办法。

（七）积极进行国民教育，在正规的教育之外，并切实执行教育部关于学校兼办社会教育的决定，并采用戏剧电影歌咏及设立“文化室”等教育方法，切实地提高民众的政治水准与文化水准。

（八）积极地推进敌后的学校教育，在我政治与军事力量所及之处，必须迅速而普遍建立学校。此种学校之教材，必须适合于敌后的特殊条件，而尤其着重于对敌奴化教育斗争。

（九）扩展各地少数民族的教育，使各少数民族的人民有接受教育的同等机会与福利。

对于文化食粮流通问题的意见

（一）由于战时交通与运输的困难，使文化食粮的供应与流通，已成为一个严重的问题，这将直接影响到文化的辐射力。我们认为要克服这一困难，首先应发展及健全各地及敌后的文化据点，并加强各据点的联系工作，各据点一方面能够独立维持其文化食粮之供应，另一方面有专门负责机关设法沟通全国文化出版物之交流。

（二）目前文化出版物流通之最大困难，厥为书籍刊物邮运之限制，我们要求政府当局从速设法改善，同时政府的文化机关与社会的文化团体均应采取合作方法，建立独立的运输站，指拨交通工具专门运输文化食粮，有如二十八年军委会政治部所组织的“战时文化服务处”专为文化界服务。

（三）政府及社会文化机关应有计划地去抢购前线的印刷机器，适当分配于各文化据点。各重要文化城市应由政府协助.建立规模较为宏大的印刷机关，并鼓励人民对文化建设事业的投资。此外，并需扩展及改良造纸工业、翻砂工业，一方面能使自制印刷机器，一方面使纸张的供应不致缺乏，纸价不至无限度地高涨。

（四）为了适应读者的购买能力，扩大书籍刊物的流通，我们要求一切出版机关及书业同人，尽可能减低书籍刊物的定价。勿作骇人听闻的加成，对于重要学术书籍并印普及本以资救济；对教科书，尤应由政府规定最高价格，避免书商的故意抬高，使学校不至于有教科书荒之虞，另一方面，政府及社会对于出版商应多方爱护和予以法律保障，勿任意留难。

对爱护与保障文化人才与事业的意见

（一）由于战时文化需要的迫切与文化事业的扩展，文化干部人才便感到异常的缺乏，而为要文化种子迅速散播于广大人民中间，尤需要大批的青年文化干部，没有这些文化干部与文化青年，文化建设是无由进行的。因此，对于现在仅有的文化干部人才，只要他是忠实于三民主义与抗战建国，不问其学术主张如何，政府必须予以合法的保障，特别是在身体自由、研究自由与创作自由上应根据现行法规切实保障，对于文化青年尤应热烈爱护，以培养国家民族元气。

（二）为了保障战时文化事业的进行，我们必须实行抗战建国纲领第二十六条："在抗战期内，于不违反三民主义最高原则及法令范围内对言论出版集会结社当予以合法之充分保障"，及第三届国民参政会关于学术研究自由的决议。

（三）对于学术思想的研究，我们以为必须尊重自由的原则，正如李任潮（济深）先生所说"为了养成普遍的研究风气，我们以为顶要紧的是研究自由"（见李先生在广西建设研究会三周年纪念演词）。因为学术思想主张的互异，乃是社会生活未一致以前的必然反映，学术的论辩是根据于社会客观条件的必然要求，而真理的探求，亦唯有循自由观察与研究之途，始能愈辩愈明，所以孔子说："道并行而不悖"；而且学术的自由研究正是趋向于统一思想的途径，即是说探求最高真理之途径，所以学术思想之自由与民族的统一团结，不仅不相悖反，而且是相成相因。如上所述，所以我们以为第一，学术之争必须与政治之争分开，而保持其独立的尊严。第二，我们同意李长之先生的意见，即"思想之争是要以思想为工具，即将自己之思想，公开陈诉于社会，而不能施用思想以外的工具"（见《三民主义》周刊一卷十四期）。第三，我们以为学术思想的自由，应以抗战建国的利益为前提，凡违反抗战建国的学术思想，自应不在自由之列。第四，政府当局应提倡讲学的风气，并保障讲学的自由。

（四）对于文化工作者的物质生活，应予以相当的保障，使从事学术研究及一般文化教育工作者得能专心工作。在这里,尤其教师(主要是小学教师)的薪金与一般著述家的稿费版税,应有适当的提高,对于有特殊贡献的学术研究者,应由政府与社会予以精神上物质上的种种奖励和帮助。

(五)对于一般文化青年的遭受失业及生活上的痛苦,政府应规定办法,予以救济、安插,使其有贡献能力于国家社会的机会。对于沦陷区域之文化青年,应设法使其能来内地,为祖国的抗战文化而努力。青年是国家民族的幼苗,无论如何,不应施用教育以外的方法,以阻碍其思想的发展。

(六)政府及社会文化团体,应继续并扩大实施学术奖励制度、奖学金制度等,以提高学术研究的风气,而促进对学术研究的兴趣。

文化工作者应有的态度与作风

(一)文化工作者应取得法律与社会的保障与爱护,但文化工作者自身必须树立其良好的工作作风与生活态度,尤其在现阶段中,民族新道德的建立,已成为抗战迫切之要求,文化更应成为转移社会风气的先驱。我们现在检讨文化界中确实存在若干恶劣作风,诸如投机的市侩主义的嚣张,门户宗派的倾轧标榜,学术界的浮泛浅薄,甚至借文化以渔猎名利,假权力以陷害异己,此种作风不除,则学术文化将无由昌明,真正学者将反被湮没,尤其在这敌我文化斗争尖锐之际,民族道德与汉奸意识猛烈搏斗之际,确立文化界的楷模作风与态度,是具有莫大的意义。

(二)民族道德与民族气节之提倡,是国民党临时全国代表大会宣言中所郑重指出的。我们看到若干无耻文人的变节降敌，尤不能不严加警惕，因此今天文化界首先应提出下列口号，即：重气节，尚廉耻，辨忠奸，明是非。以上四点均为中国民族向来的美德，现在必须予以发扬，并以民族与人民的利益为其新的内容与标准。从善如流；嫉恶若仇；爱憎分明；公私清楚；这种生活态度必须为文化工作者所具有的；而“富贵不能淫，贫贱不能移，威武不能屈”的爱国卫道精神，尤应积极提倡与发扬。

（三）文化人对于自己的学术与创造必须认识其对社会所负的责任。故第一、必须取绝对忠实与严肃的态度，力戒粗制滥造的恶习。第二、必须崇尚现实，认识客观，勿凭意气，勿执成见。第三、必须力求深刻切实，避免浮泛浅薄，勿空谈原则，死捧教条，乱引经典，轻下结论，以免八股之诮。第四、必须发扬自我批判的精神，随时检查自己的缺点，虚怀若谷，始能见真，专其所长，勿东抄西袭，徒博虚名。

（四）文化人对于其自己的生活，必须力求朴素淡泊，勿为功名所迷，勿为物欲所蔽，勿自高自傲，隔绝社会大众，勿急于成名，到处投机钻营。文化人应具有爱人类爱民族的伟大热情、广阔胸怀与远大眼光，勿囿于个人的庸俗的利害，努力克服文化人个人主义的弱点。

（五）在学术的论争上，对己必须具有严谨坚决的立场，对人则取宽大诚恳的态度。是非之争，不要丝毫混淆，但无意识的谩骂或无谓的人身攻击，则必须戒避；而采取学术论争以外的手段来排斥对方，尤所不许。对于对方的理论观点，必须明白了解，勿故意曲解，对自己的错误，必须勇敢接受，勿逞强辩，然后始能发扬学术论辩之真正精神。

（六）在另一方面，文化界必须力求统一团结，在抗战建国的共同目标下，紧密合作，以应付当前的大敌——日本帝国主义。一切门户之见、宗派之争，必须消灭，尤其在这抗战进入最艰苦阶段之际。我们今天诚挚地要求全国文化界人士平心静气地想一想当前敌人对我实行文化思想麻醉的毒辣；想一想当前坚持抗战之重要与当前文化建设的迫切任务；想一想全国人民对文化生活的热烈要求；想一想文化界对社会所负的责任。我们应该怎样实践八中全会所指示的反省精神，痛自策励，共同奋起，群策群力，以展开中华民族新文化的伟大建设工程。

（原载1941年8月《文化杂志》创刊号）

建立新的美学观点

在中国，美学向来没有被形成为一种专门的学问，有之，则自西洋文化输入以后，但是被介绍进来的，多半是属于前世纪西欧旧的理论，而且大抵是偏于形式美学方面。它的范围非常狭窄，美学的基本观点非常模糊脆弱，而怎样通过现代中国民族生活的特质，去建立适合这一民族新的美学观念，尚少被人们所注意，然而，这都是目前中国学术界的重要工作之一。

美学(Esthetics)是对美的评价的科学，所谓美，最简单地说，就是唤起人们对于其生活的快乐和满足的种种情绪。人类对于这种美的情绪的追求，不仅是基于生理的，而且也基于社会的条件。人类不仅需要追求肉体上的快感，并且还要求精神上的抚慰，因此人对于其自己和周围世界，或多或少，终有一些美丽的憧憬的理想和期望，人们把他们的精神，寄托在这种理想和期望之上。这种理想和期望，表面上看，虽似由人们的主观所决定，但实际上，却是从他们对日常的物质生活的不满和要求中间产生出来，是他们社会意识的一种反映。这和口渴的人要求一杯清凉的水是一样的。人类的精神生活必然是建立于物质生活的基础之上，人类的意识是随着社会的物质条件的变化而在变化，因此，人类对于美的评价观点也绝不能一成不变。由于这种美的观点指导着的艺术创造，必然是随着时代的进展而不断变革其内容；所谓永久的美、绝对的美，事实上并不存在。美的观念不是超然于现实生活之外，倒是被决定于一定的社会经济条件。

当个人主义社会意识的时代将要过去，集体主义社会意识的时代已经到来的时候，美学的观念起了一个重大的革命。在个人主义时代，人们是从其个人的利益观点上，去追求直接的快乐，追求美的情绪，因此当个人的理想和欲望不能和社会现实一致的时候，他们就开始逃避现实，从乌托邦中去寻求快乐。这样就产生了所谓“给我们享受片刻的和平与安息的东西”的唯美主义（叔本华）。美的观点变成了这样：凡一切美的东西必然是游离于日常生活的。反之，一切与世俗的烦琐的日常生活有关的，都是非美的。艺术走入象牙之塔，与现实生活绝缘了。“为美术而美术”的理论，就这样产生出来，形式美学也在这个时候发达起来。

但是当集体主义意识代替个人主义意识而勃兴的时候，这一切旧的观点就被推翻了。人们不只是从个人的利益满足与眼前直接享乐的观点上去追求美的情绪，而是从整个人类或集体的利益观点，以及人类未来的完美的生活理想与创造上，去追求更高的美。美学观点上是更加广阔而深远了，当我们确确实实看到了历史的前途，看到了人类未来的幸福与光明，确确实实看到了真理的明灯的时候，我们对于眼前努力的事物，就发生了莫大的快感。我们个人的愉快和幸福是融合在集体生活创造的愉快中间。这是为什么我们去讴歌国防前线上英勇的战士，为什么去赞颂抗日的革命的战争，为什么无数人民抱着空前未有的愉快精神去投入战争？因为民族解放的信心与独立自由新中国的理想，唤起了我们一种崇高的美的情绪，这种美的情绪使我们感到愉快，鼓起我们的热情，而使这种热情转化为伟大的创造力量。同时，这种美的观点引导我们美术家从残酷的战争中，汲取了诗的题材，创造出崇高的健康的美丽的新的英雄典型，这样的艺术作品被千千万万的人民所欢迎，唤起他们的美感与热情，从而转化为更伟大的革命力量。在这样场合中，美学的观点与科学的伦理的观点逐渐趋向一致，以达到真善美一致的最高评价。

这是现代美学新的观点，这就是说："一切凡是引导人类的力量成长，生活提高的，就是不可分割的唯一的善和美，一切凡是使人类衰弱的，就是恶和丑。"这样的美学观点，是基于科学的宇宙观之上，而是符合于现实的发展的。这样的美学观点是实践的，促进人类向上，使艺术成为生活创造的力量的。然而，仅仅这样了解还不够，为要使艺术发生更大的实践的作用，我们更从不同民族的生活的特质上，去建立有具体内容的美学观点。

中国过去虽然没有有系统的美学，但是美学的观念无疑是存在于人民之间。过古的且勿论，殷周以后封建文化逐渐发展，直到西洋文化输入以前，中国的美学观念，大概的说，是受着两种思想的支配：一种是封建的宗法伦理观念，一种是自然主义的思想。宗法伦理观念对中国审美观念与艺术思潮的影响，可以说是中国历史上一个特点。在西洋最早支配着人民的美学观念的，大概是宗教思想，但在中国，宗教思想的力量却极薄弱。人们所想象的合理的美的生活，不是上帝的极乐世界，而是唐虞盛世的再现。所谓唐虞盛世的想象，实际上即是所谓道德的美的追求，封建阶级把唐虞盛世解为一种具有严密的礼教制度与伦常关系的社会生活。相传的所谓周公制礼作乐，把艺术创造严格地拘囿于政教的范围之内，这样把美的评价观点引导到最高的封建道德生活的追求上去。在中国古代的一切音乐、绘画、建筑、服饰等艺术的形式上，我们可以看到非常严密的排列与整齐的秩序，象征着封建宗法社会的严格制度，特别在中国的建筑上非常明显反映出这种审美观念。在艺术的内容上，则以忠孝节义等道德观念为主，凡是适合于这种标准的，就以为是美与善。孔子恶郑声，就是反对它那种“非道德”的内容。在周代的音乐教育中，有所谓乐德，即“中和衹庸孝友”，都是充分表现这种观念。数千年来这种封建思想的浸淫，一直到现在，我们在民间艺术的形式与内容上，仍然可以看到这种审美观念的残存。但是封建阶级本身的腐蚀，这种美学观点终于发生了动摇。隋唐以后艺术上自然主义思想的勃兴，多少是含着对上述那种美的观点之革命的意义。自然主义的思想在中国很早就发展了，老庄的学说中间就含着浓重的自然主义思想，他们认为一切事物适应自然为善和美，他们尊重自然和客观。但是另一方面，他们又想超脱于现实生活，以求解脱。这种思想到隋唐五代之际，佛教思想流入以后，发生了很大的影响。这大概是由于当时社会经济的一般停滞的原因。由于这种思想的发展，美学的评价观点也起了变动。首先是把美学观点从封建的功利主义中脱离出来，艺术和政教逐渐分手了。但是同时他们也和现实生活绝缘了。最高的美的评价，不是封建的道德生活，而是自然的性灵的追求，所谓“文章者盖性情之风标，神明之律吕”，根据于这种观点，于是生活上严格的规律和艺术上整齐的排列的形式被认为非美的了，代之而兴的，是潇洒放浪的生活，和讲究神韵气色的艺术创造。隋唐以后中国绘画、雕刻、诗歌、戏剧，大都以这种美学观点作出发，获得很大发展。他们以描写自然为主，想从自然中去追求性灵，去探求真实，隋唐以来的中国山水画非常强烈地表现出这种特点。然而这种美的观点却完全是个人主义的。追求自然的结果便是逃避现实，弃绝现实，而且由于失去了现实的内容，艺术便渐趋向于形式主义，由生活的实践，人们的生活便变成病态的、柔弱的，这恰巧和西洋的唯美主义，如出一辙，于是艺术便成为少数文人雅士的专利品，而和大众绝缘了。一般大众的美的观念，主要的仍然受着封建思想的支配。人民的文化生活日益衰落，国民精神也日益颓废，中华民族的衰弱，与这也不能无关。

现在我们已到了一个民族觉醒的新时期，伟大的民族革命战争，使人民生活和意识起了巨大的变化。旧时代的封建道德观念已经崩溃了，超然物外的遁世思想和为艺术而艺术的观念，在血肉的现实斗争前面，已经不能存在。帝国主义疯狂的侵略与民族争取生存的战争使所有中国人民不能不抛弃空虚的美丽幻想而去正视现实。自由独立的新中国的前途，已经呈现在我们的眼前，这唤起我们无限的愉快和战斗的热情。在这种新的情势之下，正是中国人民思想、生活、道德和艺术思想一个改造的机会，这需要明确地建立起我们新的美学观点，事实上，这个观点已经在人民的心中成长了。抗战以后，广大人民的奔赴战争，抗战的艺术受着最普遍的欢迎，这难道不是人民新的要求的表现吗？现在我们的任务是需要利用这历史的机会，彻底地铲除掉人民中间传统的病态的生活意识，肃清数千年来封建思想的毒素，建立起健康的鲜明的国民生活，因此，无论在生活的实践上、艺术的创造上，我们必须更具体更明确地把这种新的美学观点在人民中间普遍地建立起来。

我们新的美学观点，自然是以上述所谓“一切凡是引导人类的成长，生活提高的，就是不可分割的唯一的善和美”作为基本的标准，而在目前这个环境中，我们更具体的说法，就是：一切凡是促进我们民族力量的成长，和使国民生活向上的，就是不可分割的唯一的善和美。因此，一切为祖国与人民而牺牲的英勇战斗，为民众谋福利的斗争行为，战时刻苦耐劳的集体斗争生活，以及民族战争新的英雄人物，在我们看来都是美的；反之，一切不利于抗战的，都是丑恶。在艺术的创造上，我们必须从这种新的观点上去找寻主题。通过艺术的手段来唤起人民对于民族奋斗的创造的热情，和指出未来的灿烂的前途。这种前途不是玄虚的，而是将由人民的实际斗争去获得的。因此，更明确的说法，就是所谓美，它必然是含有创造的和革命的实践意义的。

但是，仅仅具备这样一个抽象的观念，而没有和具体的复杂的现实生活配合起来，仍然是不能唤起我们的美感。一切美的东西，必然是具有血肉的、活生生的，因此现实的内容必须是一切美的创造的主要条件。为什么空洞的原则的说教，不能产生巨大的感动力量，为什么八股式的作品不能唤起人们的热情，正因为它缺乏活生生的现实内容。民族抗战中我们常常听见和遇见许多可歌可泣的事情。这都是伟大的热情与最现实的斗争交织成的。艺术家必须通过同样的热烈情绪和现实的创作方法，才能使这种美的情绪再现出来。所以我们不仅要批判旧的美学观点，不仅要和残存的“为艺术而艺术”的观念斗争，并且要竭力去克服艺术上一切空泛的、没有现实内容的公式主义倾向，和生活上一切空想的、非实践的清谈主义、浪漫主义。

在建立民族的新的美学观点的过程中，我们并不否认各个社会阶层对于美的欣赏是不能尽同的。这是由于他们生活互殊的原因。正因为如此，我们新的美学观点必须是建立在最大多数的国民大众的基础之上。我们的美学观点必须是与大众的劳动结合着的，这样才能取得其最现实的内容；在这里，我们的艺术家必须在生活实践上能够和大众取得一致。我们不能否认，在今天，中国人民大众中间，还被传染着许多旧时代不健康意识，这些意识是需要淘汰的。但是，在本质上，这些劳动的国民大众都是具有进步的意识和最勇敢的斗争和创造精神。艺术家必须去探求这些本质，发掘和发扬这些优美的本质，从而去清除传统的不健康的毒素，建立健康的明朗的美的生活，这不仅是艺术家的事，然而艺术家却具有其不能避免的任务。

蔡孑民先生在“五四”时代，曾经提出“以美育代宗教”的口号。这是一种卓越的见解，可惜，当时并没有指出所谓美育的具体内容和明确的社会基础，因此始终没有获得什么成绩。中国人民的生活，过去确实是太悲惨了，太无光彩了。这不仅是缺乏美育修养的缘故，主要是政治经济的问题，所以要彻底改造国民的精神生活，实施美育，必须和政治和社会的改革同时并进。今天抗战中间，已经具备了一个优越的客观条件，现在却需要我们更努力去实践了。我们应该说，建立新的美学观点，不仅是一个理论上的问题，更主要的是一个实践的问题。

（原载 1941 年 7 月广西《建设月刊》第 5 卷第 5 期）

对于运用文学上统一战线应有的认识

历史的事实曾经给予我们不少惨痛的经验：即是说，一个正确的战略（在政治上，同样在文学上）的运用，因为运用者缺乏充分的理解，或不正确的解释，往往陷入右倾或左倾的机会主义的泥沼中去；结果在历史上遗留下许多悲剧，甚至还阻碍了历史的进展。

就拿统一战线的问题来说吧，在中国历史上因为运用的错误，曾经产生了多少可耻而又可惨的结果。这凡是亲历过一九二七年大革命的人，大概是难以忘怀吧。

目前的环境——全世界法西斯蒂与革命势力相持不下的时代，帝国主义者疯狂般在吞食殖民地的时代，统一战线无疑是全世界被压迫大众为自由而奋斗的最有效而最正确的战略。在法国，在西班牙所收获的光荣的胜利，是事实的铁证。同样，在我们民族危亡的中国，为集中民族力量与帝国主义作决死战，需要以最大努力去执行这一战略，这是谁都不容怀疑的。

但是，警惕于过去种种的错误，以及考察国际上这五六年来所累积下的许多宝贵的经验，我们在执行这统一战线的战略时，将怎样用最正确的、最充分的认识与必需的小心，去克服过左过右的种种机会主义倾向，使我们所展开的这一斗争能获得最大程度的胜利与光荣呢？

第一，我们必须深刻地了解尼古拉乙（即列宁——编者注）给与我们的这一战略的基本意义。这需要用辩证的法则去理解它。统一战线的运用不是呆板的，也不是和其他战术分离的。它决不是“妥协”，也不是“默契”——这中间相隔有十万八千里。统一战线的运用中应绝对保住自己的立场与领导者的地位的独立性，并不因统一战线而取消或暂时放弃自己原来基本的口号，并不因此而掩饰或企图掩饰各社会阶层中间的矛盾——这种矛盾是无可掩饰的。

统一战线的运用，并不是降低自己的力量的表现，相反的，是加强显示我们的坚决与英勇精神给群众瞧，因为统一战线并不单是一种理论，主要地应有行动的表现。你要用你的行动表现去证实你的理论和纲领的正确，这是说服群众最好的方法。社会结构——尤其中国社会结构是复杂而多样的，许多群众是落后的——这些落后，有些固然由于社会阶级意识的关系，而有些则还是由于文化落后的原因，如散处在各内地城市的知识分子与青年作家，他们是缺乏领导者去领导他们。但，这不是说，我们要跑回头去跟他们走，而是要尽量应用一切最灵活的方法德谟克拉西（即民主——编者注）的方法，要用领导者应有的苦心与忍耐，去鼓励他们跟上来。你不要担心群众会被你吓跑（如像许多人是这样担心的），英勇的行动的表现决不至吓跑群众——虽然，吓跑的也许是他的领袖——反而使他们能更正确地认识你,反而会消除他们对你的误解——由于反宣传而来的误解。

每一派文学家、每一个文学家都有他们和他的群众的,在全国爱好文学的读者中间,因为嗜好某一派文学,就无形成为某一派文学家所影响的群众。此外在各县各市更散布了不知若干的青年无名作家,这些群众都是我们统一战线的主要对象,怎样去吸收他们于我们这民族战争的大众文学统一战线上来,是目前我们第一个任务。

第二,我们必须注意于大众领导作用的强调。在统一战线运用上,这一因素的重要已由尼古拉乙不知给过我们多少教训,"一种运动的群众性质并不减轻,反而加重我们的责任,去建立一个强固而集中的革命分子组织,使其能领导那在准备中的斗争,一切不测的爆发,与最后的决战。"[①]这就是说在组织复杂的群众中间,劳苦大众更须去加强它领导的作用。这一个原则在任何环境、任何时间都是百分之百正确的。我们这里再来引英国统一战线理论家杜德(R·Polne Dutt,《劳动日报》的主笔)的话看一看,"领导权的原则……在每一方面,不仅在革命运动中间,甚至革命以前或以后,一切时候,一直到全世界资本主义被铲尽了,……为止,都是斗争成功的关键!……谁不了解或不拥护这一原则,不管他怎样自以为赞成共产主义,赞成革命,赞成……以及一切,他都不能算作一个共产主义者,因为斗争的一切最内部的实际现实都包括在这中间的。……这个原则在实质上是一切关于'集权主义'

---

① 见《列宁全集》英文本第4集第69页。

'无党派的组织的优越地位','党的利己主义(Party egoism)''不能容忍二党存在'诸问题的争论的基础。"①

杜德氏这篇文章是为讨论统一战线问题而写的。他说明统一战线与革命的统一的关系。他告诉我们应有两种任务:第一,是斗争中行动的一致;第二,是革命领导权应表现为群众斗争中主要的部分,以推动斗争的前进,这两者之间有不可分的联系。在我们目前运用统一战线的策略上,这个原则必须牢牢记住的……

但是关于领导权的解释与运用上,有时会犯左倾幼稚病的,这就是宗派主义(Sectarism),与过分的集权主义(Sukerentralism)。对于这二者,我们必须用最大努力去克服。宗派主义的问题在现在已经比较小一些了。我们要防止的是过分的集权主义(换句话说,即所谓包办主义),要克服这种错误,我们须了解所谓泼奴利泰列亚(即无产阶级——编者注)的德谟克拉西的意义,以及勇敢地去运用它。我们要有说服的精神去代替命令的态度,要用一切民主化方法去代替机械的统制,以使阵线上各个战士都有发表意见的机会,发展他们创造力的机会。中国文人向来有这种脾气,看见和自己意见不同的文章,便认为没有价值,阻止它有发表机会,而不肯去虚心检查究竟错误属于哪方。甚至固执成见,不肯接受批评。这些毛病,在运用统一战线上都应用勇敢的精神去克服。

经过德谟克拉西而建立强固的领导权,这是我们具体的

---

① 见 R. P. Dutt: Anilid Front and Revolutionary Anity(统一战线与革命的统一),第 15 卷第 4 号英国《劳动月刊》(Labour monthly)。

原则。

这里，我要指出屈轶君在《光明》第三期上《从走私问题说起》那篇文章内对于统一战线的一个不正确的观念。他说：

“自然，这里我们不忘却劳苦大众的主导作用，而且实在也没有理由可以忘却。但是因为不使这联合战线一下就起裂痕，而削弱‘反帝抗日’的力量，我们在这里似乎不应徒在形式上强调了大众的主导作用。

“在事实上只有大众是最积极最本质的反帝的分子。但是在中国被汉奸出卖的现在，各阶层民众，已经到了身家性命财产，什么也没得保障的时候，他们的‘反帝抗日’的热情，就成为大众所领导的战线上的一股极大的力量。这中间，大众就得以理性而驾驭之。且因阶级的本质的决定，他们只有依附于大众的领导之下，才能联合起来，巩固起来。所以一定要显明地揭出大众的立场，是不必要的。大众决不会丧失他自己的立场。”

这里的错误是：第一，屈轶君似乎以为在目前各阶层的人，在抗日口号下，自然会依附到大众的领导之下来，因此大众的领导权似乎有保证般的必然不会丧失。所以他说“我们不会忘却……”，“没有理由可以忘却……”。但是这领导权的问题并不只是忘却或记得的事情啊，而是在我们将如何去强调它（当然主要还是在内容上）。强调领导权，并不是机械地由自己来提高自己的地位，而是由于你坚决与英勇的表现，使群众悦服地来推崇你为领导者。这就是所谓我们的德谟克拉西的真谛。了解这一点，自然不会害怕强调领导权会使联合战线起裂痕了。……

第二个错误，以为“大众”两字会把群众吓跑。我不知道这被吓跑的会是什么样人？如果“身家性命都没得保障”的人，以满腔“抗日反帝的热情”想来参加这民族革命的战线，看见“大众”两字就逃跑，这未免太矛盾了。而且假如这是“形式上的”，那末，内容上又怎样呢？内容上也许会有比“大众”两个字更可吓跑他们的东西，我们是否将在作品中表现呢？

以为加上“大众”两字就是宗派主义的色彩，我不知道宗派主义的意思在这里是作何解？

而且在接着下面一段，屈轶君论到国防文学，说在起初时候，因为揭出这口号者的工作不充分，以致“甚而与‘某家老店’的招牌混合起来”，但是，这民族革命战争文学恰也有块“某家老店”的招牌在那里呀！[①] 我们就不怕混合起来吗？

我们是反对形式主义者……

第三，我们不要忘记自己阵线内的矛盾。我们不要幻想以为统一战线的口号一提出，各阶层，各集团，各派别的人就立刻会水乳交融地和谐起来。虽然在同一口号下，但是彼此因社会意识不同所产生的矛盾——纵然尽可能地减轻——并不能完全消除的。在起初也许有些人并不给予你反响，也许他们加入这一战线以后，在行动上却给予你种种牵掣。这种经验在英国、德国碰到最多。这时你对于这些机会主义的各派领袖怎么办呢？对他们继续不断地恳求下去呢？还是攻击他们呢？在英国的经验上看来，他们曾经花了许多力量与时间去恳求，去等待他们友军的领袖，但是结果却把许多宝贵的

① 请参看《现实文学》第2期辛人君《当前文学运动的诸问题》第1节。

斗争机会失掉了。[1] 在后来他们批评自己时说，他们的错误是把夺取机会主义的领袖下的群众一事忽视了。真的，这就是他们把统一战线的基本意义——从底层统一——忘记了。在中国文学界中，我们一定会碰到许多这样的事情。因为宗派主义的观念是中国文人脑子中一种很深的传统观念。小资产阶级的自尊心与个人主义的意识必然会使统一战线内产生许多麻烦的纠纷。当在这种情形之下，我们将怎样呢？

第一，我们必须检查这错误是否在我们自己？是否我们的工作方式有毛病？第二，如果错误在对方，我们应用民主的、说服的精神去克服对方不正确的倾向；第三，如果这失效了，而且这些机会主义者已经在行动上对整个广大群众战线作客观上的障碍了，这时我们就应该对他们的群众暴露和指摘他们的弱点与落伍，而把这些群众吸收到前线上来。这里却再无所谓“宽容”了。

这种暴露与指摘决不是宗派主义。所谓宗派主义（Sectarism）乃是指对于异我者的领袖与群众加以拒绝与歧视。然而这一种暴露与指摘乃是使对方的群众对于民族革命战争阵线有更正确的认识与觉悟，我们要用十二分的诚意欢迎他们来和我们整步前进，使我们的共同阵线更强固起来。换句浅明的话说，我们对于走得慢、走落后的人是不惜以最大努力去鼓励他们、引导他们到前线来，但是对于根本不想走，或者想回头跑的人，却要无情地请他们滚出去，我们必须了解所谓“宽容”的意义，主要是对于未觉悟的、半觉悟的人们说，而不

---

① 见《国际通讯》第 13 卷第 36 号《英国统一战线上的经验》。

是对于无可奈何的开倒车的机会主义领袖们说，例如在德国，有一个社会民主党领袖，在你和他提出统一战线问题时，他却偷偷地跑到法西斯蒂的阵垒里去了，对这种人我们决无“宽容”可说的。

Kontovowicz说：“这种统一战线可以减少相互间的误解，而在清算了这种误解之后，共同的力量是比部分的力量来得大的。”①这是对的，但是我们同时要知道，有若干并不是误解，而并不能清算的，如像“读书救国”之流，他们也感到也许会有救国的必要，可是他们只能达到“读书救国”的程度为止了。所以，所谓发展最广泛的民众力量，主要还是在横的方面，而不要把全力注意于纵面。这一点需要特别解释的。

尼古拉乙说：“把一只眼睛常常注意于你同行者的步伐。”②这是一条宝贵的箴条。

第四，我们不要因企图减轻各阶层中间的对立，而在文学创作中掩饰了现实的一部分矛盾。描写帝国主义者对中国民族无理性的蹂躏，汉奸的罪恶，以及民众对于帝国主义者英勇的反抗，这无疑是现代文学上主要的课题。但是帝国主义对殖民地矛盾的尖锐化，这不是一个简单的方式，这中间同时包含了和引起了无数的矛盾——虽然这些矛盾都应归汇于总的矛盾的因素上。譬如说，在日本帝国主义猛烈的侵略之下，受痛苦最深刻的是全国最下层的劳苦大众。为什么呢？因为其他阶层把一部分受到的痛苦转移给最下层的劳苦大众身上来

---

① 参看《现实文学》第2期第175页。

② 见列宁《1905年的革命》英译本。

了。又如汉奸为什么在中国有大量生产呢？因为帝国主义曾在中国社会中维护了和植立了很雄厚的封建与买办阶级的经济势力，这一些现实都不容我们抹煞的，“民族革命战争的大众文学”的课题范围是非常广泛的。不必一定写大炮飞机的血战，即是最平凡的日常生活中，都可以反映出帝国主义给予我们的痛苦。如像一个最僻远的农村中的农民也能知道物价跌落、失业增多是由于“东洋人在作吵”。目前中国的一切压迫、饥饿、失业、工资跌落、农村破产等等都无一不是和帝国主义的侵略有直接联系的。一切矛盾都联系于这个总的矛盾。这就是中国现实的全部。文学家的任务即是如何通过这一切日常生活中的现实矛盾，去掘发出它的根源，而指示全国民众去认清他们当前的共同敌人是谁，并且鼓动他们战斗的热情，去和日本帝国主义者作战。这不仅在文学上的统一战线起伟大作用，而且在整个的统一战线上有更伟大的意义。

有些机会主义者会想这时去描写社会各阶层中间相互的矛盾是不十分必要的，这不仅是表示他在企图掩饰现实，并且表示他不懂得现实辩证法的发展。

第五，在统一战线的运用中，我们要坚决地反对形式主义。所谓反对形式主义并不是说我们拒绝一切形式，乃是说反对只有形式上各派领袖们的握手言欢，而没有内容上群众的行动与工作。这种错误在欧洲曾经屡屡犯过，在德国有些工人因此对统一战线发生怀疑。这种形式主义实质上就近乎妥协，这是机会主义的根源。怎样去反对形式主义？这个回答还是“强调统一战线的群众性”与“实际的组织与发动大众”。

在反对形式主义的斗争之中，我们同时要防止利用反对形式主义的口号，而削弱自己领导者的地位。

第六，统一战线要求行动，行动正是反对形式主义，过分的集权主义，宗派主义，以及争取广泛大众的一个具体而有效的武器。没有行动便是没有统一战线。在行动之中，我们要注意两个原则：第一是行动的一致，第二是行动的民主化。所谓行动的一致，即是要抓住各派分子最迫切的共同要求，而提出若干与全体有联系的，具体的行动口号（例如反对走私的口号），使在这些行动口号之下，我们战线能有纪律地向前进展。在这种地方，领导者须特别注意于从宣传的口号到鼓动的口号到行动的口号的科学的运用，避免口号太高与太低的错误。第二，所谓民主化，即是使我们在行动中间，每个人都有尽可能地发展他的创造力的机会。使他们能在行动中间去选出他们真正的领袖。所谓领袖的产生应是自下而上，不是自上而下。这可以使我们的阵线更广泛更坚强地扩张开去。

所谓行动不能机械地指创作，也不仅是指的发发宣言等而已，而需要尽可能地具体化。文学家在笔杆儿以外还有其他重要的任务。我们只看巴比塞、罗曼·罗兰、德莱塞、纪德等怎样为斗争而在奔波，就可知道。高尔基在一九〇五时代也常常放下艺术家的鹅毛笔，而去拿新闻记者的斧锤来。在目前中国这生死存亡的关头，每个文学作家都肩着更重大的责任，我们应怎样把工作有组织性地、普遍地分配到每一战斗员身上，我们将怎样利用一切的方法，例如演讲会、戏剧团、小册子，以及其他等等，以发动全国广泛的群众对日本帝国主义者作英勇的反抗。

在国际上，这五六年来，由于运用统一战线的结果，显已获得最大的成功。如德莱塞、纪德、萧伯纳、安德逊等等都先后勇敢地前进了。在中国，我们也的确曾获得许多很良好的结果。今后，我们将怎样更正确地去运用这一科学的战略，使我们不至于再蹈过去的覆辙，是值得注意的。我希望参加这一战线的战士们，应该有最大的虚心与学习的精神，有最诚恳与坦白的胸襟，有最坚决的意志与勇气，有对于过去一切失败的警惕，然后，我们才能担负起历史给予我们伟大的任务。

我现在把上述的关于运用统一战线主要的口号，简明地提出于下，以作为本文的总结：

…………

…………

反对过分的集权主义——包办主义！

反对宗派主义！

随时注目于你同行者的步伐！

把握现实的全部！

反对形式主义，

反对机会主义！

行动的统一化与民主化！

一九三六年八月七日

（原载1936年10月《人民文学》创刊号）

一九四一年文艺运动的检讨

——在一个座谈会上的发言

在一九四一年这一年，我们大家都有这样的一个感觉，文艺运动在朝低潮走。这是不是就说广大群众对文艺的要求已经减低了？实际上群众对于文艺的要求并未减低，他们的要求还是一样的在增加。当抗战刚开始，一般社会科学书籍的销售是很广泛的，文艺书刊却不怎样好。而到了一九四〇年，文艺书籍的销售量增加和文艺刊物的大量出版，却又说明了些什么呢？说明了群众对于文艺的要求是在增加。

那么，为什么到今天，整个文艺运动反而朝低潮走呢？我以为在客观上是有几个原因的：（一）我们知道文艺运动是文化运动的一部分，而文化运动又不能和整个政治动向分离。政治朝低潮走，文艺运动自然也免不了受影响。（二）是整个文化中心据点的转移。从前有重庆、桂林、上海等三大文化据点，现在在重庆的文化人，因为生活程度过高过不下去纷纷走开了，上海也因为环境的困难，同样的不能立足，留下的只有桂林一大据点。现在虽然又增加了香港这个据点，但因为交通及种种关系，香港这一据点对内地影响却很少。整个文化工作朝低潮的路走，文艺当然也就受了影响。过去文艺运动蓬勃时出版的许多文艺刊物，这时也相继停刊，这是第二个原因。(三)是现实主义的困难。我们都知道文艺工作须有自由的环境，才能够发展，如表现现实受的限制太大，是能够影响到它的发展的。(四)商业化力量开始侵入文艺中。在抗战前上海的文化市场，文艺运动差不多都控制在书商手中，而他们又只懂得唯利是图。抗战发生后，大家都感到十分痛快，以为从此可以离开了商业资本的控制。可是到了抗战四年后，以渔利为目的的书商，重新侵入到文艺中来起支配作用，书刊出版，要商人确定标准，看是否可以从中渔利。

在文艺中，市侩主义又抬头了，他们所出的书刊不是为了整个文艺运动，而是为了他们自己的利益。其次是交通的困难，各地所用的东西，无法自由流通。这是在客观上造成今年度文艺运动低潮的原因。但在文艺工作者本身，也有好些原因：(一)文艺理论和文艺批评不曾建立，没有领导，没有斗争。理论家不替作家指出当前的道路，不批评那些不正确的倾向，不推荐新的成功的作品。一部作品出来了，总是默默无闻的，这一个影响也相当之大。我们知道理论的指导和斗争，对于整个文艺运动的推动是占主要地位的，一九四一年文艺理论、文艺批评的贫乏，使创作朝衰落的路走。(二)文艺工作者生活的没有保障。这现象，到一九四一年尤其严重。在抗战前可以有职业作家，到现在就不可能有了，写作成了一种副业。如艾芜先生，我们都知道他是一个职业作家，可是他到现在也不得不去教书了。一有别的职业就能把写作时间剥削去，这对于作品的产生，也有了极严重的影响。(三)作家跟现实接触的机会少。在抗战刚开始时，有大批作家到前线去，参加各种抗战工作。可是现在，却又纷纷地回转后方来。和现实生活隔离，生活自然平凡，便难于写出有血有肉的作品。就是勉强写了，也未免失之于概念化。因为在前方的许多事情是我们在后方的人无法理解的。比方说，桂林现在已成了一个囤积居奇、发国难财的中心点，我们是住在这儿的，尚且无法写，何况是住在别的地方的作家。作家的生活和现实隔离得远，使一般作品的质和量减低。但是对于这一些困难，我们却不应该悲观。客观上存在的困难是应该加以克服的。今天我们是来展望未来的，就应该注意到如何克服创作上主观的困难。

（原载 1942 年 1 月《文艺生活》第 1 卷第 5 期）

向深处挖掘

一九三四年全苏作者协会代表大会上，作家莱奥诺夫曾经说过这样一段话：

“这时期的任何一个生活片断，都对成批成堆的小说起了帮助的作用，因为在手中是流过血，脉搏高高地鸣响着，但是文学上的目击者的成就并不怎样大！关于这时代的重要东西还没有写出来。这主题的一些种子被风吹散了，许多都还没有抽芽。我们表面上的浪漫主义的那种破帆，受了风暴的冲击，如果它也发出大鼓样的响声，那也只是托了革命的庇荫。”

这种情形，和今天中国创作界的情形，正相仿佛。抗战以后，客观现实迅速的变化，提供文学以丰富的内容，使作家的视野与反映在文学作品中的现实范围显得更加广阔，这是中国文学在现实主义途径上一个可喜的进步。但是我们的进步仅限于此，而这种进步恐怕也还如莱奥诺夫所说“托了革命的庇荫”吧。今天我们作品的主题，多少还是局限于新时代一般生活现象的描写，或者是民族或社会的某些斗争的记录，还未能更进一步地去掘发出这时代的最本质的东西，从这里去反映出这历史发展的全貌，我们的作品还没有离开肖像画的圈子，因此直到今天我们没有产生史诗的作品，这是我们今天所感到的缺憾。自然我们并不能因此而去非难和责备我们的作家,这是没有必要的。我们并不能抹煞我们作家在抗战中间的努力,以及他们辛劳心血所获得的成绩。但是时代却在迫切地要求我们向现实主义的创造途程上更跨进一步;这就是说,我们的文学任务不仅在于平面地描写这伟大时代的生活现象,而且是需要从生活现象中间去挖掘出更深的东西,去创造出指导性的典型。我们的文学需要从"社会或民族的某些斗争事件之局限性的记录",更上升为"反映社会的全部的历史关系的文艺,即普遍化的思想性的文艺创造",这正是今天新现实主义对我们抗战文学的基本要求,也是今天作家们的一个最重要的课题。

新现实主义的本质,是现实的社会发展(革命发展)的形象的认识。这是说,把历史的矛盾关系通过形象的典型化的艺术的表现,也即是恩格斯所谓"围绕着他们(指典型人物——作者注),使他们行动的典型的状势的真确描写"(这就是社会本质的形象的认识),只有这样深入现实的艺术,才能透视社会或世界的过去与未来。

新现实主义要求于我们的是艺术的真实,那是现实的最高真实,必须本质地去理解那些隐藏于生活和人物之后的社会与历史诸矛盾关系,从这中间去决定我们的主题,我们的作品才能表现这种现实的最高真实。本来,抗战这伟大的史剧,就是民族与社会革命的本质的现象,所谓"抗战现象,革命本质",如果不能从革命本质上去反映和分析抗战的诸现象,则我们就无法全部把握历史的真实,也就无法发挥出抗战文学的最大战斗作用。所谓与抗战有关无关的问题,并不表示在作品题材是否直接采取于战争的事件上，而是表示在作品的主题是否把握着抗战现象的本质东西。事实上，今天中国人民的生活，不能与抗战无关的。所谓与抗战无关的作品，实际上即是非现实主义的作品。而所谓与抗战有关，也决不局限于炮火下战斗的生活等等。有人担心近来描写战争的作品减少了，文艺创作有趋于与抗战无关的倾向。这是一种杞忧，就个人所感觉，这一二年来我们的文学创作，已经逐渐脱离概念化和公式化的倾向，而走向较深的社会现实生活中去。我们的作家已经逐渐从抗战初期那种单纯的热情中冷静下来，而且开始在从平凡琐屑的生活现象中去探求这些生活所包含的内面意义。这是可欣喜的现象，虽然在这方面的成就还是非常不够。

一九三四年时，格拉特珂夫指出当时苏联作家“还没有从‘活的人’和‘直接印象’以及我们创作方针是那种抱着渺小的个人的热情和操心的人——这种从来的理论和成见中解放出来，我们还缺乏大胆和勇气”。今天我们中国的情形，恐怕也正是这样，我们多少还停留在形式逻辑的平面上，还没有从庸俗的现实主义中间解放出来。抗战已经使我们能更广阔地去正视现实，但我们还未能深视现实。我们应该记得高尔基常常责备我们不够深视现实的话，而加倍向这方面去努力，正如格拉特珂夫所说，应该“学习着对事件的深入的理解，从渺小的中间去见到伟大，从部分中间去见到全体，努力把个别的现象和事实，结合于生活的一般的进程”。

因此，今天我们创作上，应该着重提出一个口号：向深处挖掘，抛弃以浮浅的惊人题材去眩惑读者的庸俗倾向，从这伟大的历史场面中去探求人生、社会和宇宙的基本问题。我们知道，今天中国所经历着的伟大和迅烈的变动，不单是表现在人民意识觉醒的程度上和人民生活的猛烈变化程度上，并且是在迅速地变革着中国的社会基础和社会关系。在这时代前面，历史的矛盾是显得特别清楚，特别尖锐。这些变化的过程表现在具体生活现象上，是非常复杂和多样的。像万花筒般呈现于我们的眼前。在这过程中间，新的典型因素不断地在产生出来。艺术家的任务，就是从这些复杂地变化着的生活现象中挖掘进去，去捕捉这些因素，把这些“现象和事实，结合于生活一般进程中”，把这些因素创造为典型的形象和描写出这时代的典型状势。从这样的认识和创造中才能使我们看到抗战的远景，才能赋予我们以更高的理想与创造的激情，这样的文学才能创造出指导性的典型，才能肩负起描写现实创造现实的战斗任务。

这是艰苦的创造过程，这决不是仅凭客观的科学分析方法所能获致——那将使我们可能从概念化的泥沼中救出来又重新掉下去。艺术的创造是需要通过作家主观的意识和客观的现实进行高度的猛烈搏斗，通过作家的生活实践与艺术实践的一致而成就的。因此根本的问题，仍是作家的生活与思想。要使我们写出更深刻的作品，首先我们认识生活的观点需要比现在更提高。这种提高只有从生活更深入的实践中才能获得，必须我们更亲切地去感觉当代人民怎样在爱、在憎、在悲痛、在愤怒，必须理解他们的思想形式，以及这种思想形式的变化过程。一个民族的觉醒不是像睡觉醒来那么单纯的事。从灭亡到新生的过程，是那么曲折，不去亲切感觉，是不能深刻理解的。在这种感觉中间，我们需要理智地去研究和分析，以求得感性与理性认识的一致。但是这样还不够的，我们更需要在认识中间去培养我们的思想和思想力。我们不能否认现在中国文学中间表现的思想的贫乏，这使我们的作品不能产生出伟大的感召力量。一个艺术家必然是个真理的探求者，他必须具有广阔的思想，具有对宇宙与人生问题的伟大的理想。这些思想和理想，不仅不应被当前的单纯的政治概念所拘束，而且应该从新的现实的认识中间，去获取它更具体和充实的内容。作家的思想是和民族与社会的理想相关联的。历史的巨大变动，正是提供我们去探求一切问题的真理的最好机会。我们必须从一般现象的认识中间，更深远地去研究和探索宇宙与人生的问题。

我们常常说，一个作家必须具有强烈的热情。这种热情绝不是凌空的，而是建筑在他崇高的思想与理想的基础上。对于民族与祖国的爱，是建筑在作家对于其民族和祖国的现实的崇高理想上。这样的热情是不能磨灭的。而这种思想与理想之产生，也正是由于他对于人民生活深刻的感觉与理解。所以对现实的深刻认识，对于生活的战斗的实践，对于真与爱的热烈追求，这三者是互相关联着的。而只有在这三者的结合下，我们才能达到艺术思维一致的境界，才能完成现象的本质的形象的认识。

这正是怎样使我们的文学能够从历史的记录高升为反映社会的全部的历史关系的文学创造的途径，只有在这更深刻与广远的文学内容下，更辉煌的文学形式才可能被创造出来。

(原载 1942 年 1 月《文化杂志》第 1 卷第 6 号)

对于当前文化界的若干感想

最近一年以来，文化界颇有一种蓬勃的气象：刊物不断地增加，新书争先恐后地出版，出版社的纷纷成立；虽然书刊的价格逐月高涨，而书铺子里却整天挤满了顾客；印刷所日夜开工，仍然应付不了出版界的要求；新书一出，旋踵即罄，真有所谓“洛阳纸贵”的气势。据出版界的人说，近来书刊的销路，不仅数量上较战前扩增三四倍，即流通的速度也增加了几倍。这种现象，不管怎样说，总是可喜的。至少，这里显示出一个事实，即国民文化水准一般的提高，因而对文化的要求也更迫切。虽然也有些先生们，看到目前出版物的骤增而在摇头太息，但如果只是从量的方面来说，这种担忧殊大可不必。我们只要拿我国的文化生产事业和其他国家的文化生产事业比较一下，就会知道，今天所谓“过剩”，实际上却是如何可怜。抗战以后，文化事业固然发展了不少。但请看一看今天内地小城市中文化饥馑的状态，看一看各地学校图书馆里的荒凉情形，则这种摇头太息，就未免有点不近人情。今天的问题不在量的过剩（实际上是不足），而在文化的质赶不上量的发展；好比一个人天天在发胖，而他的筋肉和血分却依旧十分亏弱，这样就变成一种虚胖的病症。我们决不能因为他底子亏，而叫他重新瘦下去，去做一个十足的病夫。相反的，我们应该设法充实其精血，强健其筋骨，使他变为一个名副其实的健康者。要治疗今天文化的虚胖病，这首先的观念，必须辨别清楚。

抗战已到了第六个年头，许多现实问题，正紧迫地面迎着我们。我们再不能自欺自大，讳疾忌医了。为了文化质的低落而要求去限制量的发展，这固然近乎要治疗病而先把病人弄得面黄肌瘦一样可笑。然而不积极充实自己，黄胖充好汉，这实在也是一种可怕的危险。今天文化界所表现的那种表面热闹，实际冷落；外象虚胖、内里贫血的现象，凡稍有见识之士，大抵都深切感到。现在我们就需要痛痛快快地指出来，切切实实来反省和检讨。这样或许能谈得上强健我们的文化，肩负起文化的战斗责任。

今天这种文化虚胖病的现象，如果仅仅表现于主观创造能力的幼稚，则尚不足隐忧，因为一切力量都是从幼稚而渐渐长大的。然而我们的文化的病症却不那么单纯，只要拿今天情形和抗战以前的情形比较一下，就不难看出。当时我们文化创造的能力虽然稚弱，但却具有一种充沛的活力和战斗精神。所以抗战以前，文化界就首先吹起民族解放战争的号角，尽了它时代先驱的任务。五年以来，我们虽然获得了许多不可否认的进步，但寄托于一般文化上的这种活力，今天却显然减弱了，文化的战斗精神却远不如前了。这首先表现在文化的思想内容的贫血状态，在经过五年艰苦抗战以后，历史现实发展到更复杂更尖锐的阶段，而我们的思想进军却赶不上客观的发展。我们知道，任何民族历史上的文化发达时代，必然是其民族的社会思想突进的时代，如德国的狂飚运动时期，法国的人权运动时期。在中国近代，"五四"时代的思想革命，曾经造成了当时新文化运动的高涨；一九三一年以后思想方法问题的提出，使当时的启蒙运动推进到一个新的时期；而造成这种思想进步的，却是由于当时历史矛盾的尖锐展开。抗战以后，由于历史的伟大变动，照理应该是一个民族意识大觉醒，国民思想大进步的时代，何以今天我们的思想界反而呈现贫血的现象呢？这自然有许多主客观的原因，我们且放到下面去说。不过我们需要指出，就是从这伟大历史斗争中所产生的思想的进步，并不是不存在，而且这种思想已经结合在民族战争的实践中间了。这一特色，我们是不能无视的。但是由于现实发展的不平衡，这种进步还不能普遍渗入到全国国民生活和文化中间，一般国民的思想还未能应和着这种进展而前进，特别是在大后方所谓文化中心的都市中间，文化思想显示非常空虚和混乱。这种空虚和混乱在前几年是被掩遮在抗战初期的单纯热情和图式主义的眩目的帆翼底下，现在这种帆翼除去了，情形就非常明显地展露出来。我们的文化思想，一般说是缺乏时代的具体内容。我们的思想方法未曾充分地在这历史的伟大斗争实践中去锻炼和发展。在学术研究和艺术创作上，我们显然缺乏大胆和勇气，因而在认识上往往不能突入到问题的本质。以代表一个民族的灵魂的艺术与文学来说，今天大后方一般的创作中间，是普遍地表现着内容的空虚和思想力的苍白，艺术认识多半是局限在现象的表面上，没有更深刻去掘发出历史、时代的本质。而在另一方面，便使一些光怪陆离的思想意识乘机滋长，从复古的国粹主义，改头换面的宋明理学，以至市侩主义的人生哲学，毫无批判地纷然杂陈。今天的现象不是百家争鸣，却可以说是怪论杂出。在这种思想混乱的情形下，我们处处可以看到一种温吞的庸俗的中庸思想存在于学术文化中间，或则就是肆横无忌的独断主义以及从图式主义中间残留下来的灰白思想。由于思想的贫乏，结果自然削弱了文化的创造力。我们检讨一下这两年来在我们大后方文化中心，无论在科学上、哲学上、文学和艺术上，究竟收获了一些什么呢？自然，我们并不过分奢望什么有历史永久性的伟大作品，可是除了一些时髦的政论，除了一些讲义式的学术著作，除了一些图式主义的或单纯描写现象的文艺作品以外，我们是否有一二部可以作为这个时代思想的记录或指路碑的著作呢？这答案怕难以满意吧。在偶然一二次的学术论争中间，我们显然看到一部分人不仅没有去发展他们已有的思想方法，倒反而是把这武器暂时地放下了，因而在某一些理论的研究上，呈现出异常混乱的状态。这种现象是值得忧虑的。

其次，由于思想的贫乏，便一般地引起文化的热情衰退的现象。因为创造的热情原是从思想与生活实践的结合中产生和发展的。当抗战初期那种激发的狂热过去以后，到了目前，却呈现出一种不冷不热的疲惫状态。这种疲惫的情感，不仅表现在一部分人的抗战情绪上，也表现在学术思想和艺术创作上。在克服主观主义的斗争中，却产生了纯客观主义的倾向，颇有一种无所为而为的样子。为了适应客观，结果却忘记了改造客观的任务。持久抗战中所需要的那种韧性的战斗精神，在文化上表现非常薄弱，于是在学术研究上出现了折衷和调和的倾向，在教育上有回复到学院派教育的趋势，在艺术上表现出主观情感的冷淡和主题的模糊，音乐上的雄壮声音沉寂了，诗歌中间伤感调子和形式主义又重新在抬头了，文学和艺术似乎渐渐地变为大后方小市民抒发苦闷的一种生活镇静剂。这还不过是说明文化上健康情感的衰退，而尤甚的，在这大敌当前国难方殷的时候，竟有人泰然地在高谈明哲保身的道理，咀嚼宋明理学的残渣，那种无动于衷的冷漠态度和太平观念，实在叫人惊心。据出版界的人说，目前销行最盛的正是这种市侩意识与奴隶思想的处世哲学的书籍，在民族抗战的艰苦途径中，这种消散群体意识的毒素的流播，不能不说是一种可怕的现象。这种现象的发展，不但会使文化萎缩，而对于民族的德性尤可能发生危险的影响。

社会对于文化要求增高了，而文化上却缺乏一个足以领导社会的强健的中心思想内容，这样就造成另一现象，即市侩主义的抬头，这特别表现在文化市场的散漫、杂乱，和一般创作和研究上的轻率和粗忽。就前者说，即是商业势力控制了文化生产，利润的追求成为文化生产事业的主要目标，出版界成为小市民低级欲求的尾巴，处处讲究“生意经”，讲究迎合市民阶级读者的脾胃，这样便产生了投机、盗版、翻印、乱编书籍、剥削作家种种恶劣作风。市场的评价，淹盖了文化的评价。于是浅薄无聊的小册子和低级趣味的刊物到处风行，而学术巨著反因产销的困难而为出版商所冷视。即使比较有意义的书籍的出版，也大多陷于散漫无计划的状态。商业势力不仅支配了文化的市场，并且也影响了文化人的创作活动，于是粗制滥造的风气渐渐养成，甚至有出版商出题目、著作家写文章的怪现象，这好比急火烧饭，非生即焦，哪里能收获什么好的东西？这种现象的发展，自然也就影响到一般文化创造水准的低落。

文化是国民生活的反映，而同时也是改造国民精神生活的武器。上述种种病态现象的存在，自然有其客观原因，决不能完全去责备文化工作者。然而如果全部诿之于客观原因，而忘却检讨其主观的弱点，则也殊欠公允；而且客观的弱点与困难，正有待于主观力量去克服。任何文化的进步，都是从这种主客观的斗争过程中发展来的。就目前来说，抗战正在最艰苦的阶段，客观上的种种障碍自不必讳言，首先是文化与思想的范围太狭窄，使文化创造力不能尽量发挥。其次，是物质上的困难，阻碍了文化的传播。再则，是文化工作者精神与物质生活上的困难，影响到他们创作与研究的活动。而国民精神一般的疲惫状态，反映到文化生活上，也是一种重要的因素。然而正惟其客观条件困难艰苦，主观的力量就更需加强，克服这些客观困难的奋斗就更显重要。我们与其来详细诉说或分析客观的种种原因，毋宁更切实来找求我们主观的弱点，和克服这些弱点。当前文化上的最主要病象，即是上述的思想的贫血，而造成此种现象的因素，在主观方面，我以为有两点值得特别指出：第一，是批判精神的缺乏。我们知道任何时代文化思想的进步，都是从思想的批判与斗争中获得的。孟子辟杨朱距墨翟，乃能发展孔子的学说，马克思著《资本论》与《政治经济学批判》，批判旧时的经济理论，乃能奠立社会主义经济学的基础。因为新的文化思想乃是从旧的文化思想的墟基上生长出来。历史不断地前进，新旧文化亦无时无刻不在矛盾斗争之中。真理的探求必须经历艰辛的奋斗与迂曲之途径，因此它需要有一种坚毅的韧性精神，也就是我们所说的批判的精神。也只有从这韧性的批判精神上，才能产生出战斗的热情。就抗战来说，这是从民族危困到民族新生的一条艰苦的途径，同时也是国民意识改造的过程。在这中间，民族意识与封建殖民地意识的斗争特别尖锐明显，我们如果不能发挥批判的精神，以克服旧的残滓，发扬新的因素，则我们的思想自难获得其充实的时代内容和创造力量。近年以来，在大后方文化界中，不仅理论上的批判与学术上的论争极少看到，即一般作品批评也绝无仅有，大家都拿着一些不着边际的老套话，互相敷衍，绅士风度代替了战斗精神，中庸主义变成了流行观念，这和数年以前的情形竟大相径庭。也许有人以为这是符合于团结之道，实则文化界的团结与学术上的论辩，不仅互不相背而且是互相促进的。由于批判精神的低落，学术论辩的沉寂，学术空气也因之而消沉。最近，社会人士与一般知识青年对于学术思想的研究，科学的探讨，显然感到厌烦和疲倦，大家都在找求刺激生活的酵素，这也无怪其然。这种影响所及，自然更促进社会思想一般的贫乏和文化上热情的衰落。

第二，是普遍地缺乏对客观事物的具体理解。抗战中间，现实的变化异常迅速，一切社会问题也显得更加尖锐。我们只是凭借一些原则或公式化的思想方法，不能深入地把握历史的具体变化，不能精密地去理解现实的复杂性，则我们的思想也就无法取得其具体的内容。思想不能与认识和实践相结合，则所谓思想便只是一个空壳。文化的任务是为要创造新的现实，假如对当前现实的理解，仅是概念的而非具体的，则所谓对现实的遥望，也只是一些模糊渺茫的感觉，如何担当得起创造的任务？即以思想方法来说，这并非万宝灵药，如果不是放在现实矛盾中去活动地应用，则最完善的方法论，仍然等于死的机械。详细去研究具体事物，这是科学认识的第一步工作。如果这一步工夫不做到，则所谓科学方法，也仍然起不了科学的作用。"五四"以来，我们常常叫着科学化的口号，然而国人对于科学的调查、考察精神，则往往显得不够；对理论原则的兴趣颇高，对实地研究则深感乏味。因此机械的唯物观念曾经支配了许多人的头脑。在抗战初期，由于历史起了急剧的变动，这种概念的倾向，曾经显示得非常强烈，到了近来，公式主义已渐渐为人们所厌弃。但是由于生活实践的不够，对具体事物的理解仍不能深入，剥去观念认识的外套，便裸露出苍白贫血的躯体。如果我们不能积极地从实践生活的认识与实践上去发展我们的思想方法，则主观上尽管讨厌那种公式主义，事实上仍然难以逃出它的掌心。

因此，我以为要疗治当前文化的虚胖病，要强健我们的文化力量，最主要的一点，是在充实我们文化的思想内容。要达到这一目的，第一，要提高文化的批判精神，建立批评工作，发扬学术的空气；第二，要坚持一种韧性的战斗精神，以应付这持久抗战的种种艰困；第三，要切实改革我们的研究和学习风气，从概念的认识突入到具体事物的理解，从而来发展我们的思想方法。必须首先克服我们文化思想上的弱点，才能克服一切散漫杂乱的现象，清除一切光怪陆离的时代渣滓。因此，另一方面的任务，便是有计划地去促进文化事业的一般发展，阻止市侩主义的抬头，以及要求文化工作者精神和物质上的确切保障，以便利文化创作与研究的活动。

默察自新文化运动以来，到了目前，可以说又到了一个新的阶段。由于抗战的持久性，以及这战争对于文化的迫切要求，特别在这最艰苦的阶段，我们的文化内容需要更切实地更具体地去适应这伟大的战争，并且负担民族新生的创造任务。因此，它不仅是启蒙的，而且是建设的。不仅是战斗的，并且是韧性的战斗的。在这种艰苦的环境与任务之下，文化界是亟该振作起来了。

（原载 1942 年 6 月《文化杂志》第 2 卷第 5 号）

关于题材

一般地说，作品的题材是从生活中间摄取来的。生活愈丰富，题材也就愈丰富。但是这关系也不是那么单纯。譬如说，抗战一开始，我在一个山城中参加了八个月热烈的救亡工作，看到的听到的都是新的事物，新的变动，当时似乎觉得到处都是写作的题材，可是真正要去写的时候，却又写不出来。后来有一次和几位新闻记者跑到前方去，我买了一本厚厚的笔记簿，满以为这次一定可以搜集到许多好的题材了，可是回来以后，除了写出几篇报告以外，要立刻找小说的题材，却依旧一个没有。有的不过一些零零星星的素材和印象而已。可见得从生活的原料变成半制品的题材，并不是像厨子烧饭一样，只要有米，倒在锅里一煮就成了。这中间是要通过作家艺术的感觉和思维，要经过一个消化的时期，然后才能形成。但是所谓作家的感觉和思维，也不是像机器那么一种东西，只要把原料倒到里面去经过一下就一定会变出题材来。因此一个写文艺作品的人就不能和一个新闻记者一样。新闻记者可以很有把握地制定一定计划，譬如说，到前线去跑一趟，写出若干篇关于战场的通讯。他只消搜集到具体的材料，加以整理和判断就可以写出来。但是一个文艺作家却不能这样。谁也不能那么大胆说:“我这次到前方去拿一个长篇或中篇的题材回来。”虽然他可以自信,将在观察中间获得若干素材。题材的获得和形成,大概是决定于客观现象和作者主观的感情与思想的结合。同一事物对于各个作家感情与思想上所起的反应并不相同,因此某一事物在这个作者觉得是个题材,另一个作者则毫不感觉兴味。而对于同一事物,各人的看法又并不相同。一个作家对题材的摄取和选择,一般说,是受着他个人的社会意识所支配的。但是在某一个作家,某一事物现象引起他的注意,因而慢慢把它发展成为作品的题材,却多少是偶然的。也许有人是事前先有计划去找题材,譬如说,他决定要写一个关于壮丁的小说,于是从这方面去找觅题材。但在我,题材的获得往往是出之于无意之间。在日常生活中间,我经常地观察着社会事物和人物;忽然某一件事情和某一个人物引起我的注意,在我脑子里留下一个印象,我想想这倒是个材料,于是这最初印象就在我脑子里挂了一个号。这样的最初印象,大概每月都有一二个,都让它在脑子里挂着号,或者在笔记本记下来,但不一定个个都能发展成题材。在一个相当时期中间,这些印象常常再浮上来。浮上来,就去想它。有的当时以为是个很好的题材胚胎,但是不久以后就完全失去兴趣,不再浮现上来,或者就根本忘掉了。有的则像鬼作怪似的,老是盯着你,每一次浮现上来都比前一次更明确更具体,想写它的欲望也更强烈,似乎不写出来是很难过的,这时,这个题材便大致确定了。于是我反过来去紧紧追索这个题材,搜集或思索关于这个题材的种种材料,或则把和它相类的题材胚胎附合到这题材上去。这时候也就快动笔了。

在题材正式形成的时候，和最初想着所要写的东西，面目也许是大不相同。最初观察到的事物或人物的一般轮廓，这时或许完全消失，留下的只是那引起我注意的特征，变成另一种虚构的状貌而出现了。这在事前也是不能预知的。

关于题材的选择，我多半是根据于它在我脑子里浮现的情形，即是说它在我思想和情感上所产生的反应的强度而决定。有时一个题材的胚胎，在我脑子留了一两年之久，最初印象很淡，慢慢地随着生活的变化，逐渐强烈起来，有时也只有几个礼拜就写出来。但也有不管它就硬想出来的，凡是这样写出来的作品，多半是很失败(譬如抗战初期，觉得好像非要写些打仗的题材不可)。

文艺理论家常常指出我们选择题材的方向，这是应该的。不过我以为一个写作者却不必过于机械地固执着一个标准去选择题材。主要的倒在于作家的意识与思想，这决定他对于现实的关心和看法。一个现实主义者，他在题材选择上必然不会怎样离开时代的要求；因为他所关心的，也必然是人民大众所关心的。如果没有这种真切的关心和真实的感情，只是一味跟着人家学时髦，结果怕也不过产生一些八股式的没有生命的东西罢了。

题材的来源，除了在日常生活中观察和体验以外，对于过去事物，甚至童年时代少年时代的事物的回忆，我以为也很重要的。我们现在所运用的材料，恐怕多半还是过去经验的累积吧。这或许是因为我现在的生活太贫乏。不过从另一方面说，遗留在我们记忆中的过去事物，它本身已经过一番滤净的作用，它的特征更容易为我们所认识。一个作家倒不必害怕写过去的题材，只要是现实的，一样的对我们有用。此外看作品，对于我们选择题材，也有极大帮助，往往我们从阅读别人作品中间，触起自己生活中某一项经验，因而形成题材。在自己写作品的时候也是这样，在写这一篇作品时，有时会想起另一个题材来。

对于题材的处理，自然是应该以最经济最有力去表现出作品的主题以及显现出所要表现的某一侧面为原则。一切场面的安排，故事的结构，文章的开端和结尾，都必须紧紧地围绕着一点——即我们所要表现的中心思想。我们最容易犯的一个毛病，往往是力量上轻重不分；譬如画一幅画，在画布上涂满了各色各样油彩，结果反而使主要的东西表现不出来；该挖深的地方不够挖深，该简写的地方又太芜杂。写的时候只想竭力烘托，并不觉得，写好以后仔细一读却觉得模糊了。因此，我说在处理题材上必须着重于主要场面与次要场面之分。集中力量去挖深重要的地方，不要使笔力散开去，但同时却又要避免拘束的毛病。文章要写得开，又要捉得紧，这才显得出力量。

题材的发展有时并不能预先决定。写以前大概总有一个计划或大纲之类，但是当人物性格逐渐显出来的时候，原来的计划有时是需要变更了。譬如原来你预备叫这个人物死，但结果却变成了走。这样事情大概常常会碰到的。这个时候最好不要坚持原来的计划，处理的方法不妨变更一下。高尔基说，最好不要预先叫你的人物怎么做。这话确实是有道理的。当作品中的人物真正活了起来的时候，他会知道他应该怎么做的。

所以，我不喜欢拟定一个缜密的大纲来作为处理题材的方法，这有时会束缚你思想力的发展。大体上一个布置是需要的；细琐的地方只有写到那里时再看。

作品的开头，对于整个题材的处理有很大关系。开头不好，下面文章往往不易写开去。这事情常常使我痛苦，我想宁可在起头时候多花些脑筋吧。结尾也很重要，这对于作品的力量影响甚大。

在世界文学家中间，我以为柴霍甫的处理题材是最值得佩服的。他的特点便是经济而有力，场面既不多，每个场面的描写又极其经济，只要几句有力的话和突出的动作便把人物和环境强烈地显托出来。鲁迅先生也是如此。写作品最忌不必要的拉长，譬如把短篇拉成中篇，把中篇拉成长篇，这叫做吃力不讨好，徒然叫人讨厌。

在写完一篇作品以后，最好再经过一番增删的工夫，我相信一定可以比初稿更好一些。

（原载 1942 年《新文学连丛》之一《孟夏集》）

略论文学上的方言使用问题

在讨论文学上使用方言问题的场合中，常常有人把它和方言文学问题混作一谈，这二者固然是有关联，其实却是两回事情。前者是指一般文学创作上如何采用各地的方言，以加强其语言的生动性，和创造更有活力的文学言语；后者则是指用全部方言写成作品，如广东的白话小说，福州的平话等，使它在当地读者中间取得大众化的作用。虽然在文学意义上说，是具有同样的目的，但后者似比较偏重在语文运动和教育作用方面，而前者则主要是着眼在艺术的言语和形式。所谓方言文学，大抵是专用某一地方的口语写成的作品，而一般文学作品，则不妨兼取各地方言的精华，运用在同一篇作品中间，使这些方言逐渐成为普遍运用的文学的语言。

因此，所谓如何运用或选取方言问题，在方言文学中根本就不存在，即使存在，也不过属于技术的范围。如创造用字或注音一类问题，而在一般的文学创作上，这问题却是非常重要。有如大家所周知，今天我们的文学如果不是从活的口语中去打开一条路来，则所谓新文学形式的创造，就不会有什么前途。所谓活的口语，自然是从各地方言中间摄取来的（不过，口语却并不完全等于方言，某些方言，当它已经普遍化以后，它的地方特殊色彩已经不存在了）。所以如何从方言中去选取文学上的口语，必须为每一作家所时刻注意。

但是我们必须避免一个幼稚的见解，以为每一句方言土语都是好的，每一句方言土语都应该写到作品中去。我们必须有些标准，从那浩瀚的方言中间去选择我们所需要采用的。我们知道所谓文学的语言，乃是从人民的语言中选择和锻炼出来，并不是每一句地方口语就等于文学的言语。方言口语中间，也有许多东西是应该被淘汰的，而且它本身也在淘汰着的（譬如我们家乡从前叫洋钱做“番饼”，火车叫“火龙”，近年来，大家都不大说了，还是叫“洋钱”、“火车”），我们并不必故意去强调它，保存它。文学所需要的，是形象的、精密的、明确的和美的语言。我们选择方言，自然也应该以此为标准；如果适合于这些标准的，不管是极难懂的，也应该加以注释，使它普遍开来。但是我们却可以相信，凡是极其生动或明确而美的方言，决不至为大多数人们所难懂。因为语言本身是在流动的，凡是好的方言它自身就自然具有一种普遍性，尤其在抗战中间，各地方人民交接频繁，这些方言，很快就会流传开去。举例说，四川方言并不是大家都懂，但“吊儿郎当”一语，现在几乎大家都会说了。广东方言也不见得谁都会说，但“寒巴郎”一语，现在大家也都懂了。又如伯韩先生在《方言的使用和研究》一文中所举的“别扭”二字，曾经弄不清楚是方言还是普通话；其实这就是普遍化了的方言，因而它的地方特征就渐渐减除。凡是方言中间的精华大抵都是这样发展着的。这并不完全是靠文学家写在纸上的功劳，因为这些语言本身所包含的生动性，是比其他各地方所说同样意义的话力量更强。

像“吊儿郎当”一语，在有些地方是很难找到同样的话。因此，这个词自然而然会比其他四川话、广东话或北平话更容易被大家所接受。反之，有些没有价值的方言，即使常常运用在作品中，也未见得因此就普遍开去，即使大家懂了，也未见得增加其作品的生动性（譬如广东人管吃饭叫“食饭”，这就不见得生动，也不见得会普遍开去）。去年在一次座谈会上，我曾经说过，使用方言最好要注意到它的共同性。这句话当时没有明白的解释，其实意思就是说，应该选择那些本身具有更大活力而容易被大家所接受的方言。这些方言或则已经普遍了的（如上面所举之例），或则一经采用更容易被大家所广泛接受。这样方言的采用，一方面可以增加作品的生动性，一方面又可以促进方言的普遍化。作家在这里有权利，可以拿各地方言来加以比较，在各地方所说同一含义的语句中，究竟哪一地方的方言是有更大的生动性、明确性或艺术性，我们可以特别运用它，倒不限定江浙人必须写江浙方言，广东人必须写广东方言。事实上，虽然各地作者的作品中，往往是多用他故乡的方言，那是因为比较熟悉的缘故。但决不是说江浙作家不应该运用非江浙的方言，相反的，一个作家是应该尽量去搜集和熟悉各地方言加以适当运用。并且，在一篇作品中，无论对话或叙述文中，是可以同时采用各地的方言来作为他的语汇的（譬如我们家乡土话，院子叫做“明堂”，但我们还是喜欢写作“院子”或“天井”，因为前者不如后者明确）。

方言的使用固然和加强作品的地方色彩有关，但却不是它的全部目的，也不是最主要的目的。它主要的目的还是在丰富文学的语言，加强作品的形象性和生动性。因此，并不是说，作者写什么地方人，必须用什么地方的全部方言作为对话，那对于作者是太苛刻而无必要的要求。因为我们决不能要求一个作家必须全部精通各地的方言。拿《水浒传》来说吧，这算是一部运用方言很成功的作品。但并不是每一个地方的人说着每一个地方的话。鲁智深、史进是关西人，宋江、李逵是山东人，张顺、李俊是江州人。但我们很难从他们说话上去区别出他们籍贯。作者只是从当时北方方言中选用一般生动的语汇适当地运用在各人的对话中间罢了。在西洋小说中间，我们也很少看到写什么地方人必须全部用什么地方方言的例子。因为方言被作家选择以后，经过他的锻炼溶化，变为一种不专限于表现地方性一个目的的文学语言了。但这不是说，运用方言于人物对话中，可以完全不顾地方性的条件。譬如写一个北平人，无端用"丢那妈"去骂人，那就不近情理。我的意思是说，我们不能那样严格要求，用全部方言去写每一个地方的人所说的话，以为这才是加强地方性。但也不是说，不能运用方言，就只得用普通话来写。例如伯韩先生所说，"在写一个广东人而不能写广东话(当然是指全部广东话——荃)的场合，只有两条路，一条是抛弃那题材，一条是让熟悉那种方言的人，比如广东人来写。"(《方言的使用和研究》，《文化杂志》第二卷第三号)我以为并不如此呆板。

再则，文艺作品是为了反映我们整个社会的本质关系，这故事在什么地方发生，这人物是哪里人民，并不是主要的问题(自然在有些场合，这是必须明白指出的)。鲁迅先生的小说多半该是写自他家乡绍兴得来的题材，但这不必一定是绍兴的，鲁迅先生也没说明这一定是写绍兴的，因此也就没有必要一定要采用绍兴的方言。所以把表示地方性看作是文学上使用方言的唯一目的,反而会把这问题弄得狭窄起来。至于方言文学,问题又不同了,那是用纯粹方言写的。即使所写的并不是那地方的故事和人物,也得用那地方的方言去写。譬如广东白话小说中描写上海抗战的故事,那作品里无论是上海人或北方人的话,都得用全部广东方言翻译过来。这是为了适应广东读者的读和听。在一般文学作品中,我们还得顾到更广泛读者的接受性,所以我们需要把各地方好的方言尽量介绍给大家,促进其普遍化,而那些没有什么意义的方言就没有一定采用的必要了。在好的方言本身所包含的生动、精密、美这些条件上,方言的普遍化与作品表现力的增强这两个任务就必然地统一起来。

方言使用上,有一个困难的问题,就是方言的表达。如果说,各地方言都要用方音表达出来,那只有用拼音字才能解决。例如,滇、桂、川人“还”读作“xan”音,艾芜兄就把它写作“偕”字,可是碰到江浙人却读成“界”了,这岂不糟糕?但如果每碰到该用“还”字地方都以一个拼音字代之,也不是办法。在沿用汉字的现在,这问题是无法彻底解决的,只有采用如下办法:第一,即是杨晦先生所说,“方言变了音,应当用别的方法救济,方言仍用原来的字”(见《文学创作上的言语运用问题》,《文化杂志》第一卷第五期)。第二,就是有音无字的方言,只能用相当的汉字写出。例如,《水浒传》里的“兀那撮鸟”、“则个”,现在我们所用的“吊儿郎当”、“别扭”、“赤佬”、“寒巴郎”、“交关”等等,为了慎重起见,在起初运用时,不妨在文章后面用拼音字注出。立刻就用拼音字代替却不很妥,因为懂拼音字的人究竟还不多，反而会阻止这方言迅速地普遍化。

最后，谈到文学的语言，我们还应当注意的，就是文学的语言固然应该由我们从人民口语中去摄取，但也不是说文学的语言完全等于口语（现在的口语）。善于运用口语的普式庚说过，“写的语言是不断被那些由谈论中得来的辞句充实起来的，但一个人不应该放弃了数世纪来的收获，单是只用口语写作，这表明那个人不懂得他的语言。”这情形正如绀弩所说：“我们创作的时候，还会遇到一种矛盾：有许多口头语是写不出来的，而我们写在书面上的文章，又已经比口头语高级，精密，丰富。……而且，照他自己所思考的写出来的东西，往往比口头高级些，丰富些，美些，因为这是锻炼过的文字，这种矛盾和困难，也只有中国文字拼音化才能解决。”但是在没有彻底解决以前，我们却应该把那些确是精密的、丰富而具有活力的文字，不管它是白话或甚至是文言，以及翻译过来的名词，使它们转化为口语。例如“抗战”、“警报”、“火线”、“帝国主义”这一类词儿，现在不已经渐渐转化为口语了么（在文言中间，已经转化为口语的也有，譬如“岂有此理”、“无所谓”等）？我们的任务，不仅是要运用口语，而且是要丰富口语，创造口语。唯一的原则，就是把好的东西给大众。

所以，如果从文学创作上来讨论方言使用的问题，我们还是应该以发展文学的语言的任务来作为我们基本的立场的。

一九四二、九、三

（原载 1943 年 1 月《文化杂志》第 3 卷第 3 号）

重振抗战的文艺战线

一九四二年中间，就桂林、重庆这两个所谓文艺运动的中心地来说，实在颇为热闹。文艺刊物一种又一种的出版，单行本更是到处畅销，就连作者都不知道遗失在哪里的稿子，也忽然印行出来了。这种气势，恐怕战前的出版中心上海，都有点望尘莫及。至于文艺情形，茅盾先生的两句话："鸡零狗碎亦功德，酒囊饭袋是雄才"，已经形容尽致了。连酒囊饭袋都称雄文坛，其热闹自不必谈，然而文艺界混乱的情况，也就概可想见了。这种畅销而混乱的情况，我想或者可以这样来说明，即读者的要求和程度是较前提高了，而文艺界主观的创造力量却赶不上客观的需要。批评工作又不易建立，因而市侩的势力便乘机突入，控制了文化的市场。我们看到，大批文艺刊物，几乎都是在赚钱发财的目标下应运而生；计划刊物的不是文艺工作者而都是商人，因此文艺产物就不得不和商品一样论斤掂两地论价，编刊物也就像戏院抢班子一样互争短长。有些刊物恐怕连编辑方针都是可有可无，然而编家却已经翩翩成仙。有人说，桂林编家多于作家，这恐怕不能算是过分夸张吧？至于文抄公、编写家、翻译圣手的横冲直闯，公然活动，便更不在话下，反正他们也不在文艺界之内了。

市侩势力的抬头，是发展了文艺界思想混乱的情况，然而文艺界本身思想贫弱的现象，却也不可否认。这种情况在抗战初期即已经存在。由于政治形势发展的速度超越于文艺工作者实际力量的进步，文艺落后于现实这种现象，多多少少是存在着，抗战愈是到艰困的阶段，客观现实更变化得迅速、复杂，文艺工作者一般的认识力与思想力的进步，赶不上那万花筒般迅速变动的现实，因而反映在作品中间的现实的深度和广度，便一般地显得不够。此外，再加上客观上的种种限制与困难，更使文艺运动的进展，受到许多限制。今天呈现在我们前面的众多的作品中间，确实有许多使我们感到它思想力的贫乏和情感的苍白，如果仅从作品的量来说，这种情形也许还颇占优势，这大概是使有些人感觉到悲观失望的理论根据，我们如果不仅只根据于片面的认识，而是从抗战文艺整个发展进程来看，则这种悲观失望就没有必要。因为我们不能抹煞，就在近一二年中间，由于战斗实践的更加艰苦更加深入，若干作品中间所显示的思想力的强化与进步，以及许多健康的新人（特别在诗歌方面）的出现，和艺术表现方法的比前进步等等事实。这些进步只要和抗战初期或以前的一般作品作一对照，便不难看出。可是，由于上述种种原因，这种进步却是非常不平衡的，这种不平衡不仅表现在地区上，即在同一营垒内也出现了各种的差度和杂质，新的进步还没有取得优越的地位。这种情形是产生了思想混乱情形的根源，而由于市侩势力的突入，更助长零乱散漫的情况。在另一面，也使文艺战斗的阵线显得形势衰弱了。

今天，我们仍然在艰苦的抗战途中，而且是在全世界反法西斯的苦战中，我们的文艺基本战斗任务并没有也不需要改变，但是我们却不得不再提醒一下，我们要重振抗战的文艺战线。抗战已经五年半了，在初期那种高涨的热情已经过去，而最后胜利尚未到来的阶段之中，由于抗战长期的艰苦，一般的国民情绪，可能有一时的衰颓。即如市侩势力的抬头与文艺上主观情感的衰弱，和这种一般社会情绪是不无关系的。但是，我们必须时刻记住，文艺不仅是反映国民的生活，而且是兼有促进抗战的思想与情绪的任务的。如果文艺作者也感染了衰颓的情感，则这将是文艺和文艺运动上莫大的危机。今天，我们每个人必须自己检阅一下，我们是否感染了那种衰颓的情感，是否尽力于抗战现实赋予我们的课题。我们要记得，最后胜利的争得，每个文艺工作者都有更大的责任！抗日与反法西斯最后胜利的热情与信心并不是凌空的东西，而是在现实生活的认识与战斗实践中锻炼出来的。思想与热情是相伴而前进的。只有把我们的认识和生活更深入到社会的战斗实践之中，我们才能获得更坚强的思想与情感的基础。今天，现实的中国，确实没有像我们所想象的那么完美，然而没有理由，可以动摇我们的热情和信心。我们年青的文学，应该如高尔基所说的，好好地去倾听新的历史声响，应该从陈旧的真理中间去提出新的真理，从崩溃的古老事物中间去指出新的东西，这种已经生长而且将成世纪地生存下去，不会消灭只会变得更好的东西。只有这样，我们的最后胜利信心才不是一句口头禅。这是每个文艺工作者的基本信条。也只有从这种共同的基点出发，随其目标前进，我们重振抗战文艺战线的任务，才能取得其具体的内容，而从这里，我们的抗战文艺才能更切实地实践它鼓励国民抗战情绪，克服衰颓疲惫的倾向的任务，和实践全国文艺界团结抗战的任务。

这些似乎都是老话，然而要朝着这方面前进，首先的条件是从严肃我们自己的作风做起。那种飘飘然不负责任的倾向，必须克服过来。批评家应负这责任，创作者也应负这责任。写一篇文章，编一本刊物，都是要对人对己负责的。一个艺术家是应该具有广阔的视野，写实的态度，严肃的生活，为真理为人类的殉道精神，总不会被那种鸡零狗碎的患得患失的市侩主义所蒙昏。然而，建立这种严肃的作风，需要批评家的批判和文艺工作者自身的斗争。我们不需要绅士式的中庸态度，也不需要村妇般嘁嘁嚓嚓的不负责任的作风。我们要有勇于批评、勇于接受的战士精神。这种作风的建立，是针对目前那种混乱情况的要因之一。

只有积极的加强本身的思想同情感的锻炼与作风的健全，才能打击那种市侩势力的发展，廓除文坛的恶习，保障文艺工作者的本身权利。在新的年度中间，我们必须澄清现在那种混乱状态，整齐文艺界的阵线，加强一切为抗战而努力的文艺工作者的团结，培养出更多的新军，以迎接愈来愈近的最后胜利！

（原载 1943 年《艺丛》创刊号）

伸向黑土深处

一九三五年，罗曼·罗兰写过一篇论高尔基的文章。他称赞高尔基是从“黑土里生长出来的，而又把自己的根须伸入到黑土的深处去”。他因而批判了自己，说他在以前“只是一株向天空伸出了树枝的好看的树罢了。然而那里并没有泥土可使那株树生出根须的。如果不把那株树移植到比一种消极的民众的泥土更深的地方，那就是说，如果不移植到黑土的深处，那株树毕竟还是会死去的。”

毕生为着民众奋斗的罗曼·罗兰，远在他早年从事戏剧改良运动时候，在他的宣言中，就首先的提出了民众艺术的主张了。他认为“艺术应该发出人民的声音”，而能“使艺术复苏、康健者，也独有民众的力量”。然而这样一个人民的战士在他晚年还对自己作着这样严厉的自我批判，这在一些把“人民呀，土地呀”当作日常口头禅的人们，是该感到怎样的惶惶罢。但是在罗曼·罗兰，这却是真诚而且非常真实的，这里正显示他的伟大之处。就是说，在他晚年的艺术认识上，已经超越了布尔乔亚人道主义的立场，而向科学的革命的艺术主义突进了。他认识到只有信任大众的创造力量才是艺术创造的最高法则；而在艺术上所追求的真实生命，也只有从社会的生命力中间去取得。“深入社会法则的本质，和以生命力浸淫着自己，由于这种生命的创造力，人类才有它的兴起与发展。”因此，一个艺术家的任务不仅是一般地，或从人道主义的意义上，去服务于人民，而且更须把自己的根须深深伸入到更积极的人民中间，伸入到黑土的深处，从那里去汲取创造与战斗的力量，然后才能使艺术开放出灿烂的生命的花葩。

然而，黑土是深沉的，坚硬的；多少年来的冰霜风雪，多少人的蹂躏践踏，使它变得深沉而坚硬了。它并不像温室里一盆盆景，很容易插活却也很容易死去。从黑土深处生长出来一株苍松是不容易的，可是它的生命却是多么永久多么坚强啊。无穷尽的压力却锤炼了它无穷尽的潜力。而要探求这种潜力，却并非那种供养盆景的心境所能做到。这首先要求有一种强烈的搏斗精神，如果我们没有那样一种决心，把我们突入到这深沉和坚硬的地层，让我们感受同样的痛苦与愤怒，在和它们溶合、拥抱中间去感受感谢和欢欣，在它的吸收和吐泄过程中间去锻炼自己，磨砺自己，那末我们的根须还是无法找到生根的泥土，尽管“贴近”呀，“体验”呀，永远将是一句空话。这是一种痛苦的搏斗，然而也只有通过这种痛苦，才能感到真实生命的欢欣。

“在那长久的地下工作之后，现在的根须碰见了高尔基的根须，而且像兄弟似的结合起来了。”这是多么骄傲和欢悦的声音，然而却是通过怎样痛苦和艰辛的战斗才获得的骄傲和欢悦啊。

在我们的国家里，百分之八十以上的人民，是生长和生活在这样的黑土里的。它遭受过比欧洲任何国家更长期更残酷的蹂躏，因而在另一方面，也锤炼了它更深沉更坚韧的潜力；这中间是凝结着几千年来人民战斗的血泪和累积着几千年来奴隶的创深痛巨的战斗经验。这种潜力正是作为今天我们抗战，我们民主运动以及一切为政治与社会的革命斗争的现实基础，而同时也必然是与这一切斗争有不可分的内在关联的现实主义新文艺的基础和创作泉源。到了今天，由于历史战斗的更加剧烈，这种潜力已经成为我们民族复苏与发展的决定力量了；而由于这种战斗的更深入，便更迫切地要求一切战斗部门从社会的根柢上去彻底地高度地发扬这潜藏的战斗力量；这在文艺上便是要求把大众化运动更向前推进一步。因此，这不仅是为了文艺本身，而更主要的是为了广大人民斗争的展开，在要求着每个认真的文艺工作者，把自己的根须更深入到血痕斑斑的黑土的底层，从那里去汲取能够担负这历史战斗的更深沉的创造力与战斗力。而从文艺本身来说，也只有能实践这种要求，才能使它获得时代的生命，才能使它冲破一切苍白无力的市侩主义和教条主义的思想和小市民颓废文学的霉雾，和使它成为历史战斗的有力武器。

自然，这已经不是新鲜的问题了。好几年以前，我们已经提出“到农村去，到民间去”的口号了，但是除了在某些地区——人民力量已经先我而起的地方，我们的文艺确已和人民相互结合起来以外，在我们大后方却依旧是怎样可怕的贫乏和荒芜。自然客观的困难是个重要原因，但是我们主观上对这问题的认识显然还有若干不够的地方，尤其是缺乏那种深入群众去追求的精神。所谓文艺大众化，我以为并不仅仅是单纯的普及运动或通俗运动，也不仅仅是作品的形式或作家的生活方式的问题。更主要的，它应该是一种人民的与非人民的思想斗争，一种社会革命的实践。到农村中去也好，到民间去也好，如果不是把它看作这种战斗的实践，不是把它和社会斗争紧密联系起来，则所谓民众艺术的“理论”将始终停留在一些琐碎的形式问题讨论上，而所谓“实践”，也只不过是堂·吉诃德式的农村观光罢了。

而这样的吉诃德先生也确实在我们文坛上出现了。他们戴上他们“观察事物的眼镜”，挟着他们“形象的艺术方法”，带着他们搜集材料的大皮包，遨游于农村田庄之间，有时也还装出“战士”的姿态，仿佛怀着无限的同情和热爱，在向农民布施他们的怜悯：“瞧呵，我们的农民，多辛苦哪，多可爱哪！”然而，从他们笔下带来的农民，却变成了一群可怜的示众的小丑。农民的单纯与朴质，被几千年来封建文化磨折成的愚昧与无知，麻木与残废，被变成小市民茶余酒后满足其好奇心理的资料。农民所忍受的残酷的命运被引为构成情节曲折的演义的材料了；而且为了更进一步去满足这种要求，我们的吉诃德先生还不惜细腻而动人地描写他们和她“雪白的胸脯”，“肥满的乳房”，描写他们和她们“火一般的罗曼司”……把路边的泥屑装在色情的盆景里，贴上了“农民文学”的招贴，到市场去出售，这是多么巧妙的主意呀！然而这却是与农民无关的；因为农民并不需要吉诃德，而文学也不需要他。吉诃德先生驰骋于农村中所追求的杜尔辛尼亚，只不过是小市民文学的干骸罢了。

深入黑土，首先就要求有深入黑土的精神。这就是说，要求有严肃和认真的战斗态度，有面向人生的追求和搏斗的人格力量，有和人民共命运的艰苦的坚决意志，有向自己不断的斗争精神，而这一切只有把我们自己置身于实际的社会斗争中间才能获得。因此我们要求把这个问题从单纯艺术形式的讨论上推进到社会斗争的意义上去，从庸俗的人道主义观点上，提高到历史创造的任务上去。自然，客观环境是困难的，然而正因为困难，便更要求我们主观战斗力量的提高。罗曼·罗兰一生永无歇止的搏斗便是我们最好的启示，只有学习他那种战斗的精神和意志，才能使我们真切地去领受他给与我们的这句警语的真实意义。

（原载 1945 年 5 月《文艺杂志》新 1 卷第 1 期）

在伟大的胜利面前

当本期各稿正在排印的时候，胜利的消息突然传来了。整个山城，整个中国，整个世界都震荡在一种无可言喻的胜利狂欢之中。胜利了，八年来中国最艰巨的一次民族解放战争胜利了！人类历史上最猛烈的一次反法西斯战争最后完全结束了！人民意志和团结的力量战胜了一切，横行了十余年的法西斯全部解体了！

这伟大的胜利，昭示我们一个现实的而又怎样无情的历史法则：一切违反人民自由意志的终必失败，自由与正义终必伸张，人类的历史只有在人民自己的理智与创造力的领导下前进。谁要抗拒这历史法则，谁就要在这历史的车轮下辗碎、灭亡！

八年来，中国人民是在怎样一种恶劣的物质条件下和日本法西斯苦斗过来，我们几乎是用着一切原始的方法和敌人现代最精锐的武力作战，然而我们终于困住了敌人，也终于战胜了敌人。我们所凭借着的，不就是人民高度的觉悟和坚强的意志力量？虽然，我们应该承认，由于种种的阻碍，这种力量还没获得更广泛的发展，而这次胜利同时也还有借于国际的有利形势和盟国的援助，然而我们能够争取到这有利的形势和盟国的援助，不正是由于中国人民自己具有这种主观的坚强力量。这是一个人民的战争。客观的有利条件必然是通过人民主观的条件才有助于我。今天的胜利是这样争取来的，明天的胜利也必然这样去取得。八年中间，中国人民所遭遇的屠杀，所忍受的痛苦，所流出的血汗是史无前例的。然而也由于这种非人的屠杀，却刺激起奴隶的自觉，被屠杀者的血，也终于涤净了奴隶身上传统的积毒。在历史上，中国人民从没有像在这次战争中间发挥过他们自己那样的创造力量，这种力量将为明天民主的中国安下一块无可摇撼的基石。因此，这次战争的胜利并不仅意味着我们对于法西斯侵略者的胜利，而同时也意味着这古老民族自身的一次蜕变，也即是自身的一个革命。虽然这个蜕变的过程到现在还并不曾完成；这就是说，自觉和团结的程度还不够普遍地提高，政治的民主还未全面实现，曾经被敌人统治的区域内汉奸势力尚待肃清，人民的痛苦还没有解除，这一切都需要更高度和更广泛的民主力量。

战争是胜利了。这胜利将被千万人民所珍贵，然而假如以为胜利就解决了一切，让自己陶醉在胜利的狂欢之中，或者被天真的幻想遮蔽自己的眼睛，不能拿出勇气去面对立即迎来的一切现实问题，那将是种可怕的错误，也将对不起战争中间千百万牺牲了的战士和人民。这胜利是他们以鲜血和生命换来的，而这胜利就该为我们未死的千百万人民用自己的力量去保障、去发展。

千头万绪的问题正放在我们的面前。真正的和平幸福还有赖于我们自己去创造。经过八年的战争，中国人民正纷纷扶老携幼回返其故乡，重新建立他们的生活。他们再不愿看到内战、压迫和束缚，他们要求有真正的和平；要求有安定和合理的生活；要求有迅速而有秩序的复员，以及食物、土地与工作；要求有创造他们幸福生活的机会；要求享有一切民主国家公民的自由权利；要求理性与个性的自由发展；而同时回想着八年来惨苦的生活，还更要求彻底地绝灭汉奸敌伪的余孽，坚决防止他们的借尸还魂，以及要求解脱封建势力的束缚，撤销战时一切的苛刻禁令，蠲免人民战时的经济负担。而为了实现这一切，首先的也是最主要的要求，便是政治的和平、民主与团结，而且要求以全民一致的政治力量策进这和平、民主与团结的实现。

战争是结束了。但是人民为其自由幸福的奋斗仍将继续下去。战后几十年中间，全世界将是一个人民战斗的时代，也即是为着争取和确保人类真正和平、自由、幸福而奋斗的时代。人类的文化将由于人民创造力的自由发展而达到一个极高的程度。在这样一个时代前面，不管是对于当前我们国家的需要上，或对于人类文化的贡献上，文化和文艺工作者无疑将分担起更重大和迫切的任务。我们知道，这次亘续八年之久的世界战争，其实质正是一种野蛮的思想和人民的文化思想的恶斗。军事的胜利虽然摧毁了法西斯的武装和政权，而为了彻底根绝那种反人民的法西斯思想，文化的战斗必须比军事战斗更延长至若干年之久，而同时人类或民族新的思想与意识的培养，也更有赖于文化的创造。在八年抗战中间，中国的新文艺曾经坚持着它民主主义与现实主义的立场，为人民服务，今后仍然将坚持着这同样的立场。在总的方向上，应该并没有什么大的变更，但是由于人民生活新的变动，人民愿望更迫切地需要倾诉，以及文化辐射区域更加广阔，文艺工作便将更加复杂和繁重了。首先，作为我们当前迫切任务的，便是为彻底消灭法西斯汉奸和打击一切反人民反民主的思想而斗争。这在主观方面是要求文艺的战斗与人民的战斗更密切结合，而在客观方面的一个迫切要求，即是言论、出版、创作、研究的自由。战争中间由于法令的限制，使许多作品想写而不能写，或写了而不能出版，或出版了仍被扣禁。这使文艺运动及其创作曾遭受莫大损失。现在战争已经胜利了，这一切限制自应撤销。为了一个国家民族文化的发展，为了解决新中国建设中间人民文化食粮的饥馑，也为了反映一个民主国家中间人民的真实愿望，文艺界应该团结一致，争取这一切自由的立即实现。其次，从文艺工作者本身来说，我们应该更肩负起国民精神代言人的职责，更深广地去反映和倾诉今天人民的愿望和表达人民的意志。这就要求每个作家更勇敢地投身于现实斗争，加强自己的战斗力量。巨大的时代浪潮正向我们猛扑过来，我们必须以加倍的力量，去和这浪潮相搏击而不至被淹没，而也只有从这种猛烈的搏击中间，才能探入到时代精神的深处，同时也从这中间去获得巨大的艺术力量。

再次，由于战后人民自觉的增高，我们可以相信，文艺和文化的普及运动必然将成为一个重要的工作。这个工作要求有大量的文艺工作者去参加，这将使新文艺运动本身获得一个广阔前途。新的人民生活将赋予文艺以各色各样新的内容与形式，这需要通过社会实践去获得。现实主义的文艺思想是将结合着当前广泛而深沉的民主斗争而获得巨大的发展。

这一切，都是过去所曾经被提及过的，而在今天具有更迫切的实践需要了。我们并且可以相信，在新的形势中间，我们还将遇到许多新的具体问题。总之，历史的发展是太迅速了，绝不容许我们落在现实之后，我们必须记住：文艺是应该走在人民前面的。

胜利的消息传来后五天

（原载1945年9月《文艺杂志》新1卷第3期）

略论文艺的政治倾向

自从“新副”发表了关于《清明前后》与《芳草天涯》两个剧本的座谈记录以后，接着二十九日又发表了王戎先生的《从〈清明前后〉说起》，这样就把问题引导到政治与艺术的关系，或更具体地说，公式主义与非政治的倾向问题上了。这个讨论的展开是很重要的，因为这正是当前文学与戏剧运动上一个主要的问题。

非政治的倾向是今天严重地、普遍地泛滥于文艺界的更有害的倾向。座谈会上，C君所指出的这一点，我想是无可否认的。因此，在今天大后方文艺思想上首先应批判的，应该就是这种倾向。但是这种非政治倾向的反面，却绝不会是公式主义、标语口号。我觉得，C君绝没有那样意思，以为要肯定“标语口号、公式主义的‘唯’政治倾向”去反对“非政治的倾向”。不过C君发言的语气上，确有容易引起误解之处，以为公式主义与非政治倾向是两件对立的事。其实，公式主义与标语口号的文学，在政治意义上来说，本身就是并不正确的；它是从主观教条主义的认识出发，根本就是非马克思主义的。从整个思想运动上来说，这种主观教条主义仍是今天应被批判的主要对象。其次，公式主义也并不是王戎先生所说什么

“唯政治倾向”;公式主义即使在所谓非政治倾向的作品中,也同样藏伏的,例如此次被认为非政治倾向的作品《芳草天涯》中对于恋爱问题的解决,也何尝不是一种公式?此外甚至在一些色情文学中间,例如被人所指摘的《春暖花开的时候》等等中间,不是在色情之外也加上一些抗战八股吗?因此,公式主义的作品即使承认它有政治倾向,这种政治倾向也只是脱离了政治斗争实践的一种政治倾向而已。王戎先生主张,现实主义者是既反对非政治倾向,也要反对公式主义,这意思我是赞成的(不过王戎先生所用“‘唯’政治倾向”的用语,我以为并不妥),而且是必要的。因为在反对非政治倾向斗争中,如果不同时指出公式主义的错误,则未始不可能使我们去重蹈过去的覆辙。自然,反过来说,今天用反公式主义的口号来辩护非政治倾向这种可能也未始没有。而正因为如此,我们就更须同时提出公式主义的要不得,以使这些辩护者无所借口。

王戎先生提出用“政治与艺术统一”的现实主义来反对这些倾向,这无疑是正确的。但是他接着指出:“我觉得现实主义的艺术不必要强调所谓政治倾向,因为它强调作者的主观精神紧紧地和客观事物溶解在一起,通过典型的事件和典型的人物真实的感受,真实的表现,自然而然会得到真实正确的结论……越是在作品里隐秘地埋藏起作者的意见或理念,而让作品的人物通过具体的事件和它的心理过程表露出来,也就是所谓人物典型的性格或典型的环境所围绕驱使着他们行动(斗争)的真确描写,只有这样的作品价值才高,所发挥的力量才越大。”这一段话,我以为是值得讨论的。

王戎先生这段话,似乎是根据恩格斯给哈克纳斯女士的信中的意思，在那封信里，恩格斯确是说过："我决不责备您没有写出一本纯粹社会主义的小说，像我们德国人所谓'倾向小说'，在它里面，一定要宣布出作者的社会思想和政治观点。我完全不是这样意思。……我所要指的现实主义，不管作者的观点怎样，总是会显示出来的。"而所谓"在作品里隐秘的埋藏的意思或理念……"这句话的相类意思，在那封信的原稿里被恩格斯自己抹去的句子里也有过。然而，我们必须首先说明：这封信是给哈克纳斯女士的，当时的情形，正如恩格斯自己所说，"在我们的环境中，小说主要的是供给资产阶级圈子的读者，即是不直接属于我们这个圈子的人。"同时哈克纳斯也还是一位资产阶级的作家，恩格斯如果贸然要求她去写出一部"纯粹社会主义的小说"，这便成为恩格斯的"主观主义"，不近情理了。所以他并不这样去责备她，而只要求她从现实的深入中间去充实她主观的认识，这正是恩格斯伟大之处。而决不是说，恩格斯并不主张强调政治的倾向。这在另一封恩格斯给敏·考茨基的信中就说得很明白："我决不是一个倾向的诗歌的反对者。悲剧之父阿斯契拉斯和喜剧之父阿里斯托芬尼斯都是表现为很鲜明的有倾向的诗人。但丁和塞万提斯也是如此，而席勒的《阴谋与爱情》的主要价值就在于它是一部德国的有政治倾向的戏剧。现代俄国和挪威的写了最优秀的小说的作家们，也都是有倾向的。"

可以明白，恩格斯对于作品的政治倾向是何等重视，不过他所认为的"倾向，应当是不要特别地说出，而让它自己从情况和活动中流露出来，同时作家不应该把他所描写的社会斗争的将来的具备有历史意义的解决，在现成的形式下给与读者。”这正是王戎先生所谓要通过典型环境典型人物（这也是恩格斯在给哈克纳斯的信中所说的）来表现的意思，也即是反对表面地概念地或公式主义地来表现的意思。然而这仍然不能不在具有政治倾向的条件下来进行，那是很明白的。而且我想尤其要注意的，恩格斯有些话，是特指当时的环境而言的。即作品“主要的是供给资产阶级圈子的读者，即是不直接属于我们这个圈子的人。因此，在我看来，一部具有社会主义倾向的小说，如果它能忠实地描写现实的关系，打破对于这些关系的流行的传统的幻想，粉碎资产阶级的乐观主义，引起对于现存秩序永久的怀疑，那么，纵然作者没有提供任何明确的解决，甚至没有显明地站在哪一边，这部小说也是完成了它的使命的。”如果在另一个环境，作品是为人民大众写，为人民大众读的，是人民大众自己的文学时，这情形即并不一样了。恩格斯是无产阶级艺术理论奠基者之一，他对于艺术阶级性与政治倾向的重视是无须多说的。

而且，一个作者，不仅要强调政治倾向，而更重要的要直接参加到政治的斗争中去，只有在政治斗争的实践中，他的政治倾向才是真实的、明确的。政治与艺术的统一不仅是创作实践的问题，而且是作家的生活与斗争的实践问题。在这里，我们仍然可以用恩格斯的话来说明，他在说明革命期间资产阶级的艺术家与政治斗争的关系中，特别指出这些艺术家的特点，是在“他们生活于当时的一切利害中，参加实际的斗争，站在这个或那个党派里面。有些用口，有些用剑，也有两者俱用而进行的斗争，因此才有使他们成为完全人物的那种性格的饱满与有力。”

我们引用了先进者这一些话，主要是为了来阐说所谓“主观精神与客观事物紧紧地溶解在一起”这一句话的意义。恩格斯所谓“性格的饱满与有力”，当然就是所谓“主观精神”了，然而这个精神，必然是要在实际的斗争中间去取得，必须是在具有一定的进步政治倾向及立场，和在一定的社会基础上才能获得。在革命的资产阶级时期，这些资产阶级的艺术家，是站在进步的立场上的。在今天，我们的艺术家便不能不要求他们明确地站在人民大众和进步阶级立场上，要求他们有明确的思想基础和阶级意识。所谓“主观精神”，是一个抽象的名词，各个人的“主观精神”是具有他一定的社会内容的。固然，在主观精神与客观环境的搏斗中，也就批判和改造了一个人的主观，但是阶级的限制往往不是很容易突破，这需要在全部的生活斗争中和与人民在一起的政治斗争中，进行着彻底的思想改造。这就要求我们的艺术家要有明确的思想方向和立场，而且把这些放到实际斗争中去发展，才能使我们的主观精神达到“饱满与有力”，因此无论艺术家或艺术，政治倾向的强调仍是首要的；只有在强调政治倾向这个前提下去强调主观与客观紧密的结合，才能使我们对于现实获得正确的认识，才能使现实主义获得其坚实的基础。离开了这一前提，即离开了主观精神的社会基础，去强调主观精神与客观事物的紧密结合，可能使我们走到超阶级超社会的唯心论泥沼中去。条条道路固然可以通罗马，然而也必定有一个方向。“自然而然会得到真实正确的结论”的说法，我以为并不那么简单。恩格斯所说“不管作者的观点怎样，总是会显示出来的”，这是指对现实的显示，并不一定包含所谓“真实的结论”的意思。

L·托尔斯泰凭借其强烈的主观追求精神，深入俄国的现实，因而创造出他绚烂的作品，显露了十九世纪俄国的真实面貌，这是他伟大的成功。然而，由于他历史阶级的限制，终于不能解决自己的问题，终于走入到宗教的冥想里。而在他作品里面，给我们留下了反动的思想因素，这是托尔斯泰的悲剧。我们应该学习托尔斯泰那种深入现实的追求精神，然而我们还需把握住我们的政治立场与思想方向。这是革命的现实主义与旧现实主义的区别之处。革命的现实主义，首先就承认文学与艺术的阶级性与党派性的，因此它必然要求作家具有对革命的人生态度和人民群众的观点，而对于其作品也不能不要求有明确的政治倾向。这就是为什么要提出“文艺服务的对象”和“为什么人写”这一类问题的缘故。而在文艺批评上，要并重“动机”与“效果”，要把政治的标准放在第一位来看。——这都是从文艺的战斗任务上出发的。

自然，所谓文艺的政治内容，决不是指那些概念的空洞的公式，而是指通过具体认识的对于历史与社会的理解，而且这种认识是不断在发展着的，并不和公式一样是死板的东西。所以，把政治内容看做是简单容易的东西，这是很错误的见解。由于这种见解，便有人以为公式主义的作品，在政治上是正确的，缺点只是在艺术上没有加工。而所谓艺术的加工，往往又是指技巧之类。因此，便有公式加上技巧就等于现实主义的作品的说法。这类见解是必须加以辟除的。只有认识了革命的现实主义的政治内容的要求，同时去认识恩格斯所说典型环境与典型性格的意义，这才能使我们对于现实主义获得很正确的理解。

固然，对于某些在政治认识上距离较远的作家，我们不必机械地在政治倾向上对他们作很苛刻的要求，应该主要地鼓励他们深入现实，从现实生活中去认识社会斗争的内容。但是，在今天的中国，作为最大多数人民所迫切要求的民主政治，至少该是为今天最大多数作家所能接受的倾向吧。也就是说，今天我们的现实主义文艺运动与政治上的民主主义是不可分割的。那么，就在这意义上，我们强调民主主义这个政治倾向，来作为文艺创作与文艺批评的一个共同方向，无论如何是十分必要的。

这篇文章，本来并不是打算来讨论《清明前后》这个剧本的，但是问题既然是从那里引起，也就不能不涉到几句。《清明前后》，我想是目前许多戏剧中间一个比较有政治倾向的剧本。在这一意义上，这剧本是应该被肯定的。而这种肯定，对今天戏剧运动上是有必要的。但这并不是说，《清明前后》在我们所要求的现实主义的艺术上，已经达到全部被肯定的程度，或是说它是“政治与艺术统一”的代表作品。我想，就是作者自己也并不希望作这样高的评价吧。《清明前后》也不仅在技术上有不足的地方，也有挖掘得不够的地方，这些都是可以指出的。说它是公式主义的作品是不对的，但是也不必讳言某些地方仍有公式主义成分的存在。这一切，我们可以向作者要求其向更高的方面发展，但是如果指出了它欠缺的地方，而把肯定其政治倾向这一点意义（特别对今天戏剧运动上这种肯定的意义）抹煞掉了，把它应有的社会价值抹煞掉了，那是不公平的。

（原载 1945 年 12 月 26 日重庆《新华日报》）

我们需要“深”与“广”

——在一个文艺晚会上的讲话

我们今天在这里纪念着第二届五四文艺节，也即是“五四”的第二十八周年纪念日，我们还想起这二十八年来中国历史所走过的艰苦途径，中国的新文化和新文艺运动在重重荆棘下所经历过的惨酷奋斗。为了争求“五四”所提出的“人的解放”和从“五四”发轫的革命的民主主义思想，中国人民所流的巨量鲜血，在为真理的斗争中牺牲了的倒下去的无数先哲，和始终在疾风暴雨中举着真理的大旗奔冲的许多战士，和随着这些旗帜而前进的，那愈来愈多的广大中国青年，再看看今天澎湃于全国的民主和平运动——我想每个人都会感到有无限的沉痛与愤怒，也会感到更大的激奋和激励吧；而同时也使我们更亲切地感觉历史压力的沉重以及我们大家战斗责任的艰巨。我们已经走过一个世纪的四分之一以上的旅程了，并且经历了一个惊天动地的八年民族战争。然而到今天，我们还仍然处在低沉的密云期，仍然在为着二十八年前就提出的一个德谟克拉西思想，苦苦地争求，苦苦地斗争。这在世界已经是一次看熟的旧课本了，而我们还在从头念起。我们的文化运动仍然还不能离开启蒙阶段，而且还仍然遭受种种迫害，这深刻地显示了我们一个事实，就是中国历史的道路是迂回曲折的，而中国新文化运动的道路也是迂回曲折的。

我们这个民族，是具有比世界任何国家更深厚、更悠久的封建主义的传统，这种封建主义有如盘根老树一样深植于一切社会底层之中，它的毒液浸透着广大的社会生活的土壤。它不仅使人民的物质生活可怕地低落到生存线以下，而尤其可怕的，是把中国人民的精神思想麻痹到极悲惨的境地。我们只要看一看鲁迅先生所写出的阿Q以及其他形象，无不是一些血淋淋的遭受着残酷屠杀的中国人民的精神残骸。精神的屠杀是比肉体的屠杀更可怕的，因为肉体的屠杀也许会激起反抗，而精神的屠杀则是使人昏醉麻痹，乖乖地去当奴隶。这奴隶主义就是封建文化的精髓。历代的封建统治者本是精通这个诀窍的。我看他们着实要比那些“为艺术而艺术”或是说“与政治无关”的文化人，更懂得“文化”与政治的关系。所以，任何一朝统治最稳固的时代，往往被称为文物最昌盛的时代，实际上也就是文化思想统制最厉害的时代——虽然到了他统治最动摇的时代，也是一样；所不同的，前者更为富于所谓“文化”的麻醉，而后者就不得不更配合于皮鞭和牢狱了，这些我想诸位看看历史是会非常亲切地感到的。而从这里也可以看出文化和历史，文化和政治关系之密切和重大。因为文化运动，坦白地说，就是思想斗争，或者更清楚地说，就是为人民的思想与反人民的思想斗争，也就是政治斗争的实质。

四千多年封建制度和封建文化的统治，一方面造成了广大的愚昧、贫困、迷信、无知，一方面又孕育出无数大大小小的奴才，形成了一个奇形怪状的社会组织。而作为这个社会天经地义不可动摇的骨干的，便是那封建道德与封建意识。这就是确定奴隶主与奴隶，主人与奴才，绅士与农民，老爷与小人诸种关系的一种伦理观念，也就是鲁迅先生所谓一级一级安排着的人肉筵席的一种伦理观念。中国儒家一向所争的什么道统法统，也就是这种玩艺儿，而在儒家以外所谓道家的清净无为思想，实质上也就是配合在这种人肉筵席上的一种使人昏迷的毒酒而已。经过几千年的时间，这种意识已经深深渗透于社会日常生活中间，所以仅仅形式上的改革，是不能铲除它根深蒂固的基础的。封建主义这个东西善于借尸还魂，去了君主专制，更换了军事独裁；去了宪法制度，更换了保甲制度；去了尊孔读经，更换了新的思想统制，实质上还不是一样？甚至拿中国的结婚来说，从旧式结婚，改为了“文明结婚”，而在实质上多半还不是买卖婚姻，这便是一个很好的例子。有人说，中国也有法西斯思想，我以为如果中国有法西斯，也还是封建主义的变种。

“百足之虫，死而不僵”，用这句话来形容中国的封建残余实在是最恰当不过的。封建残余固然是“残余”了，然而这个“残余”的“百足虫”，却仍然多方面地钳制着中国人的生活和思想。正因为这样，所以中国的历史不得不走迂回曲折的道路。从封建的中国到民主的中国，必须经过一番从全体人民生活中的连根牵底的剧烈的意识革命，这就是民主主义的思想斗争。这斗争是艰苦的，长期的，这也就说明，为什么中国的新文化运动的发展也不得不迂回曲折地前进。

任何一切非人民的文化思想，终究不能抗拒历史，这是一定的法则。尽管封建的传统是那么深沉而悠久，我们这个民族终是要苏醒过来的，而且已经是在苏醒了。然而这个苏醒过程是痛苦而残酷的，正如一个痼疾很深的人要一下子恢复健康很不容易。这需要有正视伤痕的勇气，有刮骨疗毒那种忍受力，这需要剔除一切脓疮的淤血，需要肃清血液中一切封建和法西斯的细菌，因此，浅薄的乐观，把思想斗争看得非常容易，和过分地估计了客观的困难而失却了自己的信心，都是错误的。这错误即由于不理解中国历史发展的这个特征，和忽视了思想斗争的艰苦性。

在长期的压迫底下，中国人民锻炼出一种非常惊人的坚韧性，这在中国农民身上和历代以来的农民暴动中间可以看出来。中国历史上每隔若干年总有一次农民叛乱，这次压下去，又站起来；像弹簧一样的韧性，是最值得宝贵的一种人民战斗的经验。鲁迅先生就从这中间懂得了一种战斗方法，这就是他常常所提到的韧战精神。我们青年朋友常常容易冲动和消沉，就是因为缺乏这种韧性的精神。我们往往容易作浮泛的呼喊，作伤感的呻吟，或者表现一些不痛不痒的"人道主义"，否则便是一套空虚无物的公式主义。这一切确实都很容易，然而却不是战斗的方法。只有从人民苦难的真实感受中间，才能锻炼出那种坚忍不拔的韧战精神。也只有这种精神才能去对付那百足之虫的封建残余，才能从没有路中间去走出路来，才能去走那迂回曲折的途径，而不至轻易地被敌人所击倒。

文化运动的本质，既然是思想斗争，那末思想的实质又是什么呢？思想决不是标签和教条，思想也不是天才的灵感。思想，我以为应该是人类在生存和生活斗争中间意志、理智、想象、感觉的综合的结晶，它是从人类劳动创造中间发展过来的。高尔基曾经对于文化作过这样的定义，说一切称为文化的，都是从自我保护的本能里发生出来，那是人在反对自然界的“后母”的斗争过程的劳动所创造出来的；文化——这是人想用自己的意志自己的理智的力量去创造“第二自然界”的结果。所以文化思想，听来好像是属于知识分子的事情，其实是不对的。只有从广大人民的实际生活中间，才能建立起文化思想的基础。譬如民主的思想，若不是根据于全国人民执着地要求其自由解放这一种意志和意愿，怎么会产生出来呢？不是根据中国人民的具体需要，怎么会有它具体的内容呢？只有腐儒们才会说，这是西洋输入的一种思想。在他们看来，仿佛中国老百姓就永远不会要求自己的权力似的。因此，文化决不能和人民大众的生活相脱离，文化运动决不能和民众运动相脱离。文化，不仅是为人民的，而且是人民的。文化的路线也永远是群众的路线。离开了这个，尽管你是“清高”也好，“与政治无关”也好，“吟风弄月”也好，“才子佳人”也好，不是替人家帮闲，便是替人家擦万金油。而且从这里我们还可看到一个事实，就是别的事情都可以靠钱想办法。譬如，有钱，我们就可以开一家银行，造一座洋房。倘是要有人拿一大笔钱出来创造一种受大众欢迎的文化，那就办不到。别的事情可以官办，独有官办文化是很难办到，这就说明文化是不能离开人民，而人民到了现在也已经知道需要他们自己的文化了。

从“五四”到现在二十八年的新文化运动过程中，我们可以学习到许多宝贵的经验，也可检讨出许多的缺点。这一切对于我们都是很重要的，但是我们必须肯定一点，就是二十八年来新文化运动的路线始终是和中国广大人民反帝反封建的斗争路线相结合着，始终以革命的民主主义思想为其主潮，这才有今天这样光辉的成就。——虽然这一点成就我们决不能引以为自足的。

“五四”时期（一九一八——一九二三）以《新青年》为首对旧的封建文化作了毫不留情的猛烈攻击，后来有人说，那时是过火了。然而即使这是“过火”，而这种过火还是必要的。对于那根深蒂固的封建文化，不是给予它那样迎头痛击，新文化自己的阵营是靠不住的。但是在那时，新文化本身的思想基础确实还不很结实，而同时运动的范围还只限于小资产的知识分子。然而我们也不能不指出几点：第一，这个运动的主潮，已经是革命的民主主义思想，也即是以科学的方法论为基础的民主主义思想了。由这一点基础而发展开来，变成后来人民大众的进步文化。因此，“五四”是确定了二十八年以来中国新文化运动正确路线的一个起点；第二，五四运动中的那种绝不妥协的战斗精神，是给以后的文化运动的风气树立一个楷模。凡是读过鲁迅先生的作品的，都可以感受到那种坚决无情的战斗性格，这在我们今天仍然是极其重要的；第三，当时的运动所包括的固然主要是小资产阶级知识分子，但是这些分子主要是来自农村，和农民生活有着血肉联系，因此这中间实质上也就反映了农民革命的意识成分，而且也把这个运动的影响扩大到广大的农村中去。这样，在“五四”以后的六七年，掀起了包含工农广大群众的大革命，这是有血脉相承的关系的。大革命以后，新文化运动扩大到了工人农民和小市民的广大人民中间，文化运动和人民的革命运动密切地结合起来了,也即是思想运动成为群众的实践运动了。在这中间,郭沫若先生所提出的革命文学运动是值得特别纪念的,这一个新的浪潮一直继续到“九一八”以后,提出了所谓新启蒙运动,同时也正式地展开了文艺和科学的大众文化运动,这使文化运动奠定了一个较前一时期更明确的方向。在这个时期中间,大家感到基本思想基础工作的重要,而且也知道这个思想必须建立在人民大众的现实生活上,新的方法论普遍地被应用到各个文化部门,文艺上提出了革命现实主义的口号,音乐、绘画、木刻的大众化问题普遍地被提出,左联、社联一类团体的成立,在那一个民族危机最深、国内空气最低沉的时刻,文化运动上却放出最灿烂的光辉。不过在那时,我们也显然犯过若干严重的错误,主要的就是机械论的倾向和宗派主义的倾向,这使文化运动的发展不得不遭受若干挫折,而使新文化运动和广大人民生活还不能感到有机的结合,不过无论如何这一时期的文化运动是推动了更广大的群众,而且成为当时救亡运动的先锋了。抗战以后,全国广大人民的奋起,不能不归功于这一时期文化运动的劳绩。

抗战以后,全国人民生活起了剧烈变动,中国历史到了一个空前激荡的时期。这使文化运动与民众运动自然而然达到更有机的密切结合,而在这中间,使我们对于以前所提出的问题获得了更新更重要的认识。这主要的表示在两个问题上:第一,就是中国化的问题;第二,就是群众观点的问题。所谓“中国化”,就是使我们的文化创造真正溶化到中国人民的生活方式中间去,从那里去发挥出有血有肉的思想力量,而以这种力量去改造中国人民的物质与精神生活。所谓群众观点,就是从群众的自愿与需要的原则去使他们充分地享受文化生活，和创造他们自己的文化。思想与实践的结合，这就是科学的思想方法论的真谛。如果说新启蒙运动时期是“五四”时期的跨前一步，则这个时期是新启蒙运动时期的更跨进一步。前年我曾经看了一些西北的文教运动的材料，我深深地被感动着，在这个新的文化创造中间显示一个以前未有的特点，即文化创造与人民劳动的真切结合，这是多年以来大众化问题所未能解决的一个问题，而现在在实践中间解决了。然而另一方面，在大后方的文化运动中间，特别是在抗战后期，我们不能不提出若干衰退的倾向，首先是我们忽略了思想的基础工作。在这一方面，无论在哲学上科学上文艺上我们很少有显著的成绩，而大众化工作在后来简直很少被人注意了。从文艺戏剧上说，在后几年中，我们虽然看到主观创造力的低落，教条主义、自然主义、客观主义倾向的发展，甚至有的堕落到市侩主义的色情倾向上去，这一切都表示思想力和战斗性的衰退。为什么是这样呢？在客观上，自然是由环境的限制，思想言论上的缺乏自由，使文化工作的发展遭受种种阻碍。而从主观上说，文化工作者和广大人民战斗生活的脱节状态，造成了思想上的空虚。这一切，也自然可以说是我们韧性的战斗精神的缺乏，因此等到民主运动高潮起来以后，文化方面倒显出一种空虚、不足。这种情形，去年在重庆一些朋友中间，曾经有所检讨。关于这个，我可以介绍登在联合特刊上的雪峰先生的《论民主革命的文艺运动》，这篇六万字的论文中给我们提供了很详细的分析。

正因为这样，在抗战胜利已经十个月的今天，我们的文化运动还仍然没有脱离凌乱浮泛的状态，在若干重要城市中，真正的文化还像冬天的蓓蕾一样，不能够自由开放，即以上海来说，虽然是战后的一个主要文化中心，文化运动多少是比较蓬勃，而且若干工作显然表现了很大的成绩，但是仔细检查一下我们不能不有华而不实之感，出版的书刊固然很多，但是似乎还很少有人在注意到更深沉的思想教育工作。作为当前文运上一个最主要的问题——大众化工作，也似乎还不曾有人去着手，大家好像都已处于轻松活泼，蔚然成为风气，这也并不是轻松活泼一定要不得，但是文化工作究竟是一种思想的战斗，尤其在今天中国人民在这样重重苦难中间，很难容许我们能有这样轻松活泼的心境。而且经过八年沦陷的人民，正需要一些更基本的思想教育。我以为文化思想的战斗，乃是一种广泛长期的艰苦工作，我们不能不把眼光看得更深远一点，而尤其不能不和广大的人民的痛苦与希望溶合在一起，呼吸在一起。我们需要苦行的僧侣那样的虔敬和信心，具有百折不回的战士那种沉毅和勇气，才能切切实实做出一些披荆斩棘的工作，切切实实打下一些思想的基础。我们绝不能仅仅满足于一些表面的热闹，也不应轻率地盲目冲锋。我们需要沉毅地切实地一步一步走去。我们的途程正长着呢，对于当前和今后的文化运动，我们需要不断地检讨、反省，加强我们自己自我斗争的自我教育。而在这里，我只想简要地提出“深”与“广”两点，愿与诸位共同讨论。

我们已经说过，封建残余的势力是深深地伸展在我们社会中间，如果民主的文化不能也达到同样或更深的深度，那我们就不可能连根牵底地铲除那种反动的力量。而从另一方面说，我们不是深入到人民的生活战斗中间，我们就无从去汲取我们文化的创造力量。近年来文艺上常常有人提出要加强我们主观的战斗热情和主观作用。这其实极重要，但是我们所说的主观战斗力量，并不是像尼采的那种超人主义，也仍然是从客观的社会斗争中产生出来的。只有从群众的战斗中间才能汲取才能锻炼出个人的战斗力量。罗曼·罗兰曾经称赞高尔基是从黑土中间出来的，而又走向黑土中间去。说他好像一支巨树，它的根须四方八面深入到深沉的黑土（所谓黑土，就是指下层的劳苦的人民），从那里汲取丰富的养料，才能长出那湛宏的树荫。而这样的巨树，自然也就反过来使那土壤更肥沃。我们的文化，我们的文化工作者就必须像这样的巨树一样，才能真正深植到人民生活中间，而从这土壤上生长出繁茂的国民精神文化。罗曼·罗兰还说，艺术的生命力就是社会的生命力，只有从社会群众的行动中间才能取得这种力量。像罗曼·罗兰那样强大的人格、强大战斗意志的人，是我们大家所景仰的。而从他的话中间，我们便可以更了然所谓艺术的力量，是一种怎样的东西了。不仅艺术如此，任何部门的文化创造力量都是如此，文化一离开人民的土壤，便只是一些没有生命的枯花败草而已。

我们今天自然还是在启蒙的阶段，但是这个所谓“启蒙”和十五世纪西洋的启蒙运动，甚至“五四”时代的启蒙运动已经有了不同的意义。以前，是知识阶级去启发人民教育人民的一种运动；而今天，这个运动是应该成为人民自身为争求生活与精神解放的一种斗争。因此所谓“深入”的意思，也不仅止于我们所常说的“到农村去”、“到民间去”而已，更主要的是把这个革命的民主主义思想斗争普遍地活生生地展开在人民的日常生活中间，在具体的生活问题上跟一切愚昧、专制、贫困、迷信作斗争。首先，就是要使一切进步的理论思想溶化成为活的生活中间的东西，成为人民自己的东西。这里，“中国化”问题就成为一个主要的命题。过去，我们也常常深入民间，但往往感觉于新的东西不易被人民所接受，或者只是表面的、不自然的接受，于是废然而返，这就是因为没有解决“中国化”的问题。文化和生活没有达到有机的结合，所以没法深入到黑暗中间去，所以不能对于旧的封建文化作有力的反攻。今后我们的思想运动必须脱离过去那种书卷气机械论的路径，使它能在中国人民的生活问题中间，而从人民的生活与思想斗争中间，再概括出来，成为指导实践的武器。这样，才真正说得上“从人民中来，向人民中去”。这样，才真正算得是“理论与实践的结合”，民主主义思想运动与民主革命运动的结合，才真正说得上是人民的文化。而这，就首先便要求我们生活战斗的实践。其次，便是我们自己要在基本修养上打下切实的基础。只有在与人民的共同战斗中间，和人民生活的互相溶合中间才能谈得到与人民共命运同感受，血肉相系，呼吸相连。战斗实践，思想斗争，文化创造——这三者连结在一起，不能分离。只有这样，我们的民主文化才能彻底去铲除几千年来的封建传统，奠立民主运动的巩固基础。

这是一个非常广泛、非常实际而且是长期的一个社会的思想运动。这工作很艰苦，然而我们必须尽一切向着这个方向做去。

其次，便是需要“广”。所谓“广”，用术语来说，便是“大众化”。这并不是一个新的问题，从一九三〇年以来，大众化就一直是作为新文化和文艺的总方向看待的。但是这个工作也就不断碰到许多壁，不断地取得许多新的经验和教训。一直到现在，这个工作，除了在某些地方外，我们还不曾获得很显著的效果。特别在抗战胜利后，许多地方似乎还不曾对这工作予以特别的重视。然而我们必须知道，大众化不仅是我们新文化运动的一个主要方向，而尤其在今天全国民主运动蓬勃兴起的时候，这个工作是为客观形势所迫切地要求着。或许有人以为，现在连饭都吃不饱的时候，哪能有工夫去谈文化？这种说法，只是证明他没有懂得文化的意义。如果文化是和生活不相干的东西，人民在目前当然没有那样闲情逸致来和知识分子欣赏文艺或研究哲学。但是，我们已经说过，文化本身就是人民日常生活意志、理智感情的表现，一种生存斗争的手段，那么，在他们生存斗争到了最紧张的阶段，他们自然也更迫切地需要这种战斗的文化。就民主思想运动来说，目前不正包括许多老百姓切身的问题，如吃饭、住房子、工作、劳动等等。而这些问题不就是他们所迫切需要解决的吗？所以大众文化问题一定要从大众的需要和自愿出发，从群众的观点出发。过去，我们作家也常常争论着大众形式的创造，实际上大部分都还是闭户造车的做法，没有切切实实从大众生活问题的需要和大众自己的观点上去出发。尤其不该的是把大众化问题仅仅作形式问题来理解，这是二十多年前所谓通俗运动的做法。要大众化，首先就要求我们的思想感情的大众化，然后才能谈得上形式大众化。另一种观念，就是把大众化看作是文化工作中一部门的事情，而且带着一种轻蔑的态度去看待，让某一些人做做大众化工作吧，而我们却仍然干我们原来那一套，而且美其名曰“提高”。这是把普及与提高割裂开来的二元论看法。我们知道，只有在普及的基础上，才能谈得到提高；而普及也应该在提高的指导下普及。离开大众化去提高，只会把文化和自己一起提高到上不着天下不着地的半空中去罢了。

在大众化的实践中间，首先也就要求生活的实践。有许多青年朋友常常企图脱离了生产职务去做文艺专家、文化专家。我想，这倾向并不好，我们情愿少一些这样的文化专家，多一些在社会生活中，切实奋斗的战士。

因此，我们对于大众化这个意义，还需作一个更真切的认识。这首先就是要确定我们的立场，即是为群众服务、为了社会服务的立场。拿文艺来说，譬如“为什么人写”，“写什么”之类的问题，必须要有明确的概念，而这中间也就自然解决了政治与艺术的关系这一类问题了。其次，便是我们本身生活的大众化问题。使我们的思想能逐渐从小布尔乔亚的影响脱离出来，真正与大众拥抱在一起。而只有在这样的前提下，形式的大众化问题才自然会找到出路。

今天这种环境之中，这个工作是太迫切需要了。我们的诗人、科学家、音乐家、戏剧家以及文化青年们，都应该重视这个问题，即便在乡村、工厂中间，办办夜校，画一点画，唱一些歌，做一点医药工作之类，虽然是无名英雄，可是对于我们国家民族的前途，实在是有更大的裨益。

“深”和“广”自然是互相关系着的，能“深”始更“广”。也可说由“广”而达到“深”。但是什么事情都不是一步可以做到，尤其是文化思想运动，不是一朝一夕能够奏效的事情。需要有长期奋斗的耐心，也就是先前所讲的那种韧性战斗的精神；而更基本的，就是要我们确定为人民的立场，为人民的战斗态度。

文化运动上的问题很多，部门也很多，要说是说不完的，我只简要地提出两点，在我个人理解，这是一切问题中间最根本的问题。

知识青年是这个运动中间的中坚桥梁，这在我们落后的中国尤其重要。这桥梁，一方面是把科学与民主思想扩展到广大人民间；一方面是把人民的战斗意志、战斗力量、战斗经验，汇集到文化创造中来。而同时，这个过程也就是改造着我们自己的过程。因此，我们最后不得不更提醒一下，就是我们必须不断地作自我斗争、自我批判。因为思想斗争，一方面是在两条阵线中进行着，一方面也是在自身中间进行着的。

另外，为了坚持这个思想运动，我们自然还要作更广泛更坚固的团结，而同时需要不断地争取文化思想的自由，这都是必要的条件，但是我不想再在这里说下去了。

我们的旅程还很遥远，我们旅途上的荆棘还很不少，单靠一些光杆儿的所谓文化人老实说是不够的，还有待于广大的中国青年的共同努力。今天的中国，正处在从旧到新的痛苦的阶段过程中，正如鲁迅先生所说：我们是在从“暂时做稳了奴隶的时代”和“想做奴隶而不可得的时代”的文艺中间走出来的时代。因此我想用鲁迅先生的话做结束，就是：“创造中国历史上未曾有过的第三样时代，则是现在青年的使命。”

（原载 1946 年 5 月 7、8 日汉口《大刚报》）

一种文化界的病态

胜利以后，京沪等地出版界即出现了一个畸形现象，那便是诲盗诲淫的黄色小报极端流行。现在流弊所及，已不仅侵害了京沪一带的正常出版物，而且大批向内地倾销，流毒几已普及全国。我们试到本市的文化街跑跑，便可发现这种方块刊物充斥书肆，而且销路最广，这是亟待纠正的病态现象。

我们以为上述的黄色小报之存在和盛行，实是当前文化界的严重病态。对于这种病态投以药剂，悬禁清除，并不算有伤"新闻自由"，但消极的取缔，毕竟只是治标的办法，恐甚难彻底收效。因为文化出版物，本是社会的镜子，文化事业中所以有此病态，实系当前社会病态的客观反映，问题还有其更深的一层。

试就上述的黄色小报而言，它们何以如此盛行，反使正当的"精神食粮"相形见绌？主要原因，就因为社会一般多具"黄色趣味"或"黄色嗜好"，而做小报者就恰恰能迎合这一般的趣味。所以黄色小报之流行，与其谓为文化界的病态，毋宁谓为一般社会心理之病态——风气的堕落，道德水准的低降。而一般社会的心理何以有如此病态呢？问题不能不谈到更深的一层。

黄色小报之所以投人所好之点，分析起来，第一是色情文学。摊开任何小报，无不以舞女坤伶的照片及其描述占显著地位，重要篇幅。这就是我们的社会一面严肃紧张一面荒淫无耻的忠实反映。其次，黄色小报之竞相标异资为号召的是所谓内幕新闻。特别是政党间的内幕新闻。而兼及人物的描绘。这所迎合的，不仅是人类天生的"好奇心"，也实在因为我们的政治上神秘微妙的作风仍然很盛。内幕确有关系甚大的新闻素材，而一般人无法得之于正面的报导。自然，小报的内幕新闻，无非道听途说，甚至捏造生端，但一般读者，既无法正面了解，也就"姑妄言之，姑妄听之"了。这一点，正反映出一般人对国事真相之渴思了解而无法满足的苦闷。除此而外，小报所载之一般的题材，本无若何价值足以吸人者，其唯一的手段就是将那些题材一体加以黄色化，或趣味化，而一化之后，也居然能"引人入胜"了，这说明一般人之心理之麻痹消极，不愿面对严肃的现实问题，而只在黄色的趣味上找小刺激；另一方面，也说明我们的正当的精神食粮，实在太硬性，太道貌，而且专门着眼于上层活动的记录，与一般人的实生活深深有一道鸿沟，致引不起一般人的"高级趣味"。

除了上述的内容低级迎合一般所好以外，黄色小报之所以存在与盛行，还有其他外在的原因。第一，上述小报都取杂志型而出现，这是因为复员初期，报纸出版限制太严而杂志较宽的缘故。自然，会出黄色杂志就会出黄色报纸，病态还是一样，但也可以说明任何消极性的限制最后都归无效。第二，现在法令虽已给予了较宽的新闻自由，但正当的文化出版事业之维持，环境条件实在困难重重，而难获政府有效的援助。走正路而困难重重，求援无路，反之，走邪路去办黄色小报，却能大赚其钱，又何怪今日京沪一带之黄色小报，兴如雨后春笋耶？

不成问题，专以色情文学内幕新闻低级趣味以迎合读者的黄色小报之风靡一时，无疑是当前文化界的一种病态。这种病态要纠正，也不成问题。但如何纠正，不在消极的取缔，而在积极的正本清源。这种病态是整个社会心理病态的如实的反映，谈纠正时，我们决不能忽略其根本的病源。但文化事业可以反映社会，也可以推进社会、改造社会。我们正不能期待社会心理正常风气敦厚之后，再谈文化事业的整肃，犹之我们不能期待国民人人都有较深之民主素养才来实行民主政治一样。为了纠正这严重的病态，文化界本身固应负起责任，自行整肃，自动淘汰，更重要的，我们还渴需有一个积极扶持而不仅消极制恶的文化政策。我们的正当的文化事业所遭遇的种种困难，如何解除？我们的文化人材如何培养，如何扶植？都要诉之于整个的文化政策。君子道长，小人道消；君子道消，小人道长。黄色小报之流行，正是文化病态下之邪径的出路。这病态非纠正不可，还待多方面一致努力。

（原载1946年5月15日汉口《大刚报》）

诗与政治

——献给一九四六年诗人节

在最近一期《希望》上，读到了阿垅先生的《人生与诗》，在《效果片论》一节里，他触及诗与政治的问题。这是一个近年来诗歌界，或者整个文艺界所经常不断争论的问题。由于对这个问题没有获得一个更明确的理解，在诗歌和文艺创作上，出现了若干偏向。

艺术服务于政治，这个基本的原则，大抵都是同意的。问题是在所谓“服从”是取着怎样一种关系。有的人把它单纯地看作像演员服从于导演，士兵服从于指挥官一般。这样，就首先把艺术创造的意义抹杀了，而把“服从”的关系看作前者是后者的尾巴。这样的作者以为，取得了政治的内容，就是诗。而更不幸的，是把一些政治的概念误认作政治的内容，而以这个概念去肢解了诗的艺术，这样就出现标语口号、公式主义的所谓“诗”。

标语口号并不是不需要的，也并不是没有作用的。然而它不是诗却很显然（虽然，当一个新的正确的口号，最初由一个政治领导者所叫出来时候，它是具有和最好的诗一样或者更大的力量的）。我们所要求于诗的，是更强烈更深广的一种能够激动人民灵魂与战斗要求的东西，或者说是历史的真实的声音。这就需要通过诗人的精神的内燃和他的真实的思想与情感的搏斗，没有通过这种客观与主观的结合过程，那就不能成为创造的诗；不是没有生命内容的客观主义的产物，便只是几千百条的标语中间的一条。它的作用也只能等于几千百条的标语的一条而已，而这种作用自然也不是艺术的。

反抗着这种偏向，我们就要求诗的政治效果必须是通过真实的艺术，不是通过概念，正如阿垅先生所说，"……这个手段，首先本身就应该是'艺术'。大的政治效果跟着大的艺术效果来。如同果实跟着花，风暴跟着低气压……"。

然而，在这里，我们也还得更追究下去，就是构成我们的艺术的力量，或者即是说艺术力的，又是从哪里来的呢？诗人的主观精神作用固然是重要的因素，然而诗人的主观是不能外于客观而存在。只有客观世界的广阔战斗生活，才是艺术的源泉。因此问题仍然不能不归结到政治斗争上去。人类本来是政治的动物，任何人的生活不能离开政治斗争而独立。政治斗争乃是历史向前运动的一种本质的表现。从社会的构成上说，政治是一般上层建筑中的基层，它和艺术的关系，不是对等的，而是前者决定后者，后者反过来促进前者的一种关系。因此把政治看成是政治家的事情，艺术乃是艺术家的事情是并不恰当的。事实上，在历史斗争中间，诗人不仅是具有更敏锐的政治感觉，而且往往就是这斗争中的实际战斗者。拜伦、歌德、屈原、普式庚、裴多斐、高尔基，以至玛耶可夫斯基都曾经是从事实际工作的政治斗士。即以近年的中国的诗人来说，比较为大家所欢迎的，有如艾青、田间等等，何尝不是从实际的政治战斗中锻炼过来，他们参加政治斗争，绝不是为了写诗，而是出于他们保卫人民、保卫人的尊严的一种由衷热情。而在这样的战斗中，他们才能最真实地感受到人民的命运、意志、热情与战斗力量。而这种力量也就从他们的身上转化为艺术的力量。他们写了诗，并不是单纯出于一种服务于政治的责任感，而是由于他们自身和群众一致的热烈的战斗要求。而这样的诗，必然将是适应于现实的政治要求，而且必然是服务于政治了。

所以，诗与政治的关系，既不是后者只是前者的啦啦队，也不是两者之间分庭抗礼式的对立的统一。政治与艺术之间对立，是由于诗人对于人民革命斗争的实践而统一着。诗人从群众的政治斗争的实践中取得了他艺术的力量，而由这种力量产生了他艺术上更大的政治效果。大风暴是由于低气压，而低气压的形成，也还是由于另一次气候的剧变。离开了战斗的实践，也就没有战斗的艺术，更没有战斗的效果。标语口号的诗，表面上看来虽是杀气腾腾，实质上是逃脱了战斗实践的不费力气的纸老虎。而同样，把艺术远隔于现实的政治要求之外的诗，自然也绝不会有什么积极的效果的。

政治所要求的效果，其实并不一定是直接的立刻的效果，这是一种误解。伟大的政治家是看得更深更远的。我们只要读一读历史上伟大政治家的著作和研究他们的政策，他们是具有何等伟大而现实的理想。然而实现这种伟大的理想，必然要抓紧着当前的人民现实要求，一步一步地奋斗。今天要求的直接效果，也就是为了未来更深远的效果，否则只是近视眼的政治家。愚公移山也必须从一块块的石头搬起。这就是现实主义的斗争，否则只是理想主义的理想而已。从另一方面说，艺术的直接效果和深潜的效果并不能那样截然划分。问题仍然是在艺术的战斗性和现实性。以鲁迅先生的杂文来说吧，这是一种短兵相接的搏击。它的效果当然是直接的，然而同时又何尝不是具有极深潜的效果呢？正因为他的匕首不仅是击中了当前特定的敌人，而同时也击中了历史的敌人，这民族的弱点。此外如拜伦、裴多斐、高尔基等许多伟大的诗人，他们为了当时某一具体政治斗争而写下的诗篇，在今天我们仍然感受到极大的力量。正因为这些诗人是从具体的现实斗争中间，去拥抱了历史，拥抱了人民，他们才能发挥出那样直接的也是深潜的效果。反过来说，他们那些深潜的巨大作品，也何尝不是直接给当时思想界投下一颗强烈的炸弹呢？政治所要求于诗的，也正是那种有血有肉的战斗作品，并不是要求啦啦队。虽然在某一种更尖锐的政治情势下，是要求艺术的战斗有更严格、更明确一致的方向，和更直接地来打击当前的敌人，然而这与其说是由于政治家向艺术家的要求，毋宁说是在一定迫切的斗争情况之下艺术家自身所感到的难以抑制的战斗要求。在中国抗战的初期以及在德苏战争期间，中国与苏联诗人那种热切的一致奔赴抗战，是可以说明这点的。所以问题仍然是在一个艺术家或诗人的自身，如果他是一个真实的战士，他会知道在怎样情况下，他应该作怎样的战斗，他的战斗要求和人民的战斗要求是一致的，而在这中间所谓政治的要求与艺术的要求的矛盾，我想是应该并不存在的。

自然，在一个巨大的历史斗争中间，我们需要有人去作前哨的白刃战，也需要人作更深远的工作。我们并不放弃那沉重的工作，正如在政治上我们需要冲击的战士，也需要做研究建设工作的战士，它们的意义都是一样的——为了战胜敌人，然而这是另一个分工的问题，和政治与艺术的问题是无关的。

（原载 1946 年 6 月 5 日汉口《大刚报》）

从生活出发

——对民间文艺运动的一点意见

最近港粤文协正在展开一个民间文艺形式以至当地的黄色文化的调查研究工作，若干文艺界朋友已经搜集了不少关于这方面的材料，并且已经着手于民间形式改造的尝试。这件工作是富有意义而且必要的，因为我们决不能坐视这些广大的市民群众长期被浸淫于毒害的黄色文化中间，而应该有佛入地狱的勇气去把他们引导到健康的文化生活中间。同时我们的文艺运动也再不能在知识分子的小圈子中兜下去，必须以坚决的毅力扩大社会群众，以实践新文艺运动的群众路线。

但是这却是一件异常艰苦的长期工作。带着一种轻率的心情去从事是决不能成功的。过去若干年中，我们对于大众化工作，不知道有过多少次理论上的论争和创作上的尝试，至于结果却大多是失败。直到一九四二年后，延安方面的文艺界经过长时间的思想斗争和群众生活的实践，才积极贯彻文艺的群众路线，而从这中间创造出许多健康活泼的大众形式。虽然这在他们也还不过是个发轫，整个的文艺大众化运动，还需要经过极长的发展锻炼的过程，而我们现在则只不过是开始摸索的时期而已。

大众化，决不是有如若干通俗运动者那样把它看作一种单纯的形式问题。它在基本上是个思想感情问题，也即是文艺的立场和观点的问题；而这思想又非通过人民群众生活的实践，不能取得它活生生的现实内容。有了这样的内容，才能决定它的形式和改造、利用一切旧的形式。从思想到生活内容到新形式的创造，这是大众化工作的过程。这是一种对自己也对群众的一种思想斗争，对自己也对群众的一种生活改造和批判。从这种斗争、改造、批判中间，才有文艺上的改造。过去所谓“旧瓶新酒”一语，常常会引起误解，就是因为这句话不能明确地表现出这种大众化创造过程的意义。

过去我们的失败，往往也就在把大众化工作单纯地理解为一种形式的改造，或甚至是形式的模仿。我们也有人写过章回体小说，填过五更调、四季调，显然都不曾获得成功。甚或把形式（民间形式）视为大众文艺的中心源泉，因而把文艺的传统一笔推翻。这种倾向早已有人批判了，我们现在切不可重走旧路。单纯从形式出发，连形式改造都很难获得成功，更难谈到去影响它的内容。前年在重庆讨论文艺走向农村的问题，有人说，知识分子如果仅仅改穿了一件农民衣服到乡下去，则不仅农民将不承认你是农民，还将看你是个疯子。而在知识分子自己，则一定是拘手缩脚弄得个三不像。我想单纯从形式出发去模仿旧形式，可能也会这个样子，甚至还可能被旧形式的旧内容所俘虏，那就更糟糕了。

自然，这并不是说，改造民间形式的路不能走，或走不通。相反，这不仅可以走而且必要走。但必须在思想上把得紧，溶得开，既不是八股式的硬装硬填，也不是插纸花式的点缀一二，便算成功，主要应该从群众的生活上出发，理解他们的现实生活，抓住他们的思想、感情，使这样的思想情感为我所有。而以这样的生活、思想、感情构成大众文艺的内容，然后以大众的语言，大众所喜闻乐见的形式去表现，这样，形式总是被决定于内容，形式总是被我所用，而不是我被形式所用。而形式的创造或改造，反过来自然也一定促进了内容的发展。

一般市民群众对于低级趣味的黄色文化易感兴趣，也并不仅仅由于它们的形式更易被他们所理解。这只是原因之一。更主要的，恐怕仍是出于他们生活上有这种需要。工作的疲劳与腻烦，生活的压迫与被剥削，日常生活中的遭受种种“鸟气”，使他们身体和精神上需要有发泄、刺激的机会，有如过度疲劳的劳动者要求强烈性的烟酒一样，这是由于生理和心理的要求而来的。这种发泄或刺激的要求，可以引导到堕落方面，也可以引导向健康的艺术生活方面。有如对于一个过分疲劳的人，可以投之以鸦片剂与安眠药，使其获得暂时的舒快，也可以给与以含有活素的矿泉水或葡萄糖针使其消除疲闷，获得精神的振发。黄色文化的作家就是他们引导到前一方面的魔鬼。他们十分理解小市民群众的生活，也理解到他们的需要，便不断把色情或恐怖这一类刺激品或麻醉品投给他们，使他们获得暂时的满足和快感。而由于这些黄色作者更熟悉小市民的言语和他们的生活方式，因此他们的形式也自然更易被群众所接受。其实这并不是黄色的作者们有什么了不起，而是因为在另一方面并没有那种适合于小市民群众的健康读物，而我们和小市民群众之间又远远相隔，对于这广大精神饥饿和苦闷的群众，并没有做下一点切实的工作的缘故。

因此，我们决不是追踪于那些黄色作家们，向他们去学习形式（自然，研究他们的东西是应该的，也必需的），而是追踪于那广大的市民群众，去理解和感觉他们的生活。我们的老师是人民，而决不是黄色作家们。这一点必须弄清楚，否则将闹出笑话。形式的追求，必须是从生活内容出发。我们从理解他们生活中间，探求到他们精神上的苦闷和需要，使他们在日常生活上所受到的"鸟气"能够从我们的作品上获得抒发；他们在社会上遭受到的压追和痛苦，能够从我们作品上获得鼓舞与安慰，而且获得教育与认识。有了这样的作品，我想，决不会不比黄色刊物更获得他们欢迎。而我们既然熟悉了他们的生活与思想感情，自然也会熟悉他们的言语与生活方式，形式问题也就从这里获得解决。我还可以顺便提出一个例子。上海摊贩骚动事件中，上海的文汇报和市民作了详尽的报导和关切的同情，立刻获得激增数倍的销数，而那些桃色黄色的小报在同几天内，立刻遭受了群众的鄙弃。可见真正触及了群众切身问题，决不会不受群众所欢迎。这工作自然是不容易，需要有耐心和他们生活在一起，需要有组织的发行关系等等。而尤其重要的，是我们不仅向他们学习，而且还须同时教育和批判他们，因为小市民生活意识中间，有许多不健康的成分是无需讳言的，这是传统的封建和殖民地文化所种下的积毒，而现在需要我们耐心地剔除，主要的困难怕还在此。但是我们也必须区别出，小市民对低级趣味的喜欢和绅士阶级对于桃色或黄色文化的"欣赏"，本质上是截然不同的。后者只是为了满足猥亵欲望的一种享乐的追求，而前者则是在政治经济压迫下，由于生活苦闷而产生的一种畸形的精神发泄。我们可以让那些黄色作家们去侍奉绅士阶级，但我们必须为那些精神饥饿或甚至是病态的广大市民群众忠诚地服务。我们之所以要展开争取市民群众的文艺运动，首先就因为他们和一切被压迫人民一样，具有强烈的生活苦闷和对于政治的迫切要求。所以从生活出发的另一方面，也就是从政治和社会的要求出发，因为民主政治的要求也无非是从人民的生活要求而来的。

不把握这些问题。我们的工作很可能陷入错误的方向，或甚至被黄色文化所俘虏。因为正如上面说过的，大众化工作不仅是扩大民主文化对于群众的影响，而且是一种艰苦的社会思想斗争。

因此我们希望我们在调查和研究这些民间文艺以及黄色文化的工作中，必须更注意于调查研究各色各样市民群众的日常生活。不仅是调查研究，而且是深入群众，去理解他们的思想和感情。从生活实践与创作实践的一致上，去综合一切形式创造和改造的经验。我想，我们的工作是有远大前途的。

（原载 1947 年《文艺生活》光复版第 11、12 期）

从一个基本的观念着手

我童年的时候，就很喜欢看小说。那时还很少有所谓新文艺，看的不外是《水浒传》《红楼梦》之类，或是林译西洋小说。我父亲就常常禁止我看。有一次，知道我在中学里常看小说，还特地写信来训诫我。在老一辈的人看来，小说总是闲书，而且会移情易性的。其实年青人爱好文艺乃是很自然的事情。因为文艺是从具体的生活现象出发而引导到思想发展的，和从抽象的原则出发的科学相较，确更易为青年所接受；而同时文艺是偏于感性的（自然也还是理性的），年青人富于感情，自然也就特别爱好文艺。近数十年来，中国社会正在一个新旧蝉蜕的过程中。旧的一代和新生代之间常常有着许多观念上的矛盾。加上社会的不安、政治的黑暗，初初接触现实的中学生，几乎每个人都有他的苦闷与矛盾；而这些苦闷与矛盾，不是一般自然科学、常识、语文、数学等课程所能替他们解决的，于是便自然趋向于文艺。反映现实和指导现实的文艺，在这里便恰合地对他们起了思想教育和认识现实的作用。“五四”以来的新文化运动中，文艺对于青年的思想启蒙起了比其他文化部门更大的作用，这是无可否认的。为什么那么多青年热烈爱好鲁迅、郭沫若、茅盾、巴金和高尔基与罗曼·罗兰，并不是因为他们的文章写得好，而主要是因为他们激动了他们的灵魂，展开了他们的思想，解决了他们的苦闷与矛盾。这就说明文艺对于青年思想教育上起了何等伟大的作用。反过来说，文艺的主要任务也就在于对人民，特别是对青年的思想教育。如果我们教育的重点不仅仅放在技术传授和常识灌注上，而是更着重于思想启蒙上，那末文艺在教育上的价值如何，自然就很容易明白了。

但是直到目前，仍然有一些教育家不曾脱去旧时代的传统观念，把文艺看作一种无关宏旨的东西，或是陶情怡性的东西。横暴一点的甚至禁止学生看新文艺作品（自然他自己也不看），开明一点的也多少脱不了轻视文艺的心理。例如说，先弄了国文再去看文艺书吧。这实在是不了解学生思想与心灵上的要求，把文艺看作一种单纯文字技术的科目，忽视了它思想教育的作用。用一种术语来说，这是一种主观主义的教育观念。

所以要谈“中学生与文艺”，首先问题还不在于中学生，而在教育者自身对于文艺的看法。如果教育者自身对于文艺与教育的关系有了正确的认识，其余问题我以为是不难解决的。

例如如何去研究作品与理论的问题，爱好文艺与理解文艺的问题，偏重现实主义或古典主义的问题，都是应该从生活与思想上去着手的。文学的泉源是生活，它所带来的是生活的思想。不打开学生的生活之门、思想之窗，徒然教什么文艺教程、文艺基础知识、文艺百日通之类是毫无用处的。世界上没有一个老师能够包教得出一个学生成为文艺作家；如果这样，文艺家都可以去开学校了。自然我并不是说，文艺不需要技巧，但正如高尔基所说，技巧问题只有在思想武装的条件下才能解决。这问题其实和国文教学是一样的。思想上不发展，徒然天天去教之乎者也的用法，国文也不会弄好的。宋云彬兄告诉我广西师范学院一个例子，该校的学生在参加了半年的救国工作以后，国文程度忽然都提高了，这就是一个很好的说明。在语文教学和文艺教学中间，确实有些头痛问题，若干教国文的朋友曾向我谈起过。即是许多学生喜欢用所谓"文艺笔调"，而这些"文艺笔调"往往和所谓"国文笔调"不相合的，因而就有"中学生应该不应该练习文艺写作"的问题了。在我看来，这里所谓"文艺笔调"，恐怕并不是什么文艺笔调，而是文艺滥调吧。例如什么"我的心弦像竖琴一样颤动了呀"、"月亮像安琪儿一样吻着我的脸颊呀"，这种"笔调"实在一点也不"文艺"，而是叫人作呕的。其实，文艺的语言应该说是人民的语言，或说得精确点是经过提炼的人民的语言。但是在现在的文艺作品中，确实常常有些矫揉造作的词句，似乎很美丽而实际却是没有血肉的渣滓。中学生被这些新奇语言所眩惑，便从而模仿，模仿得又不好，便弄得三不像，这不仅为语文教学所不取，也是文艺所不取。而在语文教学上，也仍然没有完全走上语文一致的道路，于是便格外觉得格格不入。其实国文也好，文艺也好，都应该统一在人民的语言上，那么这个问题自然也就解决了。

至于中学生喜欢写写小说或诗歌散文之类，或甚至办办油印刊物，我以为是可以的，自然也不必压着他去硬写，那是写不好的。世界上许多伟大的文艺作家，在幼年时，也是喜欢涂写一些诗句之类的，这是由于他自己的一种要求，何必去阻碍它呢?

最后,编者提出“中学生还在看侦探、剑侠,以及鸳鸯蝴蝶派的小说,应该怎样去转移他们的兴趣?”这个问题倒是很重要的。这责任仍然在教育者自身,需要使中学生对文艺有正确的认识,多接触生活现实。目前许多国文选本中所选的文学作品,多半还是从文字的技术观点出发,而不是从生活思想出发,所以学生仍然把它作为国文示范来看。老实说,侦探剑侠小说之类并无多大魔力,我幼年时也喜欢看这类小说,但接触了新文艺和生活现实以后,这类东西便觉得索然无味了。

(原载 1947 年 4 月《中学生》第 186 期)

检阅自己

五四文艺节，应该是文艺兵队一个检阅的日子。检阅是为了战斗，我们的敌人正残暴地向人民进攻，我们是负着更艰巨的战斗任务，我们不能不要求有更充实更坚强的战斗力量。

文艺运动本身就是一种思想斗争，这种思想斗争基本上是对敌人的，但为了加强我们自己的战斗力，也就不能不同时在我们队伍中进行思想斗争，而更不能不同时对于我们每个人自己进行思想斗争。我们是在向着人民化的道路上走去，我们自身中不容讳言还带着旧社会许多不健康的意识。这一切，必须学习罗曼·罗兰斩断身后负累的精神，予以痛切的清除，我们的思想情感必须在战斗实践中予以改造。这是一个极其艰难而痛苦的过程，而且是长期的过程，并不是孙悟空摇身一变那么容易、简单。作为人民战士的基本精神之一，就是自我批判。只有在对自己的思想斗争中，才会使我们自己进步，也使大家进步。所以谈到检阅、批判，我以为应该更着重对于我们每个人自己的检阅和批判。从对自己的思想斗争中间，去展开文艺界的思想斗争，以自己的进步去争取群众的进步。

人民文艺的口号，提出来已经一年多了(自然它仍是继承大众文艺运动的路线而来的)，我们在社会实践和创作实践中间究竟做下了一些什么？我们的思想感情究竟发生过一些怎样的变化？我们的作品在人民中间产生了一些怎样的影响？在这个黑暗势力压迫中，我们感觉过怎样的愤怒、痛苦与憎恨？这一切都值得我们每个人反躬自问。我们中间，是否有些善于空谈、怯于实践的现象？是否有些对别人讲人民主义对自己讲个人主义的现象，或在理论上高谈人民主义，在创作与生活上表现个人主义的现象？是否有些抱住教条或形式，饱食终日，悠然自得的现象，或是抗不住时代的压力而感到彷徨忧郁的现象？是否有些以争取群众的幌子掩护着自己堕落于低级趣味的现象？或是标榜着清高而抹杀了群众工作意义的现象？是否有些原则上赞成团结，而实际上闹小宗派的现象，或是只求无原则的一团和气而取消思想斗争的现象？是否有不愿学习、远离生活而自以为件件皆通的自满现象，或是以轻浮心境玩弄生活、追随生活的现象？总结起来，就是理论与实践脱节的现象，言行不一致的现象，这种种现象，多少是存在于我们队伍之间。对这些情形并不必沮丧，因为文艺思想原是不平衡地、复杂地发展过来的，要求一律看齐反是不可能的事，而它的矛盾也是不平衡地逐渐克服着的。我们应该毫不掩饰地承认这些缺点，而且也应该有所批评。而更要紧的，是要求我们每个人检查一下自己，这些缺点是否也存在于自己的身上？有这些缺点并不就可耻，可耻的是任其自流而不予克服。对于自己的姑息和对于战友的姑息，都同样是对群众的不负责任的态度。我们既然以群众路线作为我们的文艺路线，则首先就要求以对群众负责的态度，作为我们一切工作的态度。对群众负责也就是对自己负责，群众将是文艺思想斗争中公正的裁判者，我们的批评和自我批评都应该以群众的利益作为准绳去进行。二十余年来的新文艺运动就是在这样的思想斗争中发展过来，它不仅没有妨害团结，而且相反地扩大了我们的团结。

近来文艺界批评空气渐渐浓厚起来，这是好现象。我以为在提高批评空气中间，更须强调自我批判的精神。事实上，一个真实的战士在走向人民战斗的途程上，他不能不感到有所矛盾的地方，因而也不能不对自己有所批判，否则便是虚伪的自满，他将永远走不到人民中去。

理论与实践的一致，应是现阶段文化运动一个重要特征。这就是说，在社会实践中不断地批判来发展理论，而反过来又以理论作为批判武器来领导实践。在这中间，自我批评便是使我们工作上理论与实践结合的重要条件之一，也是统一个人与群众的矛盾的重要条件之一。有了自我批判的精神，才能虚心去倾听和接受别人的意见，有自我批判的精神，才不会作出对别人无原则的过火的批评。我们的一般批评工作，也只有在这种精神之下，才能取得更健全的发展，我们的思想斗争才能收获更大的效果。

在检阅我们自己队伍的这一天，我所需要说的，就是这一点。

（原载 1947 年 5 月 4 日香港《华商报》）

艺术的真实性及其他

××兄：

前几星期，我在一篇短文中，举出北平学生所唱的那支《反动政府要垮台》歌曲，说这是群众的艺术。兄来信说，不很同意我这说法，希望谈谈这个问题，那是非常好的。我检阅一下原文，也觉意有未尽，就在这里补说几句，请兄教正吧。

老实说，我在最初看到这歌曲时，也和兄一样觉得它单纯，并不曾感到它有多大艺术价值。我当然不会参加北平学生运动，那种感动的情形也不过出于揣想。但它却使我回忆起二十几年前在一次群众示威中间的情形。那时示威的队伍被孙传芳的军警包围起来了，前面是机关枪，后面是马队，示威的队伍多少有点动摇了。这时忽然有人第一次唱起《打倒列强》的歌曲来。一唱百和，群众的情感变为一致，激昂、坚强、勇猛地向机关枪冲过去。当时我和许多人都是被激动流泪的，这情形现在想起来犹宛在眼前。另一个是在今年“六二”运动中，有人告诉我，当学生在北站被阻时，群众就反复地唱着《团结就是力量》这一首歌，而这首歌确像含有魔力似的，把群众的感情团结得愈来愈强。这些例子使我深深感到，所谓艺术的力量实在是表现在艺术与群众战斗感情的真正结合这一点上。那些歌词之所以感人，首先是因为当时这些群众的斗争情绪本身已经是诗了，那些歌词不过是把这些感情凝结在一些最单纯的言语中表现出来而已。这是群众战斗感情的自然凝聚。在那样情形下，它不能不是很单纯的——而且真实的诗，我以为也往往是单纯的。试问在那机枪皮鞭包围之中，他们还能去创作或歌唱那些所谓艺术品的具有复杂音节和旋律的诗歌吗？而那样的诗歌就是能比这些单纯朴质的歌词更感人吗？这是很明白的。自然，这绝不是说，我要否定那些经过复杂创作过程的艺术制品，那种说法是毫无意义的，但如果以为只有那些经过精心创作的才是艺术，而像这些凝聚着群众真实战斗感情然而却是单纯朴质的东西，就不能承认为艺术，这说法多少是一种知识分子的偏见吧。

兄谈到真实性一点，我以为确是重要。我们通常说艺术必须通过作家的真实感受，才能去感染别人，所以作家自身的真实感受是创作的最重要条件，没有它便是赝品。这说法自然是对的，而那种模仿的赝品，诚如兄所云颇为流行，不过这却不能叫真实的作品去负责。至于真实作品是否仅仅靠作家的真实感受一个条件就够了呢？我以为还是不够的，艺术的力量是表现在作家与群众的共鸣关系上。一篇作品，它所感动的人愈多，即是它的艺术力量愈大；反之，就愈小；这是很简单的道理。而决定它的，则在作者所感受的与群众所感觉的一致程度上。阳春白雪，曲高和寡。但正唯和寡，曲高也不能产生较大力量。例如今天某些颓废伤感的诗，你说它不是通过作者的真实感受吗？倒也未必，但是他们所感受的，却不是群众所能感受的，因此这样的作品除和作者有共感的少数读者外，在广大群众中是不能引起共鸣的，而在这些群众中，它的真实价值就不存在了。所谓真实（Truth）的另一含意即是真理。真理却只有一个，而它总是站在时代斗争前面的广大群众中的。

阶级意识理论似乎久被人们忘却了。然而从作家对于客观世界的真实感受来说，却是不能不受到其时代和阶级意识所限制，在这个阶级或时代可能引起共鸣的，不一定就能在那个阶级和时代引起同样的共鸣。所谓艺术的真实性，是不能和它的社会的历史性独立开来的。陶潜的诗可以被士大夫或有类似心境的知识分子所欣赏，但却无法使一个整天生活在机器与汽油之间的工人理解那种意境。这并不是文化水准的问题，而是阶级意识的问题。一向以来，我们总喜欢以能使知识分子同自己起共鸣的思想感情作为决定艺术真实性的标准。这多少是知识阶级独霸文化的传统观念。现在群众已经翻身起来，成了决定时代的主人了，他们要求建立其自己的文化生活。在这时候我们再不能坚持用旧的美学观点去衡量艺术了。而从艺术来说，也只有属于大众的，能使广大群众起共鸣的，富于现实斗争功利性的艺术，它的真实性才更大，它的艺术力量也更强，这倒不仅如兄所说出于政治的要求，其实也是艺术本身的要求。

（原载 1947 年 12 月 23 日香港《华商报》）

方言文学问题论争总结[①]

一、关于方言文学的讨论，首先应该把问题的出发点、对象和中心确定下来，然后我们的讨论才有明确的范围

（一）方言文学的提出，首先是为了文艺普及的需要。这点大家都是承认的，既然是为了群众的需要，那么基本的问题就在群众需不需要它，而不是我们（知识分子）需不需要建立它。群众需不需要呢？这问题群众早已答复了，因为方言文学在他们中间早已存在了：民歌是方言的，民间的小说戏剧也是方言的，还有人提到甚至老百姓写信也有用方言的，香港的工人来信也表示欢迎方言文学。一些黄色作家，很清楚这一点，他们就用方言写作，争取了很多下层读者。所以问题已经不是建立与否，而是怎样去发扬它。在以老百姓言语写给老百姓看或听的原则下，来讨论如何运用方言，而不是要不要方

① 本文系作者与冯乃超同志共同执笔写成。

言文学的问题。

（二）我们既然以文艺普及作出发点，所以我们的对象无疑是大多数文化水平低的工农兵，并不是以知识分子作对象。那么这里就有几个区别：

第一，在知识分子中间，文字和言语有了相当的一致，但是在最大多数老百姓中间，是只有言语没有文字的（文盲），次大多数老百姓中间是文字和言语不一致的（不懂普通话而略识文字的），少数老百姓中间是获得局部的文字与言语一致的（懂得普通话也念过一点普通话写的东西）。我们所要照顾的，最主要的无疑是前两种。怎样去解决这矛盾呢？是以言语去服从文字呢？还是以文字服从言语呢？毫无问题，应该以文字去服从言语，因为文字的作用本来就是记录言语。既然如此，那我们就不能不有记录方言文字，和以方言写出的作品。

第二，我们有了一种所谓普通话，但是最大多数的老百姓是不是能运用或懂得这种普通话了呢？还不能，还不懂，那么我们所谓以老百姓的言语写给他们看或听的东西，是否用普通话写即能完全解决呢？不能。各地老百姓有各地老百姓的言语，所以就不能不有各地的方言文学，来实践以老百姓的言语写给老百姓看的原则。第一个要求是懂，第二个要求才是能表现地方情调等等。自然还需要一种各地人都可看懂的文学，但这在现在是以比较少数文化水平较高或懂得普通话的人为对象。现在我们主要的对象既然是大多数不懂普通话的老百姓，所以就不能不强调方言文学。

（三）我们现在所讨论的方言问题，主要以广东方言区（广东又有几个方言区)为对象,广东方言和文字的不一致,比其他北方地带更大。有许多话,有音而无字,所以一方面方言文学的需要就更大,另一方面,这些有音无字的话,既然一时还不能做到以拉丁化字去代替,那只有借汉字记音。这一来,记音的字,在一般人看来,觉得不习惯,于是发生了异议,论争的焦点,似在这里,所以实际上是个方音的问题。由于对方音问题发生怀疑,因而连带对方言文学也怀疑了。

问题仍应该从这一个关键上去解决。

二、确定问题的出发点、对象和中心,我们来答复下列几个提出的问题

问题一:发展方言文学是否会破坏言语的统一呢?

答:不会。而且正如杨洋先生所说,统一言语必须发展方言文学。事实上,所谓统一的言语应该是从各地不统一的言语基础上统一起来的,而不是凭空创造一种言语来征服地方言语的。即是现在的普通话似乎以北平话做底子,但实际上普通话并不等于真正北平话(道地的北平人还是听不懂我们普通话的)。普通话是混合着北方及华中各省的方言而构成的。过去北平是五方杂处的地方,各地方言都有,因此糅合成为这种普通话(官话)。又如江浙一带,有种蓝青官话,也是由江浙各地方言汇合起来的。即以上海话来说,也已经不是真正上海本地话,而是宁沪、沪杭两线各地的方言混合而成的一种言语。所以要统一首先要把不统一的提出来,然后才能慢

慢统一起来。我们看看陕北的方言文学，知道那边一些辞汇；陕北人看看南方方言文学，也知道南方一些辞汇，彼此总会互相懂得。这和要求发扬文化的国际性，必然先强调文化的民族性一样道理。如果把方言永远关在文字和文学以外，则这种统一的言语也不会发展的。至于担心提倡方言文学以后，老百姓就永远只知道自己方言而不会去懂其他地方言语或普通话，这也可不必。因为第一，今天并没有人因为提倡方言文学而主张推翻普通话；第二，当老百姓生活跟外省人多接触时，他们自然而然会学会一种可以相通的语法，因而也会慢慢懂得以这种语法写出的文章。但是今天对于大多数广东内地老百姓来说，第一件事是要他们先能够有文字来记录他们自己说的话，然后才说得上要他们来学习普通话。首先要他们能做到写说一致，不要说的一套写的又一套，那正如我们过去用古文一样，说话用“的”字，写文用“之”字一样苦恼，我们不要老百姓再受这一番苦恼，等他们需要用“的”字时候，再去学“的”字未迟。

问题二：白话文是否要破坏？

答：先要弄清楚什么叫做白话文？白话文如果是指上述的由各地方言而混成的一种普通话的文字记录，则这也是人民的言语，现在不应破坏而且现在也不可能破坏的。但是我们平常说白话文，是指“五四”以后通常写在一般作品里的那种造作的，欧化的，和人民的言语脱节的、大众所不易了解的白话文。这种白话文并不等于普通话，这就非破坏不可，这在十多年前已被提出来了。现在要整顿文风，尤非破坏不可。但即如照第一种解释，则这种普通话文，也还需要发展、充实。

发展、充实之道，仍然是要吸收方言的成分，使它丰富起来，照现在情形，还是不够丰富的。

至于将来，则汉字要废除，用方块字写的文章都要破坏，岂但现在所谓白话文，就是汉字记音的方法也要破坏了，那时才有真正的语文一致。瞿秋白先生说："虽然这种普通白话，用汉文写着仍旧是一种'糊弄局面'，然而这种真正白话——活人说得出来的话，很容易用罗马字母拼音而废除汉字。即使南北口音不同，而要拼出互相不大一致的文字——一种中国普通话也许会变成几种文字，可是互相之间的学习要比学习汉文容易十倍。"所以他主张在普通中国文之外，还要根据各地方情形造成各个区域的方言文。

问题三：用普通话夹一些方言写是否需要？

答：需要的。但这主要是以一般能懂普通话的读者为对象。方言文学不可能为全国读者所能一般接受，也不必勉强他们去接受，所以也还需要这类文学。加上方言的作用，一是帮助方言流通，二是使普通话更丰富。不过我们现在既以此时此地的广大工农群众为对象，则对于他们仍以方言文学为主。这种白话夹方言的文章，对于他们犹如放一半小脚，还是不如痛快地全部解放为佳。

问题四：方言文学的流传是不是受到局限呢？

答：是的，它一般说只能流传在这个方言地带，但是它却可以深入到这地带的人民群众。这才是真正普及的工作。过去我们白话文虽然普遍于全国知识分子中间，但很难为大多数的人民群众所接受，文字和言语脱节问题始终没有解决。现在有些方言文学可以印数万份，而所谓白话文学则只不过数千份,可知要做到真正普及,还非得建立方言文学不可。

问题五:方言文学运用不当是否会投降于黄色文化呢?

答:这不是方言文学的问题。白话文以及文言文运用不当也何尝不会作为黄色文化的工具呢?文字是工具,文字本身是无罪的,这是作者态度的问题。我们提倡方言文学,当然首先要有为人民服务、为革命服务的态度。至于运用地方言语当然应有选择和提炼,并不是无条件的搬用。有些小市民的不健康言语,是应该淘汰的,我们应该防止这种倾向,但不能是出于轻视鄙言俗语的观点。

问题六:是否方言文学只能适用于听的文学,不能适用于看的文学呢?这些记音的字看不懂又怎么办呢?

答:听的和看的是不能分开的。凡是可以听的,一定也可以看;可以看的,也一定可以听。但是能听的却比能看的更广,正因为如此,所以方言文学便更重要。至于所谓看不懂,如指文盲说,则当然应在教他认字;如指记音的字,一般不易看懂,则有下列几种情形:1.有许多记音的字,老百姓已经熟悉了,例如广东方言中的"咁""系""嘅""唔"等字,这已经不成问题。2.有许多记音的字尚未被熟悉,则使用多次以后也会熟悉,而且比熟悉白话文的语汇更容易,特殊的字可以加注。3.记音的字,应尽可能易懂,避免用怪僻的字。中国文字是望文生义,可能时当注意到义音一致,如不能一致时则以音为主,不要以义为主。

其实,白话文和文言文所用的字有许多也是记音的,用得久了,便不觉其记音了。在广东话中有些甚至是英文译过来的,但大家也习惯了。口语记音当然比英文翻译更容易懂,何必担心呢？

问题七：瞿秋白先生不是主张要有一种“中国的普通话”吗？岂不是和方言文学的说法矛盾吗？

答：瞿秋白先生的所谓“中国的普通话”就是指“容纳许多地方的土语，消磨各种土话的偏僻性”，“容易接受别地方的方言集成的言语”，即是从方言发展来的普通话，要发展这种普通话，就要发展方言文学。瞿秋白先生这段话是指写给住在五方杂处的大都市里的工人看的作品（这种工人已经学会了这样一种混合的普通话了），但对于农村的群众或特殊方言地带的群众，他主张“要造成各地的方言文”，“建立方言文腔”，“有必要的时候，还应当用某些地方的土语来写，将来也许要建立特殊的广东文、福建文等等”。瞿秋白先生所谓“有必要的时候”，是指人民在政治上接近解放和得到了解放，迫切需要文化生活的时候，“将来”就是我们的“现在”了。

问题八：现在学校里教的是普通话，又要他们去写方言，是不是要发生矛盾呢？

答：我们并不主张要推翻普通话。这是没有理由的。能够学习普通话，这机会不必放过，但必须使他们同时学习本地的方言文。正如瞿秋白先生说的“每一个地方的民众，至多只要在自己本地的方言文之外，再学习会普通话的中国文，他就有文化生活的最低限度的工具”。所以首先是本地的方言文，其次再能学会普通话文，这是根据于群众的需要而定，现在的情形是方言文不被注意，所以应该特别强调。

但是那种知识分子的白话文，却不必多去教学生，免得他再走我们的旧路。至于矛盾当然是有的，这是现在教育制度的矛盾，例如在今天我们还在教文言文呢。

三、最后我们来谈谈这次争论中的一二偏见问题

我们在这次争论中，还有些教条主义的毛病。第一是乱搬教条。比如，误解（甚至于曲解）瞿秋白先生建立中国普通话和现代中国文的理论，断章取义地引用他的文章来做争论的根据，这是我们从前有许多人都犯过的坏毛病。瞿秋白先生说过："……至少暂时先发展的是普通话的现代中国文的文艺，而不是现代上海文，或江南文的文艺。"我们好不好单独根据他的话，而忽略他写那篇文章当时的实际情况，便以为"这就是最具体地解决了现在用什么话来写的问题"呢？不好的，这是这次争论中搬教条的例子。要知道瞿秋白先生写那篇文章的时候（一九三二年），革命的群众运动被迫地转移到乡下，革命的文化运动则留在大城市（中心在上海）。它们"在总的方向上是一致的，但在实际工作上却没有互相结合起来"（毛泽东）。因此，那个时候的革命文化工作也只好暂时先以城市的群众（学生、店员、一般劳动群众）为对象，这就需要着重发展中国普通话，以便向全国各地识字较多、文化较高的读者进行革命的宣传工作。但是，今天的中国已经出现了大块地面的解放区了，出现了人民大众当权的朝代了。革命的文化运动已经具备了足够的条件从以前的狭隘的圈子跳出来，走进大规模的群众文化运动的宽阔原野中去，从"孤军作战"走到配合实际工作，从城市走进了乡村。方言土话是各地方群众的言语，要为群众办事，而不学群众的言语，那就办不好。不

学群众的言语，我们就不能理解当地具体的革命情况，也就不能领导群众。这就是为什么方言问题成为今天文艺问题的主要问题的原因。瞿秋白先生在当时主张“至少暂时先发展”普通话，是从实际出发的，今天提倡方言文艺也是从实际出发的。

因此，反过来，如果有人认为只有方言才是群众的言语，那种容纳许多地方的土话，接受外国字眼，吸收古人有用的成语的普通话，只是少数知识分子的特殊文体与大众绝缘，这也是不对的。这种普通话，今天是无法为全国各地广大群众所运用，而且离开“读得出来听得懂”的标准，还有很大的距离，但它是为人民解放而斗争的言语，也是群众的言语。因此，发展各地方的方言土话，只有丰富这种普通话的作用，而这种普通话的成就越高，也会反过来影响方言的提炼和加工工作，使方言也就丰富起来。这就是方言和普通话的关系，把它们看成势不两立的两种东西，就会产生不好的结果。

第二是不深入研究问题。如果我们对于方言的偏僻性和原始性没有正确的理解，就可能发生两种偏向。一是因为它的偏僻性和原始性而看不见方言由于它表现实际生活而来的丰富而生动活泼的性质，于是产生反对方言工作或轻视方言文艺的偏向。其实，方言文艺的任务，就是把人民口头上的方言改变成为文学上的方言，文学上的方言，是已经加工过的方言。一方面怕它的偏僻性和原始性，另方面又反对淘汰其偏僻性和原始性的工作，这不是自相矛盾吗？因此，又产生了以为在白话文中夹些方言就够了的见解，这就是拿普通话来代替方言，变成无视对大多数讲方言的群众的启蒙工作。其次是对于方言的偏僻和原始的毫无理解，只知道人民的语言比之知识分子的语言来得丰富和生动活泼，却忽略了它的缺点。其结果会走到“一味抽取”以为“越俗越好”、“越古怪越妙”的另一个偏向，于是就没有什么加工和提炼的工作，也就不敢加进新的东西去，这就等于取消方言文艺的工作。鲁迅先生称这种人叫做“大众的帮闲派”和“新国粹派”。革命的大众文艺（方言文艺在内）的主要敌人是反动的大众文艺，那是因为它根深蒂固地盘踞在人民的文艺生活里面，它所用的言语是从民众的口头文学发展出来的，因此比较地接近群众。我们要战胜这个敌人，就应该区别我们的言语和旧小说式的白话；不是一味地模仿，而是发掘其有生气的，吸收其精华，排泄其渣滓，这样才能够挖掉反动文艺的根，建立人民的大众文艺。这就需要我们对于从前的语文运动和新文学运动中的种种问题加以研究，对于旧的民间文艺和活的人民言语有更深的理解，不然，我们便会流为意气之争的。

一九四七年十二月

（原载 1948 年 1 月香港《正报》）

对于当前文艺运动的意见[1]

——检讨·批判·和今后的方向

一

对于文艺现实情势的指摘和不满，很久以来，就普遍地反映在读者和作者中间了。最近据一位出版家说，这一年来，蒋管区一般文艺创作出版物的销路，跌落到前所未有的惨况。这说明，问题还不仅止于指摘和不满，那还不过是一般关心文艺的人的意见，至于若干读者，则甚至对新文艺采取冷淡的态度了。

这情形是值得严重注意的。

自然这不是说，群众不需要文艺了，倒毋宁说，群众对于文艺的渴求，是处在一种饥饿状态中。但是他们所需要的，却是较健康的东西。文艺和群众的需要脱了节，呈现出一片混乱和空虚。

---

① 本文原署"本刊同人·荃麟执笔"。

对于这现象，我们今天再不应回避或缄默。我们应该坦白承认，并且应该勇敢地检讨和批判自己的弱点，向社会群众毅然承担我们的责任。

但这绝不是像沈从文等人所能指摘的。他们躲在统治者的袍角底下，企图抓住一二弱点，对新文艺作无耻的诬蔑。甚至幻想借这种诬蔑，把文艺拉回到为艺术而艺术的境域中去。这是不可能的。二十年来革命大众文艺传统，事实上不仅是在坚强地发展着，而且已经大大地跨进一步，和真正工农大众密切结合起来。这个主流却是在那人民已经翻身起来的广大区域里汹涌着，那个区域里文艺书籍的畅销和受到群众热烈欢迎的情况，是打破中国出版界与文艺界的纪录的。只有在这个人民失去自由的区域里，文艺才呈现出上述的病态，而这种病态的根源，则正是因为我们的创作生活多少是从那传统的革命文艺路线上脱逸出来了。

对于文艺衰落的现象，我们不能单引反动政治迫害的理由来作我们的辩护，虽然它确是新文艺运动发展的一个基本的阻碍。因为我们的文艺原是从反抗黑暗的斗争中强大起来的，就应该从更尖锐的斗争中取得更强大的力量，我们也不能说，这是由于市民阶级堕落的文化气氛的浓重，以致侵蚀了新文艺的生命，因为这只是说明了我们自身抵抗力的薄弱。至于如一般所指摘的，作家创作力的衰弱与生活的空虚，则不可否认是今天许多作家的共同弱点。但何以这种弱点在今天是那样普遍地存在于我们作家中间，而以往若干次伟大时代斗争中，却没有产生这种显著的现象呢？可见这绝不是个人的问题，也不是从个人主观的条件上所能解决。我们认为这个问题应从历史与社会的原因上去寻求解释，并且从思想上找出文艺衰落的根源。

我们应该指出，这十年来我们的文艺运动是处在一种右倾状态中。形成这右倾状态的，是由于长期抗日文艺统一战线运动中，我们忽略了对于两条路线斗争的坚持，在克服“关门主义”的倾向时，却也不自觉地削弱了自己的阶级立场，甚至这种观念在许多人的头脑中久已模糊了。因此，我们的文艺运动中就缺乏一个以工农阶级意识为领导的强旺思想主流，缺乏这种思想的组织力量，使我们不能形成一支像曾经走在鲁迅先生大旗下那样强壮的队伍。十年来，我们的文艺运动是形式超过了内容，组织庞杂而思想空虚。事实上我们是在一种形式的战线下，各自作着散兵战。自然这中间也有些坚贞的作家在作着强韧的战斗，并且献出了他们光辉的战绩，但是因为失却集体思想的引导使他们创作力量多少遭受了影响，或甚至使他们的积极性的战果没有得到应有的鼓励。文艺运动原来是作为社会斗争中思想运动一翼而存在，作家的创作活动是结合在这群众的思想运动与实际政治斗争中而共同前进。“五四”以来，我们一向所骄傲的革命文学的光荣传统，无非是因为我们的文艺运动在每一次革命运动中，总是走在群众前面负起时代号角的责任，而新文艺本身也是从这些实际斗争中强大起来的。然而现在我们的文艺运动却因为本身缺乏一个和群众斗争相结合的强旺思想主流，就被那迅速发展的现实形势远远地摔落在后面了。

自然，将有人会说，这几年来，我们何尝不是在民主的大旗下共同奋斗？何尝不是有了人民文艺的口号呢？是的，我们是有了这些方向和口号，但只有方向和口号是不够的。“人民”和“民主”究竟不是一顶美丽的帽子，可以随意戴在头上。人民文艺是要能表现出人民大众今天的要求和意志，要能被人民大众所接受、承认和喜爱。而现在我们作品中是否一般具有这种真实的内容呢？是否已经建立起为群众所能接受的形式呢？是否建立了以群众利益为标准的文艺批评呢？对于这些问题，我们是很难得到满意的答复的。在我们中间，有种流行的见解，以为现在某些作品在思想上是没有问题了，缺乏的是真实的感受性，所以艺术的基本问题，不在思想而在作家个人的真实感受，缺乏这个条件才形成文艺的苍白状态。这其实是对于思想意义的一种误解。思想和感情是不能截然分离的。理性生活与感性生活在基本上是一致的。作家的真实感受，只有出发于真实的思想，只有和广大群众的感觉取得一致时，艺术才具有其客观的真实性。在今天，作为一个进步知识分子来说，只有在同广大群众结合中，进行其自身意识改造，在这个基础上建立起他健康的感性生活，否则便可能走回到个人主义文艺的旧路上去。我们以为今天文艺思想上的混乱状态，主要即是由于个人主义意识和思想代替了群众的意识和集体主义的思想。

个人主义的思想在文艺上表现为多种的倾向，而互相拒斥着，实际上却是同样出发于小资产阶级思想的根源。而在今天群众革命意识澎湃高涨的对照之下，这种意识形态就显露出它本质的空虚与苍白了。尽管许多人都承认文艺应为群众服务，但从今天一般创作情势看来，多半是没有脱离个人主义的窠臼的。正因此，群众对于文艺的要求就不能明确地提到我们的日程上，大众化工作也被有些人所轻视着，甚而被嘲笑和拒绝了。个人主义的文艺思想，一方面，表现在对所谓内在生命力与人格力量的追求。在这种要求下，文艺的政治倾向与直接效果，被人们视为“庸俗说教”而予以拒绝了；人们在追求着艺术的“永恒价值”，在歌颂“原始的生命力”与个人英雄主义，在高扬着超阶级的人性论与人格论，把约翰·克利斯朵夫式的追求，肯定为现代人生战斗的途径。总之，阶级斗争的精神在这里被个人反抗的精神所代替了。另一方面，表现于那种浅薄的人道主义和旁观者的微温的怜悯与感叹态度。人民血肉斗争和强大力量，在这种怜悯与感叹中间，变成了庸俗而无力；或则摘借一些公式与教条，作为空虚的点缀。这就是所谓貌似真实而实则虚伪的情形。关于这些倾向，我们将在下一节中去分析，但在这里可以指出它们一个共通特征，即是过高地估计了黑暗的力量，过低地估计了人民的力量。不能把握革命发展形势，因而也忽略了革命形势赋予文艺的具体任务。于是“人民”在人们头脑里成为一个抽象的名词，而在大翻身中间起来的人民真正力量，却反而看不见了。

这数年来，中国社会斗争内容的丰富是超越任何时期的，然而反映在作品中间，却是何等的贫薄，这岂不是说明了文艺离开了集体主义的真实思想运动方向，也就失却了创造力量的泉源。艺术的把握、概括、批判的力量，是出自对于现实深刻的认识与感受。如果离开了群众生活，离开了群众的正确思想立场，离开了辩证唯物主义的方法论，则尽管强调个人的感受力也好，冷静的观察也好，都无法真正深入现实中去。个人主义思想终究是应付不了激烈变动着的现实的，所以在不论是属于这一种或那一种文艺倾向的作品中，都常不免于表现出知识分子在“残酷”与尖锐的历史斗争下的苦闷、彷徨、伤感、忧郁，以及有意无意的避开现实、自我陶醉等等倾向。这些都是表现个人主义意识在强大历史压力下所显示的脆弱与无力。这是一个翻天覆地的阶级斗争的时代，能够抵抗那历史的压力和创造新时代的，只有那最强大的阶级力量，群众力量。不是把文艺思想运动结合在这个力量中间去，我们是无法克服目前这种衰弱状态的。

由于这种衰弱状态的长期继续，于是就致使市民阶级与殖民地性的堕落文化气氛，侵蚀到新文艺领域里来了。投机、取巧、媚合、低级趣味，几乎成为流行的风气；而更恶劣的，则是那种色情的倾向，这甚至堕落到比鸳鸯蝴蝶派还不如。这种堕落的倾向，使文艺不仅脱离人民大众，而且作为服务绅士阶级和加强殖民地意识的工具了。和这类倾向实质上相同而表现不同的，则是那种打着“自由思想”的旗帜，强调个人与生命本位，主张宽容而反对斗争，实际上是企图把文艺拉回到为艺术而艺术的境域中去的反动倾向，又重新在出现了。从这些情形里都约略地可以窥出今天新文艺运动的危机——文艺上人民大众的集体主义意识的涣散，个人主义意识的高扬，因而招致堕落的和反动的文艺思想的抬头。如果说，文艺应该是人民的声音，则今天这声音是何等的薄弱；如果文艺是历史的镜子，则今天这镜子里的影子又是何等模糊。历史已经进入到一个新的阶段，而我们的文艺还远远停留在后面。文艺离开了群众，群众自然也就向文艺采取冷淡的态度了。

而现在一个空前伟大的人民革命在我们眼前起来了。这是二千年来中国历史上一次翻天覆地的大革命。千百年来被压迫的工农大众将翻过身来。封建买办制度将被连根拔起。人民用自己的力量来掌握历史的方向，来创造他们自己的世界。在这样一个时代中间，人民不仅要求而且已经在建立他们自己的文化生活了。如果我们再不痛切反省，彻底检讨，克服近年来这种右退的倾向，从这个知识分子的狭小圈子里打开去，勇猛地投向那群众的巨潮中，那么，我们的新文艺运动势必赶不上这时代的巨流。

二

首先，是对自己的批判

一九三七年，民族抗战的爆发，使新文艺运动在广大人民群众中得到空前的发展。抗日文艺统一战线达到极广阔的程度。这无疑是中国新文艺运动一个重大的进展。这中间，我们确实也获得了一些光辉的成就，例如发动许多文艺工作者和戏剧团体，走到农村和军队去，这是应该肯定的。但是从现在看来，我们当时关于文艺统一战线的意义，实在理解得不够明确。我们没有认识文艺统一战线的开展，主要是为了把进步思想的影响扩大到各阶层和广大群众中去，因此它的基础不能不是安置在广大群众的中间；我们主要的力量却仅仅放在团结各个派别的作家这一点上，而这种团结又不是出发于思想上的加强领导与互相批评。在思想上，我们没有积极地去强调抗日文艺的大众立场和群众路线，或甚至以为这种强调会妨碍了文艺界的团结。在统一战线的原则下,多少松懈了领导思想前进的责任,表现了软弱与无能,接受了西欧资产阶级那种“容忍即民主”的思想,形成了互相退让,互相敷衍,甚至互相冷淡的局面。我们甚至有意地避开批评和斗争,以图取得表面上的和谐。这就呈现为抗战初期那种“轰轰烈烈,空空洞洞”的现象。这和抗战初期在大后方局部地出现过的政治上的右倾的机会主义是有直接关系的。即是说,我们在原则性上把握不够,削弱了对基本群众力量的信任,我们在反对“左”的斗争中,忽略了向右倾的斗争。这样使思想运动的主导力量日渐软弱,而被小资产阶级那种单纯而充满幻想的爱国热情所代替了。作家逐渐忽略了新文艺运动一贯以来的大众立场,也忽略了自身意识改造的任务。如果像一般所指摘的,当时文艺思想的主要倾向是公式主义,则这种公式主义,实质上也是一种右倾的公式主义。

因此,当抗战初期的高潮过去以后,现实的政治形势,粉碎了知识分子美丽的幻梦,于是许多文艺工作者立刻跌入到一种彷徨、迷惑的境域中间,思想的空虚与感情的脆弱一齐暴露出来了。一九四二年以后,正当延安开始文艺思想一个新的发展的时候,大后方的文艺运动却停留在一种非常黯淡和无力的状态之中。许多右的倾向都是从那个时候发展起来的。特别是诗歌散文上一种流行的忧郁气氛,以及戏剧上的市侩倾向,这都是被人们批评过的。在当时,我们也曾经以政治黑暗的理由作为辩护,然而事实上,却是说明我们是被政治天空上的乌云所震倒了。对于历史的近视和对于群众信心的丧失,产生了长夜漫漫何时旦的迷惑思想。埋伏到群众中去长期工作的方针被了解成了退回书斋中埋头创作。在这个时期中间，文艺运动的推动者和我们的理论与批评家，非但没有去注意和批判这种危险的倾向，反而自己也被那种变天思想所擒住了，甚至还受到资产阶级唯心主义思想的影响。我们也在强调感性与人性，要求从伦理观点以至从人道主义观点上批判社会。这些倾向虽则及时地被纠正了，但是我们仍然没有把延安文艺座谈会所指出的文艺群众路线与群众观点，明确而具体地强调出来。这个座谈会的成果，在后方没有得到应有的普遍和热烈的讨论，倒毋宁说是一般地被冷淡了。我们除了做些争取言论与出版自由的民主斗争以外，没有积极地去唤起作家们注意其自身意识改造的问题。吞吞吐吐，半温半凉的批评，作为统一战线策略的运用。一直到一九四五年春，我们才提出了"面向农村"的口号，指出了人民文艺的方向，但是也仅是作为一种理论的宣传，没有把它和实践结合起来。理论与实践离开，便可能流为一种新的公式主义。这一切都是说明了我们的软弱无能——对于文艺阶级立场的不够坚定，对于马列主义的艺术观与毛泽东所指出的文艺观点的不够坚持，对于群众思想的没有搞通，因此当一九四五年新的革命形势开始高涨的时候，文艺运动就明显地落到后面去了。一九四五年底，在重庆曾经举行了一次集体的检讨，虽然指出这种右倾的危机，但没有得到明确的结论。因此，当文艺运动中心迁回到上海的时候，带回来的思想主流，却是那样的软弱与空虚。上海这样一个半殖民地性的国际都市，在沦陷了八年之后，那种堕落文化气氛的浓重是不消说的。在这种情形之下，虽然也带来了一度暂时的繁荣，但是当黑暗势力再度高涨之际，新文艺运动的战斗力量便显出可怜地贫乏了。

但是，我们仍然被那种软弱无能的，只顾团结没有斗争的右倾观念所束缚着，对于一切不正确的倾向，以至堕落的市侩文化，不敢作正面的批判，噤若寒蝉；为了息事宁人，甚至作了无原则的宽容，形成一种表面上一团和气而实际上意见分歧的状况。这正是列宁所说的“跛了脚的政策”，这种跛脚政策，到现在已经明白地显出此路不通了。

有人指出，这是一种惰性。毫无问题，我们应该承认这种批评，但是这种惰性的根源，正和其他各种倾向一样，是一个思想问题。从今天整个文艺思想运动来说，要澄清一切混乱的状态，不能不首先从思想问题出发。

对于几种倾向的检讨

由于革命文艺主导思想的衰弱，所引起的个人主义文艺思想的高扬，正如前面所说过的，是表现为多种状态而互相拒斥着。一方面由于小资产阶级知识分子对于政治与历史现实形势的不能把握，一方面则由于厌弃教条主义，连同科学方法论也被拒绝了。大家只是按照个人的意识与感觉去追求一条文艺的道路，从各种不同的观点出发，就逐渐形成了各种不同的倾向。

这里值得特别指出的，是一九四一年以后，十九世纪欧洲的资产阶级的古典文艺在中国所起的巨大影响。大量的古典作品在这时被翻译过来了。托尔斯泰、福楼拜，被人们疯狂地、无批判地崇拜着。研究古典作品的风气盛极一时。安娜·卡列尼娜型的性格，成为许多青年梦寐追求的对象。在接受文艺遗产的名义下，有些人渐渐走向对旧世纪意识的降伏。于是旧现实主义、自然主义以及其他过去的文艺思想，一齐涌入人们的头脑里，而把许多人征服了。这个情形，和战前国际革命文艺思想对我们的影响相比较，实在是一种可惊的对照。而从这一点上，也反证出革命文艺思想是怎样衰弱了。

自然，我们不能把文艺思想的右倾，归咎于外来的因素，也不是说文艺遗产不应接受，然而这种情形却是反映了当时知识分子本身意识上的弱点和迷乱。他们感觉自己的空虚，又不满于一般作品的浅薄，从反对公式教条，便转而向古典作品去追求“充实”与“高深”，去追求“形象”和“技巧”。古典作品成为苦闷的知识分子的心灵安慰物，成为适合于他们脾胃的精神粮食，甚至有人以为当时的中国正是十九世纪俄国或法国的情形。一方面既已在现实的斗争中采取了右退的观点，一方面又浸淫于旧文艺思想中成为俘虏，唯心主义观念便容易地在人们意识中间滋长起来了。所谓超阶级的人性，以至所谓“圣洁的爱”与“永恒的美”的追求，即是这种倾向的表现。另一方面，我们又看到了从技巧形象的追求出发，而逐渐接近于十九世纪自然主义的倾向。这种倾向表现为对于历史中与现实批判的软弱无力，人道主义的微温的感叹与怜悯；以“含泪的微笑”来代替当前中国艰苦的战斗，以伦理的观点来认识社会与人生，甚至赞美了一种无怨无艾、不忮不求的忍受精神，称之为中国知识分子传统的美德。在创作方法上，则走向于繁琐的和过分强调技巧的倾向。这种倾向，我们以为是政治逆流中知识分子软弱心境的一种反映。一九四一年前后，实际上是革命发展中间一个局部的暂时的低落状态，并不是革命的低潮，因为革命的基本力量，并没有动摇，但是若干知识分子则被那时的情形所迷惑了。政治的腐败和经济的紊乱，使他们精神感到异常沉重，他们以为人民的胜利还将经过极长的黑暗时期，因此他们不仅从实际战斗岗位上退却下来，而且在精神和意识上也表现退却了。他们觉得，在这长夜漫漫中间，一个作家的任务，应该是埋头在他自己创作上，在文艺中去安身立命，用较冷静的头脑，去观察、分析这社会，去描写这复杂而痛苦的社会生活，去告诉读者，黑暗势力是如何残暴骄横，而人民的生活是如何悲惨痛苦。于是，他就不知不觉成为一个人民生活与社会斗争的旁观者。凭着知识分子的正义感，来讥评一切不合理的事物，来悲悯这些被压迫的“弱者”。他看到他们的悲惨，却没有看到他们的潜在力量，他为他们悲愤，而悲愤却化为怜恤。自然他们是诚挚的，认真的，说他们是虚伪是不对的。他们是同情人民的，但是由于离开群众而显露出的思想上的软弱，即使是有高度的技巧，又何从去表现出这时代的强大气魄和意志？而这种诚挚和认真，也不能使他们的作品产生对于群众的强大感动力量，使我们不能从这些作品中间去感觉到那已经起来或正在发展的另一阶级力量，也不能预见到历史的远景。这和十九世纪的西欧自然主义思想，在根源上颇有近似之处，因此这种思想也就多少影响到我们革命文艺领域里来了。

对抗着那些自然主义的倾向，便出现了所谓追求主观精神的倾向。他们认为创作衰落的原因，是作家热情的衰退，生命力的枯萎，缺乏向客观突入的主观精神，因此要求这种精神的加强，强调了文艺的生命力与作家个人的人格力量，强调了创作上内在精神世界的追求。这是针对着当时一般作品内容的苍白而提出来的。但是实际上，却仍然是个人主义意识的一种强烈的表现。因为它不是把问题从阶级的基础上，从社会经济原因上，而却是从个人的基础上出发；不是首先从文艺与社会关系上，而只是从文艺与作家个人关系上去认识问题；不了解一个革命者的主观战斗力量是从实际革命斗争锻炼出来的，他的革命人格是从他和阶级力量的结合中间建立起来的，他们忘记了高尔基所说的，“人民是精力的不竭源泉，是唯一能够把一切可能变为必然的。”相反地，他们把问题颠倒过来，把个人主观精神力量看成一种先验的、独立的存在，一种和历史、和社会并立的，超越阶级的东西，因此，就把它看成一种创造和征服一切的力量。这首先就和历史唯物论的原则相背离了。从这样的基础出发，便自然而然地流向于强调自我，拒绝集体，否定思维的意义，宣布思想体系的灭亡，抹煞文艺的党派性与阶级性，反对艺术的直接政治效果；在创作上，就自然地走向个人主观感受境界或个人内在精神世界的追求了。虽然抽象理论上强调了战斗的要求和主观力量，但实际上都是宣扬着超脱现实而向个人主义艺术方向发展，要求文艺背离了历史斗争的原则，以无原则的、自发性的精神昂扬来代替了严肃的认真的思考。所以这不但不能加强主观力量，而只足以削弱主观力量。实质上，也就是向唯心主义发展的一种倾向了。

在苦闷与疲萎的气氛下，这种强调个人生命力的呼声，是会给读者一些刺激的，但实际上却可以看出，这是在黑暗势力的压迫下一种个人的脆弱的抵抗，也包含着一种牢骚式的对现实的抨击。这种倾向和上述另一种悲观主义的倾向，在根源上可以说是相同的，这两种倾向也同样出现于欧洲。有如法国左翼批评家 Corди 在《马克思主义与文学的堕落》一文所述及的：

“对敌对的现实发生一种感情上的反拨，在现实的重压之下，又拒绝屈服，因而走下坡路的资产阶级，在它所鼓吹的文学里，有时就表现以‘意志’去对抗现实，把意志想象为绝对的力，能够转变世界，使世界满足它（阶级）的愿望……但有时又屈服于沮丧、失望、厌世、疲惫的感情，在眼前现实之外去觅寻一个虚幻的观点，一种死和虚无的象征。”他们的特点，即是丧失了“人民力量统治着一切”这一个信心，因之反而求诸己，便向内在的精神世界去追求了。

以上所举出诸种倾向，都是小资产阶级的文艺思想，而这种思想又由于几种具体条件，反映到革命文艺阵营中来。但我们还必须指出，就革命阵营方面说，虽然文艺上存在这些思想的偏向，但是整个左翼阵线中的作家，在政治方向上一般地是在正确的革命方针领导之下，一致和反动势力奋斗的。在主观上，大家都是有服务于革命、服务于人民的忠诚，但是由于革命的主观愿望与原来阶级意识之间或多或少存着一些矛盾，这就反映在文艺思想上成为政治与艺术的矛盾。其实矛盾不在政治与艺术，而在于我们的自身。由于革命形势急剧的发展，文艺思想上这些问题，就不容再含糊下去，应该明确地提出来，互相开朗地讨论和解决了。

在左翼文艺运动中虽然存在着这一些弱点，但它的优点和成就也不能抹杀的。特别在近两年来，在群众运动中，出现了一些工人、学生群众自己所创造的新诗、歌曲等，这些都是很健康而富于斗争性的。可是没有得到应有的重视和发展。至于在这以外，那些恶劣的倾向，例如，为封建阶级帮闲的、市侩主义的、色情的，和种种堕落的、黄色的倾向，则是属于革命文艺的敌对方面，而应该为我们所无情地打击，和防止它们侵蚀到新文艺领域里来。

今天，这些问题，已经不是枝枝节节所能解决，更不容许引向宗派的斗争。为了使我们从混乱与麻痹中走出来，除了要求大家具有高度的社会责任感，发扬自我批判的精神以外，最主要的，则是要求一切进步文艺工作者，在新的革命形势之下，团结起来，和群众结合在一起，共同地、积极地建立起明确而具体的，适应于群众要求的革命文艺运动的方针与内容，以及在群众基础之上的，更巩固、更扩大的新文艺统一战线。

三

一条光芒万丈的历史道路，展开在我们的面前。一个明确而辉煌的箭标，在指引着这条道路。

这就是去年十二月二十五日那个历史性的文件，它是当前中国一切运动的总指标。多年以来，人民前仆后继的奋斗所换来的胜利，以人民用自己力量建立起来的国家，今天已经不是历史的远景，而是即在眼前的现实了。我们对于这个胜利，已经奠立了钢铁般的信心，今天中国人民的责任，即是以加倍努力去争取这个彻底胜利，把半殖民地半封建的统治彻底摧毁，建立起人民的新中国来。

文艺运动的发展，只有依据于这总的方向。今天文艺运动的基本任务，即是：一、在这个总指标之下，如何去担负起思想意识一翼的战斗？二、如何去满足广大群众实际战斗需要与文化生活的要求？

新的文艺运动的内容，不能再是仅仅根据于少数作家和知识分子的主观认识来决定，而必须是具体地从革命形势与群众要求出发。

革命形势和人民群众要求于文艺的是什么呢？我们要提出下列诸方面的问题：

一、是关于文艺运动的性质和内容

毫无疑问，我们今天文艺运动的性质，既不是旧民主主义的文艺，也还不是社会主义的文艺，而是新民主主义的文艺。这就要求比过去那种笼统的说法作更确切的阐明，特别和旧民主主义的文艺应该明白地区别开来。所谓新民主主义的文艺，一般地说，是以无产阶级思想和马列主义艺术观作为领导的，主要为工农兵服务的，以彻底反帝反封建为内容的文艺。然而在今天，当农民的土地改革运动已经成为革命的中心问题，成为彻底摧毁百年来半封建半殖民地社会基础的直接任务的时候，新民主主义文艺也不能不是更明确地以农民土地改革的利益，作为它反帝反封建的具体中心内容：反映这个斗争对于整个社会的关系和其变动，改变人们传统的社会关系观念，彻底揭发美帝国主义与封建势力的罪恶，消除一切和平合法的幻想，坚强人民对于这个斗争的信念，描绘新社会的生活——这一切都将成为文艺的重要主题；在这中间，农民便自然将成为文艺更重要的对象，而另一方面，反映城市的群众斗争也仍是重要的主题方向。而要发展这个文艺内容，便必须特别加强无产阶级思想的领导。这两点，在今天是应该尤其被强调的。

在这里，我们需要回答两个实际问题：第一，新民主主义文艺是否不要为小资产阶级的文艺呢？是否将拒绝小资产阶级作家的文艺呢？不是的，这样做是不对的。小资产阶级是可靠的革命同盟军，我们也应该有为小资产阶级的文艺。同时，革命小资产阶级作家在反帝反封建的战斗目标下所产生的作品，也仍为人民所欢迎。但是它将不是像过去那样，处在文艺的第一位上，在革命形势的发展中间，文艺的对象将起很大的变化，这个变化将直接决定今后文艺运动的形势。在这新形势中革命的小资产阶级作家是可能和人民群众更紧密地团结前进。第二，有人说，新民主主义文艺目前既然是以土地改革作为它的主要内容，但我们今天还在蒋管区，将怎样去创造这样内容的文艺呢？我们决不要求今天每一个作家去凭空描写解放区的土地改革。但是土地问题是存在于中国任何农村的。地主买办官僚对于农民的残酷剥削，失去土地的农民的痛苦，高利贷的杀人，人民对地主大资产阶级的反抗，民变、反三征、反饥饿的斗争，这一切都同样是以土地改革为内容的文艺题材。问题是在作家怎样去处理这些题材，把握它的实质，研究这一切问题。而且作家还可以通过最大众化的文艺形式——戏剧、音乐、民谣、绘画等等，为农民直接写出这些作品，这是可能而且必要的。所以我们应该反对那种等待主义，应该立刻坚决地去迎接这人民大翻身的巨潮。

以无产阶级思想为领导的，以土地改革利益作为它主要内容的，服务于工农兵，而目前以农民为重要对象，但是也照顾到城市工人与小资产阶级，并且包括革命小资产阶级文艺在内的，这就是今天新民主主义文艺的性质及其内容。

二、是关于作家的思想改造，批判与创作方法

为了坚持新文艺运动的健康的主流的发展，我们必须在左翼文艺中间严格地批判和认真地克服那种软弱无能的思想，坚决地负起思想上领导的责任，坚持文艺的群众路线，建立强旺的文艺思想主流，批评和克服前节所述一切个人主义的文艺观点和非阶级的文艺思想，纠正华而不实的作风。这一切并不是容易的工作，首先要求一切革命文艺工作者能从下列几方面有所努力：

第一，坚决进行自身意识的改造，加强群众的观点，发扬自我批评的精神，放弃知识分子的优越感，克服宗派主义的倾向。

第二，努力学习马列主义与毛泽东的文艺思想，但不是教条式的学习，而是结合在切实认识中国社会现实和对文艺具体问题的研究上。在这里，我们并且应该提醒从事翻译介绍工作者，同时加强国际革命文艺思想的介绍工作。

第三，无论为了意识的改造或学习，我们必须把积极参加实际社会斗争作为基本的前提。革命要求大批文艺工作者到工作中去，首先是面向农村，但即使在城市中间，我们也应该积极联系到日常的政治社会斗争中去，我们应该坚决承认文艺服从政治的原则，承认文艺的阶级性与党派性，反对艺术独

立于政治的观念。只有政治思想上更明确的认识,才能克服艺术思想上的种种偏向。

文艺批评的建立,首先应把基础放在群众的利益之上,我们每一句话都要向群众负责,要有教育群众的意义。批评一个作家主要是为了纠正一种思想在群众中的影响,而不是对于一个作家的攻击。因此无论作家与批评家都应该具有高度的社会责任感。只有这样,才能纠正目前批评上一些混乱的现象和宗派倾向。一团和气,一团火气,骄傲自大,敷衍宽容都是对群众不负责任的态度。其次,尤应强调的,是发扬自我批判的精神。只会批评别人,不能自己反省,这好比丈二灯台,照人不照己,并不算得勇敢。自我批判是对群众负责的态度,惰性的克服也只有从这里做起。再次,批评要照顾到具体的客观情形与对象,不要离开实际情况去空唱高调,这是不易收到效果的。此外,我们还要区别清楚打击与批评的不同,争取与斗争的关系,所谓分敌友、权轻重,一切都以群众利益为依归。

在创作实践上,我们是坚持着革命现实主义的创作方法。革命的现实主义是要求我们能够把握历史的动向,具有批判历史的强大力量,和指出历史的明确方向。因此,它首先不能不是把创作实践和革命实践统一起来,它不能不是具有明确的阶级性和政治倾向,具有积极、肯定的因素。而正因此,它才是最自由的,血份最多的现实主义。它反对一切认为意识性、政治倾向是贬低艺术的谬论,反对“爬行的经验论和生活的神秘化”,反对脱离了阶级和社会现实基础去追求个人的内在精神世界,反对旁观的和微温的自然主义态度,正如日丹诺夫在他报告中所指出的："作者不能尾随各种事件，他应当走在人民的队伍中，向人民指示出他们发展的道路。作家应当以社会主义现实主义方法为指导原则，正直而仔细地研究我们的现实，更加深了解我们发展的进程的本质，去教育人民和在思想上武装人民。"正因为如此，作家自己的思想武装问题，便不能不具有首先的意义。

文艺的教育意义，特别在今天的普及为基础的意义上，就应被我们所强调。因此一切来自生活中的朴素、自然、明确健康的形式应该为我们所重视，而这种形式的取得，是和那些形式主义者截然有别的。

革命现实主义的另一特点，必须为我们所提到的，即是和革命的浪漫主义因素相结合。今天在我们面前，已经现实地存在着新的人民，新的生活。过去的理想，在今天已经成为现实，我们不仅要歌颂这些新的人民，写出他们"不仅像今天的样子，而且像他们明天应当如何的样子"（高尔基）。这就是说，作者不仅要把握今天的革命形势，而且能够照亮明天革命的发展。"在他们面前展开明天的日子，同时向我们的人民指示出，他们不应该怎样，而应该怎样去鞭斥昨天的残余，因为这许多残余是阻碍人民前进的。"这是日丹诺夫所说的。另一方面他又指出：如果没有对落后的、邪恶的一切批判因素，那么这一革命浪漫主义的因素就不能理解。一个为某种理想而斗争的人，自然要最积极地和锐利地批判那妨害达到理想的一切。

积极的、肯定的，同时又是批判的、鞭挞的、和革命的浪漫主义的因素相结合的，形式上自然而朴素的、具有明确的政治倾向的，这就是今天我们所要求的革命的现实主义的创作方法。

三、是关于文艺统一战线的巩固与扩大

我们要坚持文艺主流思想的发展，同时我们还是要巩固与扩大文艺统一战线。

为了巩固和扩大文艺统一战线，我们必须纠正过去那种统一战线上不正确的观念。文艺统一战线必须安放在广大群众基础之上：这里有包括工人农民的广大读者、文艺青年、民间艺人。是在这个意义上，我们今天文艺统一战线不但不是缩小而且广泛地扩大了。这些来自工农兵中间的文艺新军，不仅在解放区不断产生，在蒋管区也被发现了。他们将是文艺战线上一种健康而强旺的力量，在他们中间将出现江布尔一样的天才。我们首先是应该发展这些进步的力量，组织广大工农、青年于种种文艺团体、戏剧音乐团体、读书会、艺术小组之中，教育千千万万的青年文艺干部，通过这样的基础，去扩大和巩固我们文艺阵线与其影响。

但是我们必须避免重复左联时代所犯的关门主义的错误，轻视或放弃对于一切可以合作前进的人的团结与争取，这种倾向可能发生，应该及时纠正。这不仅在政治要求上，而且在文艺战斗上也是必要的。反帝反封建的思想斗争是更长期更艰苦的工作，必须团结更多的力量。在文化落后的中国，小资产阶级知识分子在一个很长时期内，将仍是文化战线上一个重要的力量，他们将担负文化启蒙的责任。除开直接违反人民的利益者外，知识分子的思想创作与出版自由权利，将被

新社会所尊重，所保护。对于这些广泛的中间阶层作家，必须诚恳而坦白地互相批评，互相团结。戒骄戒躁，反对抹煞一切的过左倾向。我们一面要强调文艺的阶级意识，但是如果把它作为教条公式，去机械运用，不考虑时间与空间以及对象等条件，把小资产阶级意识作为一顶帽子乱戴，甚至拒绝和人家合作，这将使新文艺运动的发展，遭受巨大的损失。

无论是革命大众的文艺，或是进步自由主义的文艺，一个基本方向，是使我们可以团结在一起而共同前进的，这即是“五四”以来新文艺反帝反封建的方向。一个真诚的作家，是不能不继续朝着这个方向走的。他们不能不是反对四大家族和美帝国主义的。在这个基础上，他们将是可能和人民群众一起进步的。自然，这里必须有批评有斗争。这是为了团结和进步的思想斗争。这几年来，我们应该指出一种可喜的倾向，就是若干进步的自由主义作家，一天一天走向人民；这中间有朱自清、李广田等等，这就是所谓“闻一多的道路”。他们是被人民所欢迎的。但我们也不必否认，在某些自由主义作家中间，甚至连一部分左翼作家中间，都还不能从西欧资产阶级的个人主义或感伤主义文艺思想中解脱出来，或者对于革命感到彷徨和迷惑，对于文艺大众化表示轻视，对于政治与艺术关系表示怀疑等等。这些思想是有害于文艺的发展的，我们必须有适当的批评和说服，努力争取共同进步。放弃这一种争取工作，将是不小的错误。

四、是关于思想斗争的

文艺在这伟大时代斗争所担任的斗争任务，既是在思想意识的一翼，所以我们必须明确地区分出，我们所要铲除、打击和揭露的是哪一些文艺思想，我们需要批评和争取的是哪一些文艺思想，我们需要克服和发展的又是哪一些文艺思想？我们将怎样来进行这些思想斗争和建立健全的批评？这一切都要求有一个明确的概念。

在左翼文艺界内部，为了坚持健康思想的主流发展，就必须有严肃的负责的思想批评；在反帝反封建的总方向下，扩大与巩固文艺统一战线，也必须有适当的批评——这些在前面已经说到了。思想斗争是文艺运动中最重要的一环，这个工作做得不好，其他工作也不会做得好的。

这里要特别指出的是，在思想斗争中要无情地加以打击和揭露的是那各种反动的文艺思想倾向。

反动的文艺思想影响，在中国可谓极微弱的，早已为群众所唾弃，但是在反动统治直接支持之下，它们仍然不断地出现，或化装而露面。对于这些，我们必须揭露它的毒害性，而予以彻底打击。在这里，首先是美帝国主义对中国的直接文化侵略。这中间，有麻醉广大市民的美国黄色的电影，有鲁斯系杂志所介绍过来的黄色艺术，特别是最近美国所宣布的文化援华计划，是种深谋远虑的阴谋。这一切必须为我们所揭露和打击。其次，也是更主要的，是地主大资产阶级的帮凶和帮闲文艺。这中间有朱光潜、梁实秋、沈从文等人的“为艺术而艺术论”，有徐仲年的“唯生主义文艺论”和“文艺再革命论”，有顾一樵的“文艺的复兴论”，以及易君左、萧乾、张道藩等人一切莫名其妙的怪论。这些人，或则公然摆出四大家族奴才总管的面目，或者扭扭捏捏化装为“自由主义者”的姿态，但同样掩遮不了他们鼻子上的白粉。不久前,连沈从文等人,也来配合四大家族的和平阴谋,鼓吹新第三方面的活动了(《一种新希望》,见《益世报》)。以一个攻击艺术家干政治的人,也鬼鬼祟祟干这些浑水摸鱼的勾当,它的荒谬是不堪一击的。但我们决不能因其脆弱而放松对他们的抨击。因为他们是直接作为反动统治的代言人的。

再次,是那种黄色的买办文艺。这中间,有色情的,恶劣趣味的,鸳鸯蝴蝶的,宣传西欧资产阶级没落思想的,它们是帝国主义官僚买办的帮闲文艺,然而却具有麻痹城市小市民意识的恶毒作用。它们一方面作为半殖民地的意识形态而存在,一方面又是反动统治的恶劣宣传者。在色情与无聊文字中间夹杂一些反共反苏的宣传,国民党的机关报刊中就充满这一类的黄色文艺。

这些反动文艺思想,它们共同的目的,即是企图掩遮今天统治阶级崩溃的命运,麻醉人民的反抗意识,宣传反共反苏,反人民翻身,毫无疑义是应该列为我们直接打击的敌人。

五、是关于文艺大众化的

《在延安文艺座谈会上的讲话》中明确地指出了文艺普及的意义,并且指出“我们的提高,是在普及基础上的提高;我们的普及,是在提高指导下的普及”的原则,这无疑是今天我们文艺大众化的基本方针。尤其是当革命向全国发展,土地改革深入穷乡僻壤的时候,这个工作不消说是更十倍重要了。

这是一件长期的艰苦工作,不容许以轻视或轻率的态度去进行。对于这工作,今天我们中间显然存在着两种不正确的倾向:第一种,在理论上承认了大众化,而实践上却在强调艺术性的理由下,根本轻视了普及工作,并且嘲笑了对于这类工作的尝试;第二种,是以轻浮的态度去从事这个工作,从概念和形式出发,或甚至趋向于对小市民趣味的迎合和向黄色文化投降。这两种倾向首先应该纠正过来。文艺普及工作,我们以为必须是根据此时此地的群众具体需要和其意识觉醒与其文化程度,必须是从作家的群众生活实践出发,必须把握群众的思想与感情,以及文艺的教育意义。从概念出发,可能成为貌左实右的公式文艺;从形式出发,可能走向形式主义。形式是根据于内容的需要,只要适应于内容,任何形式是不足妨碍的;何况大众化道路还在摸索的阶段,只要是从群众的生活内容出发,应该鼓励作多方面的尝试,很不必摆出“只此一家”的招牌。在群众的接受或拒绝的实际效果中,在许多实际经验的相互交换中,大众化工作才会摸出一条正确的道路来。

我们应该信任群众创造的力量,鼓励和提倡工农大众自己来写作,发掘旧的民间文艺中优美的作品,发展方言文艺,和群众一起来工作,向群众学习,和群众合作,把大众化工作和群众文艺组织工作配合起来,这才能收到更大的效果,仅仅靠知识分子单方面的努力,还是不够的。

最后,我们应该纠正轻视这种工作的倾向,但也要防止一种因此根本否定比较高级的文艺艺术的过左倾向。尤其在大都市中,这种比较高级的文艺的需要,是存在的,我们必须顾到客观的实际需要,但这绝不能是把提高与普及分离开来,而应该是把提高建立在普及基础之上。

总之,无论普及或提高,无论是思想斗争与统一战线,群众观点是最重要的。正如毛泽东所说:“一切革命的文学家艺术家只有联系群众,表现群众,把自己当作群众的忠实的代言人,他们的工作才有意义。只有代表群众才能教育群众,只有做群众的学生才能做群众的先生。如果把自己看作群众的主人,看作高踞于‘下等人’头上的贵族,那末,不管他们有多大的才能,也是群众所不需要的。他们的工作是没有前途的。”

这是新民主主义文艺的一个基点。

文艺只有在人民的时代里才能有它最大的发展,现实主义也只有和彻底的民主主义相结合,才能取得它最深广的内容。革命形势的发展将使我们具有了这样的客观条件,我们相信中国的新文艺运动将在这人民革命的怒潮中获得最辉煌的发展。但是要争取我们的胜利,还有待一切文艺工作者深切的反省和加倍的努力。

上面这篇论文是本刊同人对于当前文艺思想运动所提出的一些意见。我们感觉客观形势对于文艺要求的迫切,群众对于新文艺运动期望的殷切,当前文艺思想上一些问题,亟应有明确的认识和解决,一些意气或无原则的争辩,亟应停止和纠正。我们相信,如果大家能以自我批评的精神,对群众负责的态度,诚挚而严肃地来进行正面的讨论,这对于文艺思想运动和团结工作上,都是很有意义的。我们在这里不过作为一个开端,而不是总结;我们诚恳地希望文艺界朋友们和读者们能尽量给予我们以意见和指教。在以后各辑中我们将继续展开对这些问题的讨论。

这篇论文，因为主要是着重于思想检讨与自我批评，所以对于文艺运动上的某些成绩和优点，就较少述及。自然，那些成绩和优点仍应为我们所重视的。

（原载1948年3月《大众文艺丛刊》第一辑）

艺术的民族化与现代化的关系

——关于《白毛女》的音乐论争的一点意见

这次《白毛女》在香港演出的成功，不仅使艺术大众化工作在实践上提高了一步，而且从实践中间，挖掘出一些实际的问题，使大众化理论工作，也向前推进了一步。演出以后所引起的关于音乐问题的论争，不仅应为我们所重视，而且应看作是这次演出的珍贵收获之一。

理论与实践相结合的发展，在这一年来香港的文艺运动中是有收获的。过去的高低论辩，方言论辩，和这次音乐问题的论辩，都是从实践出发而提高到理论上的研讨的。许多原则性的问题，在过去大家认为是没有问题了的，但一接触到实践，才知道这中间还存在许多需要解决的问题。这一方面提高了我们对于理论的认识，同时是丰富了理论的内容，而且由于理论不脱离实践，所以这些论辩，尽管争得面红耳赤，大家都能把握着批评与团结的原则，不陷于宗派和人事的纠纷，虽然从深入上说还嫌不足，但是这种严肃与认真的精神和作风，是值得为我们所坚持和发扬的。

这次关于音乐论争的中心问题，简单说来，大概是这样：

一、从《白毛女》这出歌剧，应该以中国乐器为主，抑以西洋乐器为主的问题，发展到了西洋乐器在今天是否可以一般地代替中国乐器的性能的问题。

二、在唱法上，从《白毛女》应该采用土唱法或洋唱法的问题，发展到了发声法有无民族特性，和是否应以西洋唱法来代替中国土唱法的问题。

关于双方的意见，因为篇幅关系，不想在这里引述了，读者可以去参阅五月十四日至六月底的《华商报》副刊，以及同时期中的《华侨日报》音乐副刊。这中间自然是涉及若干音乐上的专门技术问题，需待专家才能解决。笔者既然是门外汉，自无置喙余地，但是一切技术性的问题，决不能离开原则而发展。从这次论争中间，据个人所感到的，症结恐怕仍在对原则问题的认识上有所出入。如果不是在原则认识上取得一致，单从技术问题去争论，恐怕还是不易解决的。

这基本问题是什么呢？我以为主要是艺术的民族化与现代化的关系问题，另一面即是普及与提高的问题。现在且就这一问题，作一个粗浅的探讨，以作为我们研究的前提。

艺术的民族性，或民族形式的创造问题的正确提出，是在世界无产阶级的艺术已经相当发展的阶段。它和资产阶级那种超阶级的“民族主义艺术”，或封建阶级的“国粹艺术”是截然不同的两回事。它是从阶级的观点来认识民族文化的意义的。我们知道，任何艺术都是来自社会生活。在社会生活中间，各阶级都有它一定的阶级意识，艺术就是作为这种阶级意识的形态存在。在这一点上，任何民族的艺术都是有它阶级本质上的一致性。特别是无产阶级，为了要求全世界无产阶级紧密的团结，更要求增强它们艺术意识上的一致性，这就是艺术本质上是有世界内容的理论根据。但是另一方面，各个民族的无产阶级，在他们生活上又是各自依照其民族的习惯、风俗、言语等等而采取不同的方式，艺术既然是来自生活，就不能不是依照这些不同的生活方式而产生不同的表现形式与方法。因此，它们在阶级意识上的一致性，就不能不是通过各民族特有的表现方法与形式而表现出来。不然的话，就会变成脱离生活的苍白教条。所以各自的民族形式就必然是表现其一致的阶级本质的必要条件；而且也只有通过高度地发扬各民族人民艺术的特性，从人民的生活中丰富和创造各民族自己的艺术形式，才能更加强它本质上的一致性。今天，我们之强调民族文化，正是为了促进各民族文化的交互影响而达到国际无产阶级文化的形成，这是无产阶级对于艺术的民族性与国际性的辩证看法，和政治上的民族主义与国际主义的关系是一致的。斯大林在解释这问题时说：

“我们在建设无产阶级文化。这是完全对的。但是社会主义的内容的无产阶级文化，在参加社会主义建设的各个不同的民族中间，依照不同的语言、生活方式等等，而采取各种不同的表现形式和方法，这同样也是对的。内容是无产阶级的，形式是民族的，——这就是社会主义所要达到的全人类的文化。无产阶级文化并不取消民族文化，而是赋予它内容。相反，民族文化也不取消无产阶级的文化，而是赋予它形式。

“如果谈到各民族参加无产阶级文化，那么这种参加一定会采取符合这些民族的语言和生活方式的形式，这一点也几乎用不着怀疑。”

这是无产阶级从政治与阶级的观点上，对于民族文化的光辉的阐释。从这里，我们可以明白，今天一切革命国家的艺术运动上，为什么都要特别强调民族性；例如联共中央最近关于摩拉杰亚的歌剧《伟大的友爱》的批判，就是因为它“没有利用民间的旋律、歌谣、曲调与舞蹈的乐曲的富源。”“片面地热衷于器乐的、交响的、无歌词的音乐的复杂形式，而对于像歌剧，合唱音乐，供小规模的管弦乐队，民间乐器和合唱团所用的通俗音乐这类音乐形式，采取了轻视的态度。”这种不重视民族性的倾向，实质上即是非阶级的倾向，或者说是投降于西欧资产阶级艺术的倾向。

说明这一点，是为了首先确立我们对于民族化问题的基本观点，使我们和国粹主义艺术和资产阶级的民族主义艺术，也和那种无条件接受外来文化的全盘西化主义区别开来，这样才能进一步去理解民族化与现代化的关系。而在这里，我们还要说明的，即使在艺术的形式和方法上，我们虽然肯定了各个民族有它特殊性，但同时必须指出，这种特殊性也还是服从于它形式与方法的一般法则。这就是说，无产阶级的美学观念是有它世界性的，这种世界性也仍是由于阶级意识的一致性而来。例如以音乐来说，乐曲，演奏方法，唱歌的发声法，从其基本科学原理上来说，一切民族的革命阶级的音乐，都应该是相同的，但依据这原理而发展为各民族自己的形式和方法时，却是各有各的特点的。这就是一般与特殊的关系，特殊性服从于一般的法则，但一般的法则决不去代替特殊性。我们承认它的一般性，就是我们与国粹主义者或民族主义者的区别；我们同时也承认它的特殊性，也就是我们与全盘西化论者的区别。所以把中西乐器的性能或中西唱歌的发声方法，完全对立起来，以特殊去拒绝一般，这是我们所反对的；同时，否定它们的民族特性，而认为可以无条件去代替，也是我们所反对的。我们可以相信中西音乐在其具体发展历史过程中，是各有其不同特点，而共同的法则也必然可以找寻出来的。但是无论如何，中国音乐与西洋音乐的形式与方法(包括乐器与唱法)之间的差异，是要比欧洲斯拉夫民族与盎格鲁撒克逊民族之间的差异更大得多的。因此这些问题，在中国也就格外显得突出。这个原因，我以为是首先由于言语的区别太大，其次是民族风俗习惯的差异太大而来。英国一位音乐家柯尔斯博士说："一个民族的音乐的生长和这民族的语言有密切的关系，因为土语用之于诗文之中，所以语言在这民族的音乐里，留下更加确切的'特殊的印迹'。"中国言语中的单音，和它在母音、子音上与西洋言语的巨大差别，我想是构成中西音乐形式与方法的差异的重要条件之一。如果不去研究这些特殊的条件，而仅仅从落后与进步、科学与非科学一点去区别，这会引导到错误结论上去的。

但是中国音乐的落后与缺乏科学理论的情形，毫无疑问是不容否认的。这种落后，基本上是由于生产方法的落后。因此我们今天要求民族化，同时又要求现代化。要现代化，就是说要在进步的科学的原理与法则下，去整理和发展人民中间原来的落后音乐形式，使它趋向于现代音乐的水准，但这种整理与发展，决不能脱离其民族音乐的基础，否则就变成用现代的东西来代替，而不是现代"化"了。这里，我们还得指出，落后并不即等于不美，不够科学化并不等于非科学。英国民歌音乐家威廉姆士根据他的经验说:“事实上……我们已经发现确有不懂理论而会不知不觉地暗合理论的唱民歌者了,我们当真寻着那般不通文墨,不学艺术,僻处穷乡,见闻浅陋的人们,他们做的音乐往往本身很美,并且还蕴藏着伟大的艺术种子。”又说:“事实是这样的:那些合乎科学的讲法,不过是现象的解释,而并不是独断的规律。例如乐调体系,不过是科学家的种种方法的一览表,这是民众唱歌自然而然的方法。”(见所著的《民族音乐论》)所以,如果说一种乐器或一种唱法竟是完全不合科学原理,那它本身必然早被淘汰,它既然能长期地适应于生活而保有或发展起来,能够被千万万劳动人民所欢迎运用,我们就不能贸然断之为非科学,这就要求我们首先深入到民间音乐中间,去熟悉它,研究它,然后才有资格去批判它,整理和发展它,才能谈得上把它现代化。

仅仅从落后与进步或科学与非科学的观点去评价艺术的形式或方法,这是非辩证的,因为它把艺术形式和其他问题孤立开来了,因而容易陷入形式主义的错误。联共在批判摩拉杰亚决议中所指责的,就是那种“在自己的活动中,以‘革新性’和‘最高革命性’而自夸的作曲家”,决议中特别指出“它(音乐)和人民及人民音乐与歌曲创造的深刻与有机联系”的重要。我们知道,落后的形式与方法固然是由于人民物质生活的落后而来,但另一面,我们也要看到,在落后民族人民生活中间,它的艺术与劳动的关系,也往往保持得更密切,这赋予它的艺术以健康的因素,这种因素影响到它形式上,便产生了它表现方法上的特色,这是为什么一些少数民族的舞蹈(如中国边疆民族的舞蹈)和农业社会中的舞蹈(如秧歌),往往得到形式上极高的评价。如果仅从科学与进步的观点来看，它分明是游牧社会或农业社会非常原始和单纯的形式，更谈不上什么科学的理论体系，但是确是美的形式。那正因为它具备了能表现这些健康的劳动生活的特色，只有把这形式再加以科学的整理，才成为优秀的民族形式。反之，那些自命为最科学最现代的什么未来派、现代派的艺术，却被人们所厌弃了。它们的失败，就是由于脱离了人民，陷入于形式主义的泥淖。

其次，不仅形式的产生不能离开人民生活，同样，形式的发展，也必然是适应着人民的生活与文化水准。生活的进步要求艺术形式的变革与发展，这种变革与发展，又反过来丰富了艺术内容的反映和创造，这就是艺术的创造性。如果离开这种互相适应的关系，而片面地从形式上去提高，结果会等于拔苗助长，徒然妨害了艺术的正常发展。代替论者之往往失败，就是因为忽略了形式的产生与人民生活的关系，也忽略了它和人民生活相互适应而发展的关系。

二十多年来，中国新艺术运动就曾经在这些观念上碰了许多壁，在反对封建文化的同时，我们往往也以反对落后与非科学的理由，拒绝了对人民中间原有的艺术的研究和整理，因此在观念上先有着轻视民间艺术的态度。在最初十数年中，民族化问题全然不被我们所注意，这样就产生了全盘欧化的倾向，我们虽然建立起各部门的新艺术，但是在国际上所得到的批评，一般就是缺乏民族的特色。到了大众化成为一个实践课题的时候，民族性问题才正式被提出来，不过也还没有完全挣脱形式主义的观念，因此有所谓“旧瓶装新酒”和“民间形式是民族形式的源泉"等等理论。直到毛泽东的《在延安文艺座谈会上的讲话》出来，才明确地解决了这个问题。

《在延安文艺座谈会上的讲话》中，首先指出"人民生活中本来存在着文学艺术原料的矿藏"，"是一切文学艺术的取之不尽、用之不竭的唯一的源泉"。先肯定了这个，然后指出批判地吸收外国人和古人的艺术，作为我们借鉴的必要。"有这个借鉴和没有这个借鉴是不同的，这里有文野之分，粗细之分，高低之分，快慢之分。所以我们决不可拒绝继承和借鉴古人和外国人，哪怕是封建阶级和资产阶级的东西。但是继承和借鉴决不可以变成替代自己的创造，这是决不能替代的。文学艺术中对于古人和外国人的毫无批判的硬搬和模仿，乃是最没有出息的最害人的文学教条主义和艺术教条主义。"

现在艺术上全欧化的倾向，一般地是纠正过来了。这些原则已为大家所承认。但是，在这次音乐论争中间，也还有一种理论，即所谓音乐民族形式的创造主要是把握民族风格的问题，即是在创作与表现过程中的作曲与演奏手法以及唱歌上的咬字、把握感情等问题，至于乐器和唱法，是属于工具与方法的范围，乐器更是属于物理科学的范围，这些是没有民族性可言的。这种说法，使人感觉似乎把创作过程孤立开来，把乐器和唱法在音乐艺术的各构成部门中孤立开来，而使乐器和唱法这两个构成部门与"人民及人民的音乐与歌曲创造的深刻与有机的联系"隔开了。这是首先要区别的，应该是艺术的表现工具与一般科学工具的不同。把提琴、钢琴与汽车、电灯等来相提并论是没有意义的。后者是服务于人类生活的工具，前者则是作为表现生活意识的工具。乐器是为了表现乐曲才存在，音乐的整个过程是作曲家想象的音，通过乐谱的记录，由乐器或歌喉而表达出来，因此我们没有理由把乐器从这一过程中割裂出来，归到物理科学的范畴(只有当它在制造工匠的手里时，才是属于物理科学的范畴的)。关于乐器的产生，普列汉诺夫这样说。

> 许多伴随生产过程的音响，它本身已经有音乐效果，加之，由于在原始民族，音乐中的主要东西是韵律，所以不难理解，他们无技巧的音乐作品是怎样地由劳动的用具和那对象接触所发出的音响而生成的。即由于增强这些音响，由于把某种复杂化放进这些韵律里去，并且由于使这些一般地适应人的感情的表现，而被完成的。但是，为此必须先把劳动用具变形，于是这就变化为乐器了。(《艺术论》)

乐器的产生与发展既是依据于乐曲的要求，那么如果承认乐曲有它的民族特性，乐器怎么就没有民族特性呢？事实上，即使在一些文化与物质水准达到相当高度的民族中，由于其民族生活条件的差异逐渐减少，而在音乐与乐器的发展通过吸收融化逐渐趋向一致，但是每个民族仍然是保有着它自己的乐器，而特别在民歌的演奏上，这种特性是更被重视的，甚至在一个民族之内，各个地区有各个地区不同的乐器，这都是从乐曲的要求而来。我们很难想象一种进步管弦乐器(如小提琴)可以完全代替中国许多种民族乐器所有的性能(自然局部的是可能的)，单从乐器的构造来说，就有许多不同的特点。具体问题,只有留待专家去说明,但是我们必须指出,在表演民间乐曲的前提下,对于民间乐器的尊重,和从这里去提出改造和发展民间乐器,这态度是应该有的。例如《伟大的友爱》是表演北高加索人民的生活,而作曲家和演奏者恰恰忽略了北高加索最丰富的民间音乐和乐器的作用,这就是他被批评的地方。

自然,这并不是说,西洋乐器不能运用于表现中国人民的歌剧中间,事实上也没有人主张《白毛女》演出中必须排斥全部西洋乐器(这说法显然是错误的),我们应该吸收和运用西洋乐器所有的进步性能来丰富演奏的效果,来克服中国乐器上所不够达到的缺陷。我们也可以说,歌剧发展到《白毛女》那样水准,完全靠中国现在的乐器来表演确实已经不够了,歌剧愈往前发展,这种不够的程度也愈大,这一方面是需要运用西洋乐器来丰富它,补充它,一方面,就是依据科学的乐器原理来改造与提高中国乐器。我们也不是说,像提琴或钢琴一类乐器,在中国音乐中就永远不应占主要的地位,这要决定于听众物质与文化的条件,事实上在都市知识分子的音乐欣赏中,它们已经占了这地位了,除非是国粹主义者,我们决无理由要把它们排斥出去,而且我们还可以相信,将来中国人的物质与文化水准逐渐和世界人民更趋向于同样程度时,即生活方式的特殊性逐渐被克服的时候,这些音乐在中国音乐的地位,必可能逐渐提高。但是现在讨论的前提,是在今天中国,表演以当前农民生活为内容,以劳动人民为对象,像《白毛女》那样,由民间歌曲组合起来的歌,那么,我们必须注意到今天表演这歌剧一切具体特点和条件,和观众的欣赏习惯以及音乐界主观的能力。离开这一切互相关联的条件，而主张以西洋乐器去代替或以它为主，这说法是主观的。

其次，关于唱法问题，我以为应该把发声的原理和根据这原理而来的各种唱法区别开来。发声的原理，是一般的科学法则，只要人类的生理上相同，这原理应该是一致的。但是当它表现为一种具体唱法时，这唱法就不能不和构成音乐与歌唱的其他具体条件取得关联，而在唱法本身中又包括了发声、咬字、表情等等条件，这些条件又是互相关联的。这一切都是像环节一样互相具有联系性，而和民族生活方式的特点结合着，因此中国唱法和西洋唱法（包括发声）的不同，这事实是应该承认的。中国唱法的落后与不够科学化，也应该承认。但构成这不同的一个更重要的因素，我以为应该是民族的语言的差异，这特别在民歌唱片上是更有密切关系的。因为民歌乃是人民情感充溢的语言，把歌词唱得清楚在民歌上是更重要的条件，这就使发声与咬字的关系显得特别重要。在我们说话中间，如果用中国发声法去念英文，一定念得不正确；用英文发声法去念中国话，也一定说不出中国话的味儿。在唱歌上，这情形也是应该相同的。这里涉及专家技术的问题，且留待专家们去解决，但以我粗浅的见解，如果完全用西洋的发声法来唱我们这种以单音乐组成的，母子与音阶又有不同的中国民歌，会妨碍到咬字的正确，这是很自然的结果。这次演出的效果也证明了这一点。

近代资产阶级的歌唱艺术中间，似乎有一种使歌声与歌词的作用分离的趋势，作曲家、听众只着重于美的欣赏而忽略它的歌词的作用，中国的平剧中，也同样有这种情形，但是在人民的歌曲上，歌词与调子是不能拆开的，听懂歌词是唱民歌的必要条件。如果因为迁就发声，而忽略咬字的清楚，这是一种不健康的倾向。重视音乐作品的专门技巧，同时要具有朴素性而又为听众所理解，这不仅在民歌上，即在一切为人民的革命音乐艺术上都应该是这样。

在唱法问题上，我以为中心不应该在洋唱法土唱法之争，而应该是如何运用正确的发声原理（这是人类所共有，而不专是西洋的），研究世界各国在这方面的成就与经验，研究中国各种民歌唱法上的特点，和中国人民生活与欣赏习惯的关系，从这里来整顿提高中国民歌的唱法，机械代替与一成不变都是应该反对的。归结到前面的原则，就是不能仅以从落后与进步、科学与不科学一点来认识，同时还要认明一种艺术方法与民族生活的关系。而且要肯定，艺术的形式与方法在今天是有它的民族性的。

以上就是我对于艺术的民族化与现代化的关系的认识，和联系到这次音乐论争的问题上的一些粗浅意见。这个问题的另一面，也就是普及与提高的问题。所谓普及就是在人民生活与爱好（民族的特性）基础上去扩大艺术的影响；所谓提高，也即是在进步的美学原则下去指导革命艺术的发展（人民艺术的现代化）。在普及的基础上去提高和在提高的指导下去普及，这两句话是“不容截然分开的”，分开来也就使我们在民族化与现代化的关系上得不到完整的概念（最近在两篇文章中，都看到只引用了第二句来作为根据，这实际上是有违原文意旨的）。只有在具备民族化的条件下，才能谈得到现代化，否则现代化就没有根据。具体来说，要谈到今天中国乐器与唱法的提高与发展，就必须先研究，熟悉中国乐器与唱法的特点，以及它“与人民及人民的音乐与歌曲创造的深刻与有机的联系”，不能说：“外国已经有成规可循了，又何必多走弯路呢？有电灯可用了，何必再点煤油灯呢？”普及是十分艰苦的工作，弯路是要走的，只有“一处由普及而提高的经验可以应用于别处，使别处的普及工作与提高工作得到指导”才能“少走许多弯路”；外国的经验，也有指导我们的作用。但都不是硬搬，硬搬就只会起破坏作用。

既然以普及为主，对象与需要的问题，就不能不作为我们主要考虑的问题。为人民服务，这是今天艺术运动一个基本前提，在这个前提之下，就不能单从自己的主观上来讲美不美，科学不科学，更主要还得问群众懂不懂，欢迎不欢迎。自然这不是说要做群众的尾巴，因为我们并不忘记提高，但是提高先要有对象，有原料、有半制品，离开这些，创作便落了空。而同样，我们的讨论由实践的经验提高到理论的高度，这是好的，但也必须使理论归结到实践中去，我以为不应该专门停留在中西问题上去对立，而应该归结到怎样运用《白毛女》演出的经验，使我们的新音乐，无论在内容或形式上都更进一步成为广大人民群众所接受所爱好的民族艺术，这是今天摆在我们前面的一个实际的任务。

（原载1948年7月香港《群众》第2卷第28、29期）

关于批评

一年多以来，香港可以说是从没有文艺批评。到了批评风气一般的展开，特别是高低问题、方言问题和音乐问题那三次热烈的论争，应该说是一年来香港文艺运动珍贵的收获。这三次论争，从深入上说，容或不够，但是大家那种知无不言、言无不尽的精神，那种热烈论争而不妨碍友谊与团结的态度，是给香港文艺批评讨论工作树立了良好的模楷，这在积极方面的成就，是应该首先被肯定的。

但是一件工作的建立和展开，总不免带来若干偏向，这并不足怪，何况文艺批评工作原是一件最不容易的事情。严格地说，作为指导创作的文艺批评是极难得的。试观文学史上，创作家人才辈出，而批评家则寥寥可数，可见批评之难。但是我们也不能等待有杰出的批评家才能有批评。作为一般读者，对于创作或理论问题的相互交换意见，提出观感，以期做到切磋琢磨，互求进步，这在今天是十分必要的。因此，我以为，今天的创作家，对于批评者不必求之过苛，而在从事批评工作者，尤不可俨然以指导者自居，作轻率的指摘。应该采取商讨研究的态度，把批评工作看作是对于作家特别是读者群众在问题的理解上的一种帮助。一种互相观摩的态度，一种自我批评的精神，对于建立创作工作者与批评工作者的良好关系是必须的。尤其是自我批评的精神，对于知识分子是最艰难然而却是最重要的条件。

这一年来的香港文艺批评工作，有它的成就，自然也有它的缺点。我们应该坦白地检讨这些缺点，但是也不必过分把它夸大；主要的倒是找寻出它的根源，而使我们知道如何去克服它，消除它。

例如，于君先生所提出的宗派主义与主观主义的倾向，我以为是值得注意的。宗派主义的情形，我所知道的，似乎并不怎样显著，但主观主义的思想痕迹显然是存在的。这种倾向和土改初期中偏左思想的影响是多少有些关系的。在大变革的情形中，人们往往容易犯性急的毛病。一个原则还没有来得及具体地溶化于实际工作中间，便性急地搬用在批评上，就可能产生批评上的公式主义。有如高尔基所说，“特别是那些批评家，总是非常性急地想制造出这样的‘无可争辩的真理’。而这种性急，在作家的工作上，是非常有害地反映着的。在文学者们的责任重大的工作上，公式主义，独断主义，以及一般地真理之‘家庭工业式’的制造，不可避免地局限并歪曲了活生生的、急速变化着现实的意义。”

性急病所带来的公式主义的批评，和制造的“无可争辩的真理”，很容易造成群众中间一种唯恐不左的心理，这种心理的泛滥又成为滋长主观主义的温床。这种情形，我觉得表现于文字上的尚少。表现在工作，“特别是青年文艺工作”作风上的则较强。于君先生所指摘的“沉重的压力”，我以为或由此而来，但称之为“压力”，易致误解。倒毋宁说，这种主观主义成了一种思想的束缚。这种作风随着纠偏的思想斗争，虽然已经在逐渐克服，但是消除这种思想的根源，仍然应该认为建立健全批评风气的一个主要前提。

不过，这些指摘，却不容我们抹煞在去年批评工作展开中间所获得一些积极的成就。例如，对于文艺的阶级意识明确的提出，对于一些右倾的自由主义与个人主义思想的批判，文艺论争的展开，对于为工农兵的文艺方向的具体指出与转化为实践运动，以及青年文艺运动的扩大等等，这些都应该肯定的。只有在肯定这一面的基础上去指出那一种错误的偏向，才能有公正的评价，而使这种批评成为加强战斗的武器。否则，仅从个人的不满等等因素出发，也未始没有可能，使批评不知不觉流向于自由主义的倾向。这也是值得警觉的。

和上述这种主观主义有联系的，即是批评上一种机械主义的倾向。在方言文学问题、音乐问题、杂文问题的几次讨论中间，多少都可以看出这种痕迹。人们往往从自己一种感觉上或现象上去分析问题，而忽略了对于事物的全部关联性的把握，或是离开了时间空间对象等具体条件，而作抽象的理解，这常常会使问题陷于纠缠不清和变成枝枝节节的讨论。自然，这是一个思想方法的问题，但基本原因，往往还在于我们对于问题缺乏全面的实际研究，缺乏深思熟虑，只看到一面，没有看到另一面。笔者自己反省，觉得这是一种最易犯的毛病。从一点出发而执着于一点，纵然这一点自信是对的，但是因为失去和全面的关联，结果往往得不到正确的结论。我深深感到，在批评以前，如果能多深刻、周密地研究一下，可以节省后来许多笔墨的浪费。全面研究和深思熟虑实在是克服教条主义和经验主义的有效方法。虽然前面说过，对于批评工作者不应要求过苛，但作为一个批评工作者，他应该尽量使自己能够做到这一点。

文艺批评之所以具有积极的战斗作用，我想是表现在它对于原则的教育与说服意义。因此，说服性乃是批评的必要条件，即使是对敌人的批评来说，我们并不企图去说服敌人，但是打击敌人的批评，对于群众仍是有说服作用的。原则是通过具体事实来表现，而批评家的任务则是通过具体事实与问题的科学分析，来达到原则的说明。我们不是强迫别人来接受正确的原则，而是要别人心悦诚服来相信这原则的正确。只有通过批评的说服性，才是真正扩大了原则的教育与宣传，也是真正地扩大和巩固了文艺思想的统一战线，批评与团结的统一契机，我以为即是建立在批评的说服性上的。因此批评工作不仅是在于掌握原则，尤不是倚靠于引经据典，主要是在从作品和问题的具体分析和反复讨论来达到原则教育的目的。虽然说服一个被批评者并不是一件易事，但至少对于群众教育上的效果是显著地可以看到的。在这里，自由的辩论是展开批评的很好方法，在文艺统一战线中，我们应该坚持自己的原则立场。而在大原则之下，我们应该包含各种各色的作品和各种各色不同意见的自由辩论，因为不离开原则的自由辩论，可以促使问题的深入和具体化，这样也就增强了批评的说服性，过去香港三次的论争是证明这种辩论对于思想斗争与统一战线都是有积极的效果的。

因此，无论从克服主观主义和机械主义的倾向来说，戒除性急病和粗枝大叶的态度，发扬实事求是的风气，应该是建立原则性的文艺批评的一个最重要条件，在今天香港文艺运动中，强调这一点，我以为是特别重要的。

（原载1948年8月8日香港《华商报》）

论马恩的文艺批评

一　前　言

马克思与恩格斯对于文学的见解，主要是显示在那为数不多而非常珍贵的一些通信、批评论文和断片里。虽然关于艺术以及一般意识形态的基本理论，在他主要的哲学、历史著作中几乎都涉及到了。

这些论文、信札或断片，大都已经收集在苏联共产主义学院文艺研究所所编的《科学的艺术论》[①]中。这中间，比较为我们所熟知的如恩格斯给哈克纳斯的信，马恩二人给拉萨尔的信，恩格斯给明娜·考茨基的信，恩格斯论歌德反对格律恩的批评，恩格斯给海伦斯特的信，及对海伦斯特的批评，恩格斯对亚历山大·荣克及青年德意志派的批评，对于乔琪·威尔特的批评，以及马克思关于莎士比亚、海涅、席勒、巴尔扎克等

① 《科学的艺术论》有楼适夷译的中译本。这里所根据的，除了楼译本以外，并根据瞿秋白的《海上述林》、欧阳凡海译的《科学的文学论》，以及美国国际出版局的《Literature and Art》，参证各译本而引用的。

的断片。这些论文与断片，不仅给无产阶级的美学和现实主义的文艺，奠定了巩固的基础，而且也在文艺批评的方法上、思想斗争与统一战线关系上，给我们建立了宝贵的规范。学习这些方法，对于建立严谨的文艺批评工作是件重要的事情。

本文的目的，即是想从那些批评论文、通信和断片中间，提出下列各个问题，作一个初步的研究。

二　马恩文艺批评的出发点

从上述的那些论文中间，我们首先看到的，即是马克思、恩格斯对于任何作品——不管是同志的、同路人的或古代的作品——总先从这一点入手，即是客观地去考察一件作品中间所反映的社会阶级关系，是否符合于历史现实；或是它所达到的某种正确程度。恩格斯在给明娜·考茨基的信中说："在我看来，一部具有社会主义倾向的小说，如果它能真实地描写现实的关系，打破对于这些关系的性质的传统的幻想，粉碎资产阶级世界的乐观的主义，引起对于现存秩序的永久的怀疑，……这部小说也是完全完成了自己的使命的。"同样，马克思在《论英国现实主义作家》中，也指出了这些作品的功绩，主要即是"比所有职业政客、政论家和道德家合在一起所揭示的更具有政治和社会的真实情况的世界。"暴露现实的真实关系，这是马恩对于作品的一个基本要求，这也是现实主义的基本要求。马克思、恩格斯从来不像一些繁琐庸俗的批评者，不得要领地从一些枝节问题上，或是先从作家的观念上去入手，他们总是先把握这基本的一环，然后去剖析作品和作家的思想。瞿秋白在《恩格斯与文学上的机械论》中说："恩格斯研究问题的方法，的确是唯物论的辩证法的模范：必须发露一切历史现象，社会现象和文艺现象的具体的特性，这些特性是一定的阶级在一定的社会经济发展的过程之中所形成的，这里，要注意现实的许多阶级之间的阶级力量的对比。"[①]这里所谓"特性"，即是所谓"典型环境"的特征；而同时我们也可以看到，这种"暴露真实关系"的要求，也并不是像普列汉诺夫所说那样"单是分析就可以满意了"[②]，而是把这种"暴露"，看作是"粉碎资产阶级世界的乐观主义，引起对于现存秩序的永久的怀疑"的一种战斗。把文艺批评作为无产阶级斗争的武器和这种斗争的一个组成部分，在世界文学史上是从马克思、恩格斯开始的。

资产阶级的文艺批评，一般总是从作家主观的思想情感出发，马恩的批评则从客观现实关系的反映上出发。马恩的这种批评方法，是根据于他们那科学的唯物史观的学说。文艺是作为阶级的意识形态而存在。在文艺作品中所描写的事物现象，本质上都是社会和阶级关系的反映，这种反映有正确的，有歪曲的，有深刻的，有表面的，所以要正确去了解它和评价它，不能不从它所反映的本质关系上去究明。作品所反映的现实愈正确愈深刻，也就愈显示出历史的真实法则。适应于历史发展的法则（阶级斗争的法则）而去推动现实前进，这

---

① 见《海上述林》。

② 普列汉诺夫在《法国战前文学与法国图画》中说："我们不应说艺术应当怎么样，从我们观点看起来，单是分析就可以满意了……"。

是革命者所要求的。所以现实性愈强的作品，也一定具有更大的革命功利性。批评家的任务，不仅在于鉴赏和解释作者的主题，更主要的是在发掘作家所表现的事物中的本质关系，从这里去评价它的现实意义。这种关系，不仅在读者不易一下看出来，甚至连作者自己常常是不自觉地表现出来的。批评家是从科学的说明上去帮助作者和读者的理解，使作品内容达到更高的阐明。例如马克思从莎士比亚作品中去看出货币的本质意义，[①]这在莎士比亚自己也许没有这样透彻的理解的，而经过马克思阐明，便更显示出了莎士比亚作品的重大意义。在这种意义上，文艺批评事实上也是一种创作，它甚至是在比创作更高的地位。

从马恩的每篇批评中间，我们都可以看到这种例子：在批评哈克纳斯的《城市姑娘》中间，恩格斯批评的中心就是在指出她所描写的伦敦东头工人生活，和八十年代的英国劳动运动的现实状况并不相符。“在《城市姑娘》里，工人阶级显得是消极的群众，不能够帮助自己，甚至丝毫不想尽力帮助自己。想从使人愚昧的贫困下摆脱出来的一切企图都是从外面、从上面来的。但是，如果说，在一八〇〇年乃至一八一〇年，即圣西门和欧文的时代，这是正确的描写，那么，在一八八七年，一个人已经获得了参加五十年光景的战斗的无产阶级斗争的荣誉，而且一直被‘解放工人阶级应当是工人阶级本身的事业’这个原则指导着的时候，这样的描写就不是正确的了。”哈克纳斯纵然在描写伦敦东头工人生活上，达到了“详细情节上

① 见马克思：《哲学经济手稿》。

的真实”，但是忽略了当时英国劳动运动的特征，因此也就歪曲了劳动运动的原则，所以“这篇小说还不是充分地现实主义的”。

在马克思和恩格斯对拉萨尔（他是他们的同志）的《弗朗茨·封·西金根》剧本的批评中，两个人都同样地把中心放在农民运动和当时贵族的民族运动的关系上。恩格斯说：“我觉得，您忽略了农民运动，因而就把贵族的国民运动表现的不正确，同时，您就看不出济金根的命运中的真正悲剧的因素。而农民（特别是这些人）和城市革命分子的代表倒应当成为十分重要的积极的背景。这样，你才能在更大得多的程度上把最现代的思想表现在最素朴的形式中，可是现在除了宗教的自由，事实上国民的统一还是你主要的思想。”两个人的着眼点，可以说是不谋而合的，这也就看出他们是怎样正确地运用唯物辩证方法，而得到一致的结论。在论及巴尔扎克的时候，马克思和恩格斯给予他极高的评价，也正是因为他“给我们一部最好的法国‘社会’的现实主义历史”。“他描写贵妇人——她们的外遇不过是维护自己的一种方法，而且是完全适合于她们在婚姻中被给予的地位的一种方法——怎样让位给那些为着金钱或衣饰而嫁人的资产阶级妇女，在这个中心图画的四周，他安置了法国社会的全部历史，从这个历史里，甚至在经济的细节上（例如法国大革命后不动产和私有财产的重新分配），我所学到的东西也比从当时所有专门历史家、经济学家和统计学家的全部著作合拢起来所学到的还要多。”（恩格斯）“巴尔扎克，在他最后的一篇小说《农民》中精确地描写了小农为了保持高利贷者的厚意，怎样不要报酬地为他做各种各样的工作，而且他认为并没有向高利贷者孝敬什么东西，因为他自己的劳动对于他自己是不需要任何现金支出的。”（马克思）这绝不像有些人所说过的，是由于马恩对于经济学上的兴味，[①]而是他们对于艺术上现实主义最正确的见解。这里还看出马恩对巴尔扎克的评价比自然主义的左拉高得多；因为后者只是真实情节的描写，而从巴尔扎克这种“真实关系”的暴露中，则明确地见到“他看出了他所心爱的贵族必然没落，而描写了他们不配有更好的命运，他看出了仅仅能找得着的将来的真正人物”。恩格斯就是从这个阶级斗争关系的观点上，肯定了这是巴尔扎克现实主义的伟大胜利之一。

此外，如恩格斯的论易卜生，是从当时挪威的阶级关系形势来肯定易卜生戏剧的意义；马克思的论莎士比亚，特别重视他对于金钱关系本质的深刻洞悉。这些例子都是说明辩证唯物主义的文艺批评的特点，它总是从阶级观点，对革命利益观点去处理作品，而把原则结合于现实与作品分析之中。并不像现时一些资产阶级或小资产阶级的文艺批评家，总是喜欢从“人生”的观点去看作品，把“对于人生的提高”看作是唯一的标准。后来列宁的文艺批评也是与此一致的。并且从这个特点，我们还可以看到毛泽东关于文艺批评上政治标准第一的说法，和马恩的批评观点基本上是一致的。考察作品中间社会关系表现的正确，和由此而来的“打破对于这些关系的性质的传统的幻想，粉碎资产阶级世界的乐观主义”，以暴露统治阶级的丑恶与革命力量的对比，这些都是属于政治意义的。

---

① 这是梅林格的意见。

这和毛泽东所说“鼓励同心同德的，反对倒退、促成进步的东西，便都是好的”，“鼓励群众离心离德的，反对进步、拉着人们倒退的东西，便都是坏的”，意义是一贯的。因为符合于历史现实和发展法则的，一定就是进步的东西，反之，就是倒退的东西。

三 “席勒化”与“莎士比亚化”的意义

其次，让我们来考察一下为大家所熟知的，马克思与恩格斯所谓“席勒化”与“莎士比亚化”的意义吧。瞿秋白曾经说：“这在马克思和恩格斯，是有原则上的意义的。这就是鼓励现实主义，而反对浅薄的浪漫主义——反对‘主观主义唯心论的文学’。”①

“席勒化”——所谓“把个人作为时代精神的单纯传声筒”——也有人把它解释为一种教条公式主义，其实并不尽然，虽然“席勒化”的发展也可能通向教条主义。教条公式主义多半是从机械唯物论而来，有如恩格斯对于海伦斯特所批评的才是。这种机械论的实质固然也可以说是唯心的，但是和席勒的唯心主义并不是一回事。所以恩格斯并不把二者混为一谈。事实上，从席勒的诗中，我们也感觉不到教条主义的气味，而是他自己晚年主观精神的一种反映。恩格斯也称赞过年青时代的席勒，说“席勒写了《强盗》一书，他在这本书中

---

① 瞿秋白：《马克思与恩格斯与文学上的现实主义》——见《海上述林》。

歌颂一个向社会公开宣战的豪侠的青年”。[①] 所以说，席勒是有政治倾向性的。但是这种反抗，如果仅是凭借于他那种主观的愤激精神，不是从社会斗争实践出发，是不能持久的。席勒和歌德一样到晚年都失败了。席勒这种反抗，晚年发展到了只是向主观伦理观念去找出路，把一些抽象的观念、人格的力量、战斗的勇敢等，看作是时代斗争的精神。而通过他的作品来表达他这种主观精神。席勒自然是强调斗争的，但是“对于席勒，所谓斗争只不过是‘世界史上的人物’之间的热闹决斗，这些‘世界史上的人物’仿佛代表着历史的力量，他们之间的决斗就代表着历史的冲突，那算是决定一切的动力，那算是社会发展的要素”。[②] 这就是所谓把个人作为“时代精神的单纯传声筒”的意思。马克思主义文艺是要求从客观实践出发的，席勒主义却是从作者主观的要求出发。拉萨尔处理西金根这个人物，多少是犯了这个毛病，所以马恩都拿这一点向他批评。我们中间也常常有这种倾向，即是把作品中人物作为作家自己主观精神的化身，把作家的主观精神不适当地放在人物的身上去，把自己知识分子的精神装在工人的身上，或是像曾经被毛泽东所批评过的，从超阶级的爱和人性论出发的倾向，都可以说是属于同一型的创作方法。

席勒是十九世纪初死去的。在十九世纪中叶，这种“席勒化”的创作倾向，在德国被表现为多种样式。由于反对政治的腐败，“这些政治的反对要素与德意志哲学的不消化的大学风

① 恩格斯：《歌德与席勒时代的德国》（楼译《科学的艺术论》，第 55 页）。

② 瞿秋白：《海上述林》，第 6 页。

思想，法兰西的社会主义，其中圣·西蒙主义的曲解的总和混乱着，风靡了一八三〇年后德国的思想混乱。”[①]在这种空想的、主观主义的思想支配之下，正如马恩对于空想的社会主义的浪漫主义所批评的，“他们不得不出现了个人所考察的活动，代替了社会的活动，出现了空想的条件去代替解放的历史条件，出现了从头脑所考察的社会组织，代替无产阶级逐渐进行的阶级组织。”[②]这种思想反映在文学上，便是主观的唯心主义文学。

所谓“莎士比亚化”，根据马克思恩格斯的解释，应该是如实地表现事物的本质关系，以及在性格表现上的多样性丰富性，这是唯物论者所要求的。马克思在《资本论》中再三提到莎士比亚时，就指出莎士比亚“如实地叙述着货币的本质”。他以为在洞悉这种本质关系上，莎士比亚“比我们小布尔乔亚理论家知道的更多”，而在给拉萨尔的信中，马克思又在指出拉萨尔应该去表现农民与民族运动的关系之后，劝他应该更“莎士比亚化”一点，这意思也是很明显的。恩格斯给拉萨尔的信中，指出一个成功的艺术品应该具有伟大的理智的深度、历史的内容以及莎士比亚式的活泼和动作的丰富性，这是指莎士比亚对于人物性格的处理上的丰富与生动性。马克思和恩格斯的意思，归纳起来也就是恩格斯在给哈克纳斯信中所说的“典型环境中的典型性格”的意思。一个作家只有对客观现实能够从本质关系上去把握它的典型特征时，才能创造出

① 楼译《科学的艺术论》，第 97 页。
② 同上，第 75 页。

具有典型意义的丰富而生动的人物性格。在莎士比亚的无论喜剧和悲剧中间,我们可以看到他不是像自然主义作家去重视表面现象的细节,而总是从他的人物性格与抒情或讽刺的诗句中间暴露社会的真实。像我们熟知的哈姆雷特、李尔王等,显然是从这些典型性格上反映出一种历史与阶级的本质矛盾。莎士比亚当然不是阶级论或唯物主义者,而且还曾经被一些文学史批评是个庸俗市侩式的人,他却是深刻地熟悉他这个社会,由于这,才使他认识到许多社会事物的真实关系,因而帮助他创造出那丰富而活泼的典型性格。这一点是可以肯定的。而这一点也即是马恩之对于当时现实主义作家所要求的,这是为什么马恩对于莎士比亚予以这样崇高的评价,他们对于巴尔扎克的称赞,也是出于同一理由的。

马克思、恩格斯不仅反对创作上那种主观的唯心主义,而且痛恶那种主观唯心主义的批评。恩格斯的批评格律恩(Grin)之论歌德,即是一个明显的例子。这是恩格斯一篇最长而最锐利的批评。格律恩是所谓"从人的观点上"去认识歌德,他把歌德认为是什么"完全的人",是"人类的国民","人类的诗人"。"在歌德,一切都是人的";"歌德在今天——即他的著作——是真正的人类的法典",是"人类社会的理想","歌德不能成为国民诗人,因为他背负人类诗人的使命",说歌德是期望着"从内在解放人类"。他凭着主观去驰骋,反复地强调着"人的本质"、"人的内容"、"人的概念"等玄秘而怪诞的不可捉摸的抽象名词,去震骇着小市民的读者。这是恩格斯所痛恶的。他用非常锐利的态度,斥责格律恩的所谓"人",并不是男人和女人所生的,自然的,朝气蓬勃的、有血有肉的人,不是在更高意义上的人，是辩证的人，是提炼了圣父、圣子、圣灵的坩埚中的Caput Mortunm[①]，……总之，不是歌德所说的人，而是格律恩先生所说的“人”。

格律恩所谓“从内在解放人类”，正是主观唯心主义者最得意的观念，这是取消了阶级斗争的反动思想。恩格斯斥责他说：“这个纯粹德国的解放却仍然是一场空”。恩格斯从分析歌德的一切主要作品中来驳斥了格律恩荒谬的观点，从德国当时的阶级关系与政治形势上来说明歌德的两重人格和其矛盾的发展，从实际上来肯定他的进步性，也批判了他的退却、懦怯与庸俗。他最后用这样一句话来归结，这句话是值得我们注意的：

“事实上，歌德对社会的批判——经过格律恩先生的媒介——归结到什么呢？‘人’认为必须归罪于社会的是什么呢？第一，是社会不符合于他的幻想。但是这些幻想恰好是那些喜欢空想的小市民的幻想，特别是年轻的小市民的幻想，要是小市民的现实不符合于这些幻想，那只是由于幻想不过是幻想而已。但是这些幻想本身却更加符合小市民的现实。这些幻想之与现实不同，正如某一情况在幻想中的表现之与这个情况不同，因而也就谈不上它们之变为现实了。格律恩先生对‘维特’的解释，就是这方面的一个令人信服的例子。

第二，‘人’的攻击是针对着一切威胁着德国小市民制度的东西的。他对革命的攻击是小市民的攻击。在他对七月革

---

① 原意是“骷髅”；转意是：无用的残渣、经过加高热、化学反应等等之后所剩的废物。

命、对自由主义、对保护关税的憎恨中，鲜明地显示被压制的、守旧的小市民对独立的、进步的资产阶级的憎恨。”

这里是说明这种主观唯心主义批评的反动实质。

从恩格斯对于这种主观唯心主义的批评的驳斥，也使我们想到了毛泽东对于那些“人性论”的驳斥。所谓“人性论”也就是从人的观点上去看文艺，格律恩说：“歌德的处女作是纯社会性（即人性的），……歌德尊重身边的微细的有兴味的事。”恩格斯斥责他说：“‘人性’穿上了安乐生活者的外套，暴露了自己是一个真正的小市民。”

四 关于“性格化”

文艺批评固然首先从政治标准上来考察，即是从真实关系的反映这一点来考察，但是这种真实关系必须是通过具体的人物性格表现，所以性格化是艺术上一个重要的问题，所谓艺术标准也是在这一点上和政治标准取得统一。

马恩对于性格化的基本观念，就是表现在恩格斯“典型环境中的典型性格”那句名言上，这是为我们所熟悉的。现在我们再进而研究一下他们对于这问题的具体解释。

希尔莱尔在他的《马克思与世界文学》中，认为“个性化”与“性格的要求”是从布尔乔亚的解放产生的。布尔乔亚要求个人自由、个性解放，所以个性化或性格化的问题，便被提到创作的重要地位上来，但是，“事实上在布尔乔亚社会中，自由是虚构的”，所以个性化或性格化的命题，在布尔乔亚文艺上，便被个人主义地去理解，因此恩格斯在给拉萨尔的信中说，

“您完全正确地反对了现今流行的糟糕的个性化，它只是一种自作聪明，而且是垂死的末流文学的一个本质的标记。”这里所谓糟糕的个性化，就是那种没有意义的，单纯从技巧出发的“形象化”理论。然而马克思和恩格斯却是非常重视性格的问题。马克思曾经斥责那种对革命领导者的描写，被表现为官场人物，脚穿高底靴，头上环绕着光轮。在这些神化的拉斐尔式的肖像中，描绘的全部真实性都消失了。同时，去掉“用来装饰自己的长靴和光轮；它们深入这些先生们的私生活，向我们表明他们穿着便服，同他们所有的各种各样的侍从在一起。但这并不是说，这两部作品同人物和事件的真实的忠实描写就相距得较小些。”[1]恩格斯在给明娜·考茨基的信中，也不仅批评了她把亚诺尔特这个人物“溶解在原则中”是种公式的错误，并且也指摘另一个叫叶尔沙的人物虽然“保有特定个性的特征”，但却是“多少理想化了的”。

在恩格斯给拉萨尔的信中，还这样写着：“主要的人物事实上代表了一定的阶级和倾向，因而也代表了当时一定的思想。他们行动的动机不是从琐碎的个人欲望里，而是从那把他们浮在上面的历史潮流里汲取来的。”

这和现时一些主张从日常平凡琐屑生活中去发现伟大性格，从一粒沙中去看世界的理论，是多么不相同呵。

从这些话里，我们可以看出马恩之所谓“性格化”和庸俗的艺术家从技巧上所理解的“形象化”，和想从个人琐屑欲望里去追求伟大性格的理论，是并无共同之处的。马恩所要求

① 见《科学的艺术论》，第75页。

的性格化，即是在诸种环境之下的诸种性格，“每个人是典型，然而同时又是明确的个性，正如黑格尔老人所说的‘这一个’。”(《给明娜·考茨基的信》)也就是说，性格必须是具有社会意义的，典型意义的，不是为性格而描写性格，而是为了要把一种社会特征通过性格而表现出来，这就是所谓“被典型化了的个性”与“被个性化了的典型”。马恩对巴尔扎克和莎士比亚的创作方法上评价最高的，是这一点。他对于哈克纳斯与明娜·考茨基所规劝的，也就是这一点。

在给拉萨尔的信中，恩格斯在性格化一点上，并且特别指出：“人和性格不仅表现在他做的什么，而且表现在他怎样做。”这就是说，性格的描写不仅是为了表现这个人的个性，而且是写出“围绕着他的典型环境”是怎样在驱使他行动。只有这样的描写，才能使我们不仅知道什么样的生活，而且知道生活的背后是什么，使我们从人物性格中去认识社会的本质和其发展。哈克纳斯的《城市姑娘》只是写出工人的生活状况，拉萨尔的《西金根》却是把人物写得近乎理想化而因此和现实关系脱离，所以马恩特别在这里跟他们指出了性格化正确的解释。

所以，我们可以看到，马恩对于性格化的见解，首先是和把个性溶解于原则中的公式主义方法，其次和理想主义的性格描写的方法，最后和自然主义的性格描写方法区别开来，而提出“典型环境中的典型性格”这一个现实主义的正确方法。

五 “倾向性”的问题

所谓“倾向性”的问题，即是文艺作品是否应表现政治倾向的问题，实际上是并不存在的。无产阶级文艺理论的奠基人，首先是从唯物主义与阶级斗争的学说上去奠立这个理论的。从马恩开始，文艺才被看作是一种阶级的思想斗争的武器，有什么理由使人们去想象他们会反对文艺的政治倾向性呢？而且恩格斯在给明娜·考茨基的信中分明地说了：“我决不是这种倾向诗的反对者，悲剧之父埃斯库罗斯和喜剧之父阿里斯托芬都是这种强烈的倾向的诗人，但丁和塞万提斯也是如此；而席勒的《阴谋与爱情》的主要价值就在于它是第一部德国的政治的倾向戏剧。现代俄国和挪威的写了最优秀的小说的作家们，也都是有倾向性的。”

但是问题是怎样发生的呢？因为恩格斯在给哈克纳斯的信中说过这样的话：“我决不挑剔您没有写出一部纯粹社会主义的小说，一部像我们德国人所谓的‘倾向小说’，在它里面一定要表扬作者的社会思想和政治思想。我完全不是这样的意思。”于是有些人，就以此为据，来解释作品中并不需要具现倾向性，作家不应该在作品中宣布政治思想与社会思想，以为作家是要忠实地去描写客观现实就够了，倾向性的说法是要破坏创作情绪的。但是在这里，我们要请那样说法的先生们，首先要理解所谓“像我们德国人所说的‘倾向小说’”究竟是些怎样的小说呢？让我们看一看马恩在《德国的革命与反革命》中所说的话：

“德意志的文学上，蒙受了因一八三〇年的事变陷全欧于政治激动的影响。几乎当时的一切作家，都宣传一种生硬的立宪主义或一种粗野的共和主义。这渐渐养成一种风气，特别是二三流的作家们，一定用引人注目的政治讽刺，以弥补自己作品的粗糙。诗歌、小说、批评、戏剧，一切文艺作品，都充斥着所谓‘倾向’，即多少带点反政府色彩的怯弱的表现。这些政治的反对要素与德意志哲学的不消化的社会主义，其中圣·西蒙主义的曲解的总和混乱着，风靡了一八三〇年后德国的思想混乱，便愈益狂暴了。”

这样的空想的社会主义“倾向性”，实际上是一种非常错误或甚至是反动的“倾向性”，这种所谓“倾向性”必然是和一种幻想和机械主义结合着的，前者即是马恩在《共产党宣言》所批判的，所谓“……用小资产阶级及小农的尺度，及以小资产阶级的见地保卫工人的事业是当然的，于是形成小资产阶级式的社会主义。圣·西蒙……也是此种学派的首领”，后者即是像恩格斯在给海伦斯特的信中所指出的那种机械主义的倾向。“海伦斯特以及其他青年反对派的领袖，这些小资产阶级的半无政府主义者，的确是些反无产阶级意识的代表，他们表面上说些极左的空谈，实际上只是在发挥自己的个人主义，以及资产阶级性的自由主义。”[①]

把恩格斯对于这些错误的空想的“倾向性”的反对，误解为他对于正确的革命政治倾向的排斥，这是多么的可笑呢。

恩格斯确是反对公式主义地表现倾向性，因为这是不能

---

① 瞿秋白：《恩格斯和文学上的机械论》。

达到教育的作用的。在给明娜·考茨基的信中他这样说:“但是我认为倾向应当是不要特别地说出,而要让它自己从场面和情节中流露出来,同时作家不必把他所描写的社会冲突的将来历史上的解决硬塞给读者。”这和他“典型环境中的典型性格”的说法是完全一贯的。这种“特别说出”和“硬塞”的倾向性,决不会是现实主义的,在政治上也是没有力量的。这和毛泽东所说“缺乏艺术性的艺术品,无论政治上怎样进步,也是没有力量的。因此,我们既反对政治观点错误的艺术品,也反对只有正确的政治观点而没有艺术力量的所谓‘标语口号式’的倾向”,是完全同一意义的。当然谁也不会引毛泽东这些话,而解释为对于政治倾向性的排斥。

而且恩格斯接着还说明,“在我们的环境中,小说主要地是供给资产阶级圈子的读者,即不直接属于我们的人,因此,在我看来,一部具有社会主义倾向的小说,如果它能忠实地描写现实的关系,打破对于这些关系的性质的传统的幻想,粉碎资产阶级世界的乐观主义,引起对于现存秩序的永久性的怀疑,那么,纵然作者没有提供任何明确的解决,甚至没有明显地站在哪一边,这部小说也是完全完成了自己的使命的。”这说明,是在当时文艺还不能直接为无产阶级读者所欣赏的时候的一种情形,然而所谓“怀疑”,“粉碎资产阶级世界乐观的主义”等等,显然即是一种倾向,不过在那种情形下,即使作者不公开地把立场写出来,也可以的。如果在无产阶级已经建立起它自己的文艺,而且以这文艺作为无产阶级斗争的直接武器的时候,仍然死板地去解释或甚至曲解这句话的意思,显然是和恩格斯的原意相背离的。

事实上，恩格斯曾经猛烈地斥责那些没有倾向性的作品而鼓励着真正能表现倾向的作品，例如他批评青年德意志派的劳贝和居纳说："留有光荣记忆的青年文学的'倾向性'，好久以来已被他忘掉了，这两个人完全追踪着空虚而抽象的文学趣味。"他高度评价乔琪·威尔特的诗，就因为他"是德国无产阶级最初的最鲜明的诗人"，"因为他那些社会主义的政治诗，在创造性、机智、特别在感觉力是驾凌法拉里希拉特的。"从上面所述，我们可以看到，恩格斯所反对的，是那种反动的政治倾向性，是那种机械主义的"硬塞"的倾向性，而他要求的则是"从场面和情节中流露出来"的倾向性，而且特别强调着这种倾向性。恩格斯是从政治与艺术的统一观点上去进行他的批评的，这和毛泽东所要求的"政治与艺术的统一"是同一意义。他之所以要对明娜·考茨基说那一段话，就因为她犯了一个毛病，即她把亚诺尔特这个人物的性格在原则中融解了。因此他用这段话解释这是"她缺点的根源"。

六　作家的世界观与创作

和"倾向性"的问题有关，而在批评上作为更重要问题的，是作家的世界观与其作品的现实主义内容的关系问题。这个问题是经常被人们所讨论着的。在几年以前，苏联的"潮流派"卢卡契、里夫西兹、凯曼诺夫等曾经在这问题上引起一种混乱的见解，后来是澄清了，但是这种见解，在我们中国文艺界中也是可能产生影响的。

"潮流派"关于这一问题的见解的材料没有被译过来，只能从批判"潮流派"的文章里(一九四〇年《中苏文化》的十月革命纪念特刊号和一九四一年的文艺特刊号上刊载的,以及顾尔希坦的《论文学中的人民性》)看到所引证的材料。根据这些材料,"潮流派"的见解是这样的:世界观和创作上的现实主义是可以对立的,甚至"反动的保守的世界观,是创作优秀的艺术作品的有利基础"。

例如卢卡契在《现实主义史》中指出,斯汤达的世界观是比巴尔扎克的世界观"更明了和更进步"的,然而"巴尔扎克,虽然他的世界观是虚伪的,反动绝顶的,但是他比他的更明了和更进步的思想上劲敌更完全和更深刻地反映了一七七九至一八四八年的时代"。他论到托尔斯泰时,又说"托尔斯泰的现实主义力量,他的艺术的动情和深刻,他的小说的雄壮力量,是由于他的幻想,他的反动的思想所产生的"。然而在一九三九年的《文学遗产》杂志上,卢卡契又写着:"托尔斯泰所描写的社会生活的画面,比巴尔扎克和斯汤达所描写的更死板,更无人性,更机械。这种见解,是导源于给托尔斯泰以艺术力量的同一泉源:托尔斯泰用被剥削的农民的眼光来观察社会。"这即是说,托尔斯泰作品优秀之处是由于他反动的思想,而他作品的缺点则恰是由于"用被剥削的农民"的观点。

"潮流派"所找到马恩批评中的唯一"证据",就是恩格斯给哈克纳斯信中所说的,"巴尔扎克于是不得不违反他自己的阶级同情和政治偏见,他看出了他所心爱的贵族必然没落而描写了他们不配有更好的命运,他看出了仅能在当时找得着的将来的真正人物,——这一切我认为是现实主义最伟大的胜利之一,巴尔扎克老人最伟大的特点之一。"这句话,于是卢卡契解释说:“巴尔扎克是由于落后的‘世界观’,所以成为伟大的艺术家。”而且根据于这样的论点,另一个“潮流派”批评家格里布就说了:“在十九世纪的古典文学中,我们发现有许多伟大作家具有保守的或反动的世界观——如歌德、巴尔扎克、托尔斯泰……为什么当时歌德、巴尔扎克、托尔斯泰会成为伟大的艺术家呢?”

“潮流派”的这些理论最初是由于他们反对教条主义、自由主义而产生出来的,他们反对教条公式和自然主义,结果却连马恩的阶级论也放弃掉了,忘掉了阶级性的概念,也忘掉了阶级内容和马克思主义的方法,于是他们陷入到非唯物论的泥沼中间去了。

要正确地去理解作家的世界观与创作的关系,仍然应该先回到马恩的唯物论观点上来。

“存在决定意识”这是唯物论的一个基本原则,但这却不是像波格达诺夫那样把阶级意识看成那么一种机械的东西。特别是在社会变革猛烈的时代(如歌德、巴尔扎克、托尔斯泰等所处的时代),艺术家意识的内在矛盾是非常剧烈的。从这种矛盾之间,我们才能看到一个作家世界观本身的矛盾和创作本身的矛盾;这种矛盾,却不是绝对的矛盾,而是复杂的矛盾的统一。

关于这种矛盾,我们最好以恩格斯对于歌德的批评来作说明。恩格斯在论歌德(《诗歌与散文中的德国社会主义》)中说:

“当然,关于歌德本人,我们在这里不能详细地讲述,我们只是注意一点。——歌德在自己的著作中是以双重的态度对待他当时的德国社会的。有时候他是对它敌视的;他厌恶它,而且像在《埃芙姬尼亚》里面以及在意大利旅行的整个时期,他企图从那里跑开;他像葛兹、普罗米修斯、浮士德一样地反对它,投之以靡斐斯多费里斯的辛辣的嘲笑。有时候,恰恰相反,像在他大多数的'温和的讽刺诗'诗集里大多数诗篇中和许多散文作品中,他是和它亲善的,是'迁就'它的,他像在《化装跳舞会》里面那样称赞它,特别在他论到法国革命的一切著作中,他甚至保护它不受历史运动的冲击。问题不仅仅在于:歌德只承认德国生活中与他所敌视的某些方面对立着的另一些方面。……歌德有时候是非常伟大的,有时候是渺小的;他有时候是反抗的、嘲笑的、蔑视世界的天才,有时候是谨小慎微的、事事知足的、胸襟狭隘的小市民。甚至歌德也不能够战胜德国的俗气;恰恰相反,俗气却战胜了歌德,……"

歌德这种矛盾的社会原因,恩格斯在《德意志意识形态》中也解释了(《歌德与席勒时代的德国》——《科学的艺术论》)。对于世界社会的这两种矛盾看法,也反映在他创作中,因此歌德作品中有现实的东西,也有非现实的东西(恩格斯举了他的《埃芙姬尼亚》和《化装跳舞会》的例子),而即在《浮士德》中间,我们也显然可以看出这种深刻的矛盾。这就是说,使歌德作品具有现实主义的力量的因素是他进步的反抗的意识与观点,而使他具有那种庸俗主义的精神之处,正是他那种退却的妥协的意识与观点。只有像格律恩那种唯心论的批评家,才相反地去评价它,而"潮流派"的里夫西兹也因为要证明歌德的世界观是全部反动的,因此也就把恩格斯对于歌德的肯定的部分完全抹杀了。

马克思和恩格斯从来没有离开具体情况，机械地去把一个作家世界观作为一种不变的整体来判断它的反动或进步，他们总是从阶级的分析中，从具体作品的研究中来予以公正的评价。即如关于巴尔扎克，恩格斯分明是说他“违反他自己的阶级同情和政治偏见”，“他看出了他心爱的贵族必然没落”等等，固然他是同情那要灭亡的阶级，但是当他写出他所深深同情的贵族男女时，“他的讽刺是再没有更尖刻的了”，而他所赞叹的人物，却正是“他的最厉害的敌人——圣玛丽修道院的共和主义的英雄们”。这里不是显示着巴尔扎克在内在意识中，在他对历史与世界的观点中存在着一种微妙的矛盾吗？而这种矛盾的斗争结果、表现在创作上，使他“不得不违反他自己的阶级同情和政治偏见”，这是使他创作出现实主义的作品的因素，自然在另一方面，我们还不得不指出巴尔扎克世界观这种进步的因素，终于还不能不受到它阶级与时代的限制，这也是恩格斯所说的“理论思维的历史限制性”。

关于巴尔扎克，我以为瞿秋白的评断是很公正的，他说：

“一般的说起来，巴尔扎克虽然偏重于所谓‘旧式的正直的商业资产阶级’，然而他是一般的资产阶级的意识代表，他是一个资产阶级的艺术家。因此，不管他怎样同情于贵族和宗教，而他的《人的滑稽戏》（按：即《人间喜剧》）却仍旧成了‘教皇国’——梵蒂冈的禁书，罗马教皇认为这部大著作是赞美科学而‘亵渎宗教’的。

“马克思和恩格斯见到了巴尔扎克的创作方法是资产阶级现实主义的文学的模范，他们认为巴尔扎克的作品的确能够暴露资产阶级和资本主义发展的内部矛盾。这是资产阶级的革命的现实主义的最高的表现。

“……然而恩格斯并没有叫无产阶级作家去完全模仿巴尔扎克。恩格斯清楚地指出来：巴尔扎克所描写的，所了解的，只是资产阶级和贵族社会之间的阶级斗争。……资产阶级的现实主义文学，始终没有充分反映工人阶级斗争的可能。无产阶级作家应当采取巴尔扎克等等资产阶级的伟大的现实主义艺术家的创作方法的‘精神’，但是，主要的还要能够超越这种资产阶级现实主义，而把握辩证法唯物论的方法。”①

这是从阶级论观点上的公正分析，如果离开阶级观点，满足于巴尔扎克的现实主义，这就会走向“潮流派”的同一思想了。

总之，我们如果把一个作家的世界观作为固定的整体去理解时，我们就无法认识世界观与创作的现实主义内容的关系。而只有从当时阶级关系中，从一个作家的世界观本身的矛盾中，去看到他创作本身所反映的矛盾，这样才能认识它们复杂的统一关系，而不致把世界观和创作对立起来，以达到世界观并无用处，或甚至“反动的世界观才是优秀作品的有利基础”的荒谬结论。

这是为什么马恩都曾经热烈称赞了席勒和歌德，而也尖锐地批判了他们，正因为他们不是机械地，而是辩证地去处理批评上的问题。而列宁也是用同样方法，去进行对托尔斯泰的批评的。

从这一问题上，使我们更进一步理解了毛泽东所谓“从效

① 《海上述林》，第19页。

果看动机”的意义。所谓效果(社会实践),就是指一篇作品在社会上实际所产生的积极或消极影响,从作品的社会实践的具体认识上,才能检验出作家的动机。任何作家都可以自命他的动机是善良的,他的世界观是正确的,或自命为马克思主义者,但是我们不是“看他的宣言,而是看他的行为”,“我们是辩证唯物主义的动机和效果的统一论者”。因此,我们决没有理由把产生动机的作家世界观和作为效果的现实主义表现对立起来,我们决不能像主观唯心论者,先判定人家作品是什么主义,然后去检验它,或因为某一作家是什么主义,就全盘抹杀他可能的效果,也不能像机械唯物论者只问他表现如何,而不管他的动机,或甚至嘲笑世界观是无用废物,这一切全是非毛泽东的,也是非马克思主义的方法。

向来一般批评家往往是先研究一个作家的思想,然后根据他的结论去分析作品,而马克思主义者总是先分析作品的内容,然后指出他的思想的正确与错误以及发掘它的根源——这是一个重要的区别。

七　关于批评的态度

批评的说服性,首先自然如前所述是建立于正确原则性和其对作品的科学分析上;其次,批评的态度也应该为我们所重视。马克思恩格斯在批评态度上,也给我们建立了许多可贵的楷模。

这里让我首先举引两个例子:第一,恩格斯对于哈克纳斯的态度,——这是他对同路人,也是所谓对友人的批评态度。

哈克纳斯是个自然主义作家，又是八十年代英国劳动运动的同路人，恩格斯并不像那些抱有成见的人因为她是自然主义者就全部否定了她的作品，他公正地肯定了她"表现了真正的艺术家的勇敢"，和"叙说的真实性"，承认了她对于劳动运动上的某种功绩，但同时又严正地根据于无产阶级的观点和唯物辩证法的方法，批判了她没有表现出"典型环境中的典型性格"，说她歪曲了"解放工人阶级是工人阶级自己的事情"的领导原则。恩格斯绝没有因为她是同路人而降低了他批评的原则性，反之，正是由于坚持原则性来取得了对她的说服。他把一八〇〇到一八一〇年的时代和一八八七年的时代向她作了一个分析的比较，说明了环境与性格的关系，又积极地向她举出了巴尔扎克与左拉的例子，正确地解释了现实主义的意义。恩格斯在写好这封信以后，连同他自己所著的《社会主义从空想到科学的发展》一书，一起送给哈克纳斯，并且还帮忙替她找到德文的翻译者，使她的小说在德国出版。哈克纳斯在回他的信中，坦直地承认了自己的"现实主义的不足"，和反省了这是因为"对自己的力量的信仰还有不足"，而在这以后，哈克纳斯把她的下一部作品《失业》移到社会主义的出版所去出版了。

这个故事是马克思主义者对于团结与批评的问题一个典型的例子，也是文艺统一战线运用上的一种最正确的态度。这样的批评不仅帮助争取和提高了哈克纳斯女士，而且是作为文艺思想史上一个永垂不朽的典范。它所包含的教育意义，一直到今天对我们还是非常重要的。

第二，是恩格斯对于拉萨尔的批评态度。拉萨尔是他的一个同志——所以这是他对自己同志的批评态度，恩格斯绝没有以党的领导者的地位与姿态去批评他的作品，我们看他对于一个同志的作品是以如何的虚心与无私心的态度去研究：

“我的批评能力，由于这样久没有运用，已变得相当迟钝了，所以我必须费很大的时间，才能发表自己的意见。不过较之其他文学作品，您的《西金根》是值得另眼看待的，所以我对它不吝惜那份时间。……为了获得一个完全公正、完全‘批评的’态度，我把《西金根》搁了一个时候，更正确些说，把它借给了几个相识(这里还有几个多少有文学教养的德国人)。但是，书是有它们的命运的，——一借出去，很少回来，——所以我不得不把我的《西金根》硬收回来。我可以告诉您，读了第三、四遍，我的印象仍旧是一样的，我就深信您的《西金根》经得住批评了，所以我现在告诉您我的‘意见’吧。”

像恩格斯那样博学的人，对于他自己同志作品是那样的关心和尊重，而自己又那样的虚怀若谷，毫不作轻率的指摘，这种态度达到使人感动的程度。一个批评家首先要尊重人家的作品，从缜密的研究以得出具体的结果，才能做到“公平无私”。恩格斯非常称赞拉萨尔这剧本，而且想到党员中间能有这样成绩而得到感激，但是在原则问题上，却是极严正地批评了他。这种批评是比对同路人更严格的。他在信的末尾说：

“您看，我是从美学的观点和历史的观点对您这篇作品提出非常高的、甚至是**最高的**要求，而且只有这样我才能提供一些反对的意见，这正是我十分推崇这篇作品的最好的证明。要知道在**我们中间**，为了党本身的利益，批判早就必然具有最坦白的性质，可是，我和我们大家都很高兴看到每个新的例证：我们党不论在任何领域出现，它总显出它的优越性。这次您也提供了这种榜样。……”

这里就区别出恩格斯对于同志和对于同路人的批评态度。第一，对同志是取着更严格的标准（虽然原则上都是一样），第二对同志的批评，是建立在党的利益和党的自我批评的基础之上的。

但是这是否说，马恩在任何场合的批评上，都必须是取那么温和、婉转的态度呢？当然不是的。马恩是反对那种对敌人都是用谨慎与诚恳的婆婆妈妈态度。

“你们说：稳健，而歌德说：‘只有身披褴褛的人才是稳健的’，你们想用对待流浪者的办法，对待精神么？或者你们所说的稳健谨慎就是席勒所谓天才的谨慎么？那么一切人民，其中还有你们这班审查官都是天才么？但所谓天才的稳健，并非使用上等谈吐，不用强调口气和方言，倒是使用事物的强调，以及事物本质的方言。换句话说，所谓天才的稳健，是超越稳健与否而清楚明白地阐明事物的真相。”（马克思：《关于普鲁士最新审查条例的备忘录》）

马克思在这里反对稳健谨慎，是针对那些企图用法律来限制说话的“审查条例”而言。所以他还说：“因之所谓谨慎同时就是卑屈，诚恳同时就是使人无聊。”这是对敌而言的，不能分清楚马恩对敌友我的态度，而只断章取义地把马恩的话，来讽骂同一战线的朋友，这是现代“英雄们”的狡猾手法。

在思想斗争中间，对于一种未成熟的错误思想，马恩常常是取劝告态度的，例如恩格斯给海伦斯特的信（他原来是社会民主党党员），劝告他改正那种机械唯物主义的错误，但是海伦斯特偏没有接受他的劝告，后来也加入“青年德意志派”，当恩格斯批评“青年德意志派”时，他俨然以领袖自命，写了一篇文章来责难恩格斯说：“假如恩格斯说我们反对派是‘大学生骚扰’，那么请他指出来：我们的观点在什么地方离开了马克思自己的观点？”这时恩格斯就直接地严厉地斥责他说：“假使这种人会把马克思的理论和杜林那样的马克思学说的敌人对于这个理论的曲解，互相混杂起来，那么让别人去帮助他吧，我是干不了这样的事情。”

最后海伦斯特和青年派果然脱离了社会民主党，“在艺术上，他们也走到了百分之百的取消主义，主张‘万方多难之秋’的革命时期用不着文艺，或者说文艺只应当反映事实，不应当故意去宣传鼓动。”①后来此公终于变成唯美主义者，更后来成为新古典派的创始人了。

对于海伦斯特以及德意志青年派那种宗派主义的文学行动与理论，马恩是深恶痛绝的。恩格斯在批评青年派亚历山大·荣克的文章中说：

“荣克先生就竭力证明黑格尔体系的基本特征是确认自由主体和因循客体的他律相对立。但是无须特别熟悉黑格尔也可以知道，黑格尔要高超得多，他主张主体和客观力量相调和，他非常重视客观性，认为现实即存在比个人的主观理性要高得多，并且正是要求个人承认客观现实是合理的。黑格尔并不是荣克先生所说的宣扬那种在‘青年德意志’派身上却表

① 《海上述林》，第48页。

现得非常任性的主观自律的人。”①

而对于这个青年德意志派的狂妄的宗派主义，他说：

“由于胜利来得太容易；这些年轻人便骄傲自大，自命不凡。他们认为自己是具有世界历史意义的人物。只要什么地方出现一个新作家，他们就立刻把手枪对准他的胸口，要求他无条件屈服。每个人都想在文学上成为独一无二的神明。除了我，你就不应该有别的神！谁流露一点点异议，谁就会招致不共戴天的仇恨。”②

离开了原则，便产生一切宗派主义、个人主义的混乱情形，这是很显然的。

从上述各实际例子中，我们可以看到马恩在文艺批评上所取的具体态度，这种态度是有原则的。马恩的这种批评态度，也同样表现在后来列宁、高尔基的一切文艺批评中。毛泽东关于批评态度的意见，如“与人为善”“治病救人”以及对于敌友我的区别，关于宗派主义之解决等等都继承着马恩的基本精神。

八　结　语

我的讨论，到这里为止了。我不想重复来综合上述的各节的要点。从这些讨论中间，使我们可以认识到，马克思主义的文艺批评，是有原则性、有说服性的批评。“无产阶级的布尔什维克……为着自己的阶级利益，也就是为着全人类社会

---

①② 恩格斯：《评亚历山大·荣克的“德国现代文学讲义”》。

主义改造的利益，而去从事于艺术和文艺评论，他们要坚定地站在真正为着这种社会主义改造而斗争的党派方面。他们不但要研究艺术是什么，而且要研究艺术应当怎样”[①]，所以它必须是从原则出发。这是马克思主义的文艺批评与自由主义的文艺批评一个基本区别。所谓原则性，就是说，它是从无产阶级的立场上，和对于革命与广大群众的利益观点上，用辩证唯物论的方法，去分析一篇作品的具体内容，和从社会学与无产阶级美学的一致观点上，去评定作品的艺术价值，而把这种批评看作是揭露现实和指导现实的一种阶级斗争的武器。但是，所谓原则和方法，正如恩格斯给海伦斯特的信中所说的，是应该“当作研究历史的指导的线索”，而不能是“把它当作现成的公式，将历史的事实宰割和剪裁来适合于它，那么唯物论的方法就变成它的反面了”。马列主义的批评者，应该是把正确的原则，结合于对作品的具体分析与研究的实践中间，从实际的分析与研究中间去得出他公正无私的结论。批评者不仅要实事求是地去研究别人的作品，而且应该熟悉历史与社会的实在动态和把握它的真实关系。这样才能根据原则有所肯定、有所否定，才能正确地去评定一件作品对于反映现实所达到的某种程度正确性。无产阶级并不排斥它自己阶级以外一切同盟阶级的作品，而是有责任去争取他们共同前进和帮助他们克服其缺点。因为他们知道，在为人民的共同方向之下，各同盟阶层的作品，是包含着某种程度的人民性的内容。构成这种人民性的内容的，乃是从劳动人民，从人民大众而来的

① 《海上述林》，第 73 页。

巨大的创造影响，马列主义者应该公正地给予他们以正确的评价而且帮助他前进，而要这样做，首先就要从阶级观点上出发，才能正确地确定出他们的人民性的尺度、界限、色调，以及一定的具体历史内容。

批评的说服性，即是建立于正确的原则与科学的分析的具体结合上。我们不是而且不能以原则去说服人，也不能以原则去代替批评。原则是通过具体事实来表现，批评家的任务则是通过对作品内容的科学分析而达到原则性的说明。我们不是强迫别人来接受一个正确的原则，而是要别人从具体问题上来心悦诚服地认识这原则的正确。批评是为了扩大原则性的教育而进行的，因此说服乃是批评工作一个必要条件。只有通过批评的说服性，才能扩大这种原则的教育，才能使批评在统一战线中发挥积极的团结作用。高尔基曾经责备一些批评家反复使用马克思、恩格斯、列宁的同一词句，“没有根据那由直接观察澎湃生活过程而得到的事实去评价主题、性格和人物的相互关系。”这即是指摘那种以原则去代替批评的倾向。但这并不是轻视原则，反之，批评的说服性必须从正确原则出发才能获得，因为离开了正确的原则，批评者自身首先不能把握现实的实质，因此说服性也就不存在了。

毛泽东在《在延安文艺座谈会上的讲话》中提出了“为群众”与“如何为群众”的问题作为文艺上一个基本问题，这完全是从马克思主义的观点出发的。毛泽东说:“这两个问题解决得不适当，就会使得我们的文艺工作者和自己的环境、任务不协调，就使得我们的文艺工作者从外部从内部碰到一连串的问题。”我们的团结是为了群众的利益，我们的批评也是为此目的，创作也是为此目的，在为群众这个前提下，说服才成为可能和必要，对于服务于敌对阶级的文艺，这种说服是没有意义而且无必要的。文艺并不如有人所说的“是死无对证的东西”（方然）。现实主义的文艺是有对证的，这对证就是群众，就是现实。说“死无对证”，这正是轻视群众的观点。在群众的革命利益之前，在社会关系的客观存在之前，批评者才能以科学的方法从社会关系的具体分析中得到原则性的说明。只要是一个诚心为群众的作家，不是固执成见，不是被宗派的利益所掩蔽，这种说服是完全可能的。例如恩格斯对哈克纳斯《城市姑娘》的批评，就是以一八八七年时代英国劳动运动的一般状况，和哈克纳斯作品所描写的消极状态的工人生活，作一个显明的对照，恩格斯是在这种对照之下，说服哈克纳斯。

批评的对象不仅是对于一个作家，更主要的是对于群众的教育。群众的意见，常常是对于一个作家反省的最好帮助。所以列宁和高尔基总是反复地告诉我们，重视批评的群众教育意义。日丹诺夫在前年的报告中也特别强调作家与批评家对群众的责任感。这一切都是从文艺为群众的观点而提出的。教育群众，是马克思主义赋予文艺创作与批评的首先任务。

回顾今天中国的文艺批评，我们不能不感到马恩的这种批评精神与方法，对我们是如何的迫切需要。这要求我们细心去学习，并且在实践上去灵活运用和发展它。今天中国的文艺批评上所应该担负的任务是，打击敌人的反动文艺，肃除封建和殖民地意识，团结一切为人民的进步作家，教育广大群众使其更积极走向革命。一般说，是做得非常不够的。不是为着群众，而是为着个人和小集团的利益而发出的暴怒的叱骂，无原则的争辩，以至于人身的攻击，成为一种流行的风气。而另一方面，则又是无原则地保住一团和气的状态。这两种情形互为因果，互相起伏，使团结与批评永远在实践上成为两个对立的概念。这种非原则性批评，必然发展为一种宗派主义的倾向。宗派主义的特征便是排外性，所以宗派主义的批评，常常是作为排外的抨击手段。宗派主义是以宗派的利益去代替革命的群众的利益，因此，他们的批评不需要说服和教育的作用。在统一战线中，他们批评的目的，不是为了“治病救人”，而往往是把不同意于自己者看作“无可救药”。他们把统一战线的共同方向，不仅从新民主主义缩小到抗谬主义（共产主义），而且还从“抗谬（共产）主义的信仰”缩小到对“抗谬主义的‘吸收’”。他们说：“在今天，社会生活的最高水平，已经不在于对抗谬主义的‘信仰’，而在于对它的‘吸收’，而所谓‘吸收’，就是‘要在信仰之中，用主观精神之火来燃烧生活，用生活之火来燃烧主观精神’，要说‘大的方向’，这才是‘大的方向’。在今天，只有以这为‘大的方向’的人，才有真实的运动，才是真实的战友。”除此之外，他们以为一切人都是市侩主义与中庸主义，“极客气地说，也是非‘友人’。”在这样一种政治理论之下，马列主义的原则，被一种自成一套的主观抽象概念，或是一种伦理观念所代替了。批评者不是根据原则从现实与作品的科学分析上去客观地估量一篇作品，而是以一套既成概念和对异己者的排斥态度去进行批评，甚至不必看他们的批评就可以猜中他们所下的结论，或者对于某一些作家的一切作品，他们的结论往往都是同样的。这是主观主义发展的极致。在宗派观点之下，他们把鲁迅先生的“爱憎分明”的说法，从阶级的立场上，敌我的立场上移到个人和宗派的立场上来，于是混乱了敌友我的关系，造成了所谓“爱则加诸膝、恶则投诸渊”的绝对倾向。甚至把辱骂当作战斗，把堂·吉诃德式的战斗当作最积极的批评。因此，这类批评常常写得十分激烈，其实这种激烈，正是高尔基所说“当批评家私人同情于某个作家或者与某一有市侩的传染病‘领袖主义’的宗派的利益相联系的时候，他们就会写得过于热情”①。然而反过来，由于他们把批评看作是一种排外性的手段，所以对于其宗派利益不相干的，或距离稍远的人，则又采取绝不批评的无原则的妥协态度。而尤其对于自己，是完全拒绝批评和自我批评，仿佛自己一被批评，就是遭受伤害，为什么呢？因为在他主观上，批评工作就等于一种“伤害”的工作。

这样的批评是与马克思主义的文艺批评完全背道而驰的。这样的批评不仅是取消批评的教育与说服的作用，把思想斗争引向无原则纠纷中去，而且发展下去，就是脱离政治要求，成为扩大与巩固统一战线的一种障碍。

马列主义的文艺工作者，应该在文艺统一战线中提出它明确的原则与主张，学习和发扬马列主义的批评方法，首先从基本原则问题上，和一切似是而非的混淆观点区别开来，而以原则去对待非原则，并且把这些原则灵活而有机地结合于理论与作品的具体分析中间，从说服与教育的实践下来扩大原则的影响，从批评与团结的统一关系上，来巩固和扩大适应于

---

① 高尔基：《苏联的文学》。

当前政治要求的文艺统一战线。

（原载 1948 年 9 月《大众文艺丛刊》第 4 辑）

论主观问题

一 前 言

关于主观问题的讨论，事实上三年前已经开始了。一九四五年《希望》第一期上发表了胡风先生的《置身于民主斗争之中》和舒芜先生的《论主观》两篇论文，把他们对于主观问题的见解作了较有系统的说明，实际上也就等于《希望》社对文艺运动提出的宣言。以后《希望》及《呼吸》各期中，均有论文继续发挥这一理论。当时在重庆好几次文艺座谈会中，以及这年年底重庆所举行的文艺漫谈会中，均讨论到这个问题，不过当时这些口头的讨论一直没有得到结论。复员以后，除了渝蓉方面仍有继续讨论外，在上海这些讨论是停顿下来了。但是这些理论本身仍然在发展下去，而且显出一种宗派主义的倾向了。

讨论的中心，是在对于主观问题如何理解，以及如何才能发扬文艺上的创造力量。在这些问题上，我们的见解是和主观论者基本地不同的。然而他们却处处以马列主义与毛泽东文艺思想者自命，因而引起了读者不少的误解，在这一点上，我们是有责任予以澄清的。

今年春天，本刊第一、二期上均提出了这些问题，希望大家来展开讨论，以期由相互批评，弄清问题来加强文艺思想上的团结。我们也得到了一些朋友和读者宝贵的意见。但是从主观论者所得到的答复，却是《泥土》六期和《歌唱》上一些无原则的诬蔑和谩骂，甚至把“海外好汉”“地理因素”以至“革命的血为谁而流”这些话都编派为我们的罪名，这实在是无聊近于愚蠢。我们断然不能容许把思想斗争引导到无原则的喧骂中去。我们应该从原则上以说理的态度来澄清思想的混乱，从统一战线的立场上来进行思想斗争，以期达到文艺思想上的加强团结，这是我们应有的态度。同时，对于马列主义与毛泽东文艺思想的曲解，我们是不能不予以纠正的。本文的目的，即是要说明马列主义与毛泽东的文艺思想和他们这些理论的基本区别，从而说明我们对于主观问题的见解。

二　主观论者的哲学上的错误

《希望》第一期上，舒芜先生《论主观》一文，可以说是建立了主观论者理论的哲学基础。舒芜先生把他这套理论自称为“约瑟夫阶段的新哲学”，胡风先生在后记里也说：这是“一个使中华民族求新生的斗争会受到影响的问题”。可见这论文在他们是何等的重要，而提出又是何等郑重。但是就在这篇论文里，我们看到了主观论者对于马克思主义基本理论是作了多么可惊的曲解，和对于约瑟夫·斯大林作了多么大胆的诬蔑。舒芜先生一开始就说：

> 今天的新哲学，除了其全部基本原则当然仍旧不变外，"主观"这一范畴，已经被空前提高到最主要的决定地位了。

任何一个稍有哲学常识的人，都能看出这句话是无法成立的，因为马克思唯物论哲学的最基本原则，就是"存在决定意识"，舒芜先生既然把"主观"提高到了最主要的决定地位，那么这个原则首先就被否定，还有什么"其全部基本原则当然仍旧不变"呢？还有什么马克思的哲学呢？

斯大林所撰《联共党史简明教程》第四章总可以被认为是哲学思想在斯大林阶段的结晶的表现。既然舒芜先生自称并不是宣讲他自己的哲学思想，而是约瑟夫阶段的哲学思想，那么请读一下《联共党史简明教程》第四章应该是有益的。在那里面，斯大林扼要地提出了"马克思主义的哲学唯物论的三个基本特征"，不妨在此把原文摘录如下：

一、"……马克思的哲学唯物主义……认为：世界按其本质说来是物质的……世界是按着物质运动规律发展着，而并不需要什么'宇宙精神'。……"

二、"……马克思主义的哲学唯物主义却与此相反，认为：物质，自然界或存在，是在意识以外，不依赖于意识而存在着的客观现实；物质是第一性的现象，因为它是感觉，观念或意识的来源；而意识是第二性的现象，从生的现象，因为它是物质的反映，存在的反映。……"

三、"……马克思主义的哲学唯物主义却与此相反，认为：

世界及其规律完全可能认识，我们对于自然界规律的那些已由经验和实践考验过的知识是具有客观真理意义的确实知识，……”

斯大林就是这样地解释了唯物论哲学，由此可见，所谓“主观”这一范畴在“约瑟夫阶段的哲学思想”中“已被空前提高到最主要的决定地位”，不过是舒芜先生所编造出来的谎话而已。在马克思主义的唯物论哲学思想中占着“最主要的决定地位”的是什么呢？不是别的，乃是承认“世界的本质是物质的”这一观点，这一观点如同斯大林所说，是与那“认为世界是‘绝对观念’、‘宇宙精神’、‘意识’的体现”的唯心论观点恰恰相反的。按照马克思主义的哲学，宇宙的发展，本质上正是物质的规律性的自己的运动，在这里是用不着任何“宇宙精神”参与其间的。但是按照舒芜先生所歪曲了的“马克思主义思想”，“主观”却被“提高到最主要的决定地位”，因此在他的文章中就自然出现了“大宇宙的本性——生生不已的‘天心”’这类的说法了。

在哲学唯物论思想中，是怎样处理人的主观作用呢？上举的三个基本特征中的二三点已说得很明白。那是一方面确认主观意识是由客观所决定，为物质之反映；另一方面又确认人类能够认识客观世界，并且通过实践来加深和验证我们的认识。主观的能动性基本上是表现于这种认识与实践的能力上。舒芜先生及其他主观论者努力片面地强调主观的作用，却从来不提到，主观作用的基础乃是对客观事物的认识，却宁愿抽象地空谈“主观的能动性”，这就使他们一往不返地坠入唯心论的泥沼。

如果要具体地讨论主观的能动作用，就势必要接触历史唯物论的理论。斯大林正是在说明历史唯物论时展开了对主观作用问题的讨论。因为只有在社会历史的研究中才能够看出，人类的主观在社会历史过程中怎样起作用于客观世界，而在人类能够充分把握客观的发展规律时，就能够发挥最强的主观作用。当历史发展到斯大林的时期，新兴的无产阶级已经掌握着关于自然与社会历史的正确理论，这种理论具有改造世界改造历史的巨大作用，已在反复的普遍的实践中受过充分的考验。拥有这样的理论的无产阶级就有能力来做“历史的主人”以至做“世界的主人”。所以斯大林在说明历史唯物论时，特别强调“把哲学唯物论的论点应用于无产阶级政党的实际行动上有着重大的意义”。

历史唯物论固然是哲学唯物论的论点的扩展(扩展到社会生活的研究上，社会历史的研究上)，但很明白的，并不是简单地把哲学唯物论的观点演绎一下就行的。舒芜先生既把主观作用的强调当做哲学思想的基本内容，以致完全离开了哲学唯物论的立场；又把他的这种哲学见解直接引申到社会历史问题上，完全不顾历史唯物论中的具体规律，于是他的思想就搞得混乱不堪。

试看舒芜先生是怎样地解释历史的，他说：“人类的斗争历史始终以发扬主观作用为武器，并以实现主观作用为目的的。详言之，人类并不是用自然生命力或社会势力来斗争，而是用真正主观作用来斗争，也并不是为了社会本身或自然生命而斗争，而是为了那比自然生命本质上更高并且中间就有机地统一了社会因素的主观作用之真正充分实现而斗争的。”

在这里,马克思唯物主义中关于生产力与生产关系的矛盾与发展的学说,完全被抹杀了,“作为历史动力的”变成“主观与客观的矛盾”了,人类的历史变成了一部主观作用的历史了。舒芜先生并把以经济关系为区别的,从原始共产主义社会到阶级社会到共产主义社会的过程,曲解为主客观相合致的第一阶段,主客观矛盾展开的第二阶段,和主观作用征服了客观的第三阶段,这和约瑟夫·斯大林的哲学有什么相干呢?约瑟夫·斯大林明明白白告诉我们:“社会发展史首先便是生产发展史,数千百年来新陈代谢的生产方式发展史,生产力和人们生产关系发展史。”他还特别关照我们:“研究社会历史规律的关键,并不是要到人们的头脑中,到社会的观点和思想中去探求,而是要到社会在每个一定历史时期所采取的生产方式中,即要到社会的经济中去探求。”甚至还指出:“空想派——包括民粹主义者、无政府主义者、社会革命党人在内——陷于覆亡的原因之一,就是他们不承认社会物质生活条件在社会发展过程中的首要作用,而陷入了唯心主义。”可是舒芜先生和其他主观论者却正是忽略这个社会物质生活条件的首先作用,违反了斯大林所告诉我们的话,而去建立相反的理论,而又偏偏要在这样一种理论上挂上了约瑟夫的招牌,这是何苦来呢?

这是用不着解释的,历史唯物论是以“存在决定意识”这一命题为基本原则的。只有在这基本原则之上,才能正确地解释主观作用在社会历史中的作用,也就是社会意识形态,对于社会物质生活的作用。社会意识形态的最具体的表现就是社会思想和理论、政治观点等等。斯大林在处理这问题时首先指出，各种不同的社会思想和理论在社会历史发展中有各种不同的意义和作用，“它们愈是确切反映着社会物质生活发展的需要，便能获得愈加巨大的意义。”接着斯大林更给以阐明说：

“新的社会思想和理论，只有当社会物质生活发展已在社会面前提出新的任务时，才会产生出来。可是，它们既已产生出来，便会成为最严重的力量，能促进解决社会物质生活发展过程所提出的新任务，能促进社会前进。在这里也就表现出新的思想、新的理论、新的政治观点和新的政治制度所具有的那种伟大的组织的、动员的和改造的意义。新的社会思想和理论所以产生出来，正是因为他们为社会所必需，因为若没有他们那种组织的、动员的和改造的工作，便无法解决社会物质生活发展过程中已经成熟的任务。新的社会思想和理论既已在社会物质生活发展过程所提出的那些新任务基础上产生出来，便能自己开拓道路，深入民众意识，动员民众，组织民众去反对社会上衰颓着的势力，因而便利着推翻社会上正在衰颓而阻碍社会物质生活发展的势力。”

而在另一节里，又说：

“……在新生产力与旧生产关系互相冲突的基础上，在社会的新经济需要的基础上产生出新的社会思想，新的思想组织和动员群众，群众团结成为新的政治军队，建立起新的革命政权，并运用这个政权去用强力消灭生产关系方面的旧秩序而奠定新秩序。于是，自发的发展过程就让位于人们自觉的活动，和平发展就让位于强力的变革，进化让位于革命。”

这就是斯大林对主观与客观关系的认识，而根据于这个认识，他才能掌握到新的思想与理论，去组织起强大的无产阶级的军队。“马克思列宁主义之所以强而有力和生气勃勃，就是因为它凭借于正确反映着社会物质生活发展需要的先进理论，把这个理论提到它所应有的高度，并努力来彻底利用这个理论所有的动员的、组织的和改造的力量。”

“历史唯物主义就是这样来解决社会存在和社会意识间，社会物质生活发展条件和社会精神生活发展间相互关系问题的。”

这解释难道还不清清楚楚吗？马克思和斯大林确是充分地强调了主观对于历史的作用的，而这种强调和那些唯心主义者或尼采主义者的强调主观有什么相同之处呢？这里，我们还可以进一步指出下列两点基本差别：

第一，按照马克思主义的历史唯物论，我们是要从社会物质生活来说明社会的思想意识。在物质生活中出现了阶级的分化，在思想意识中也就不能不表现着阶级的分化。用斯大林的说法，就是：“有各种各样的社会思想和理论。有旧的思想和理论，它们是已经衰颓，并为社会上那些衰颓着的势力的利益服务的东西。它们的作用就是阻碍社会发展，阻碍社会前进。同时又有新的先进的思想和理论，它们是为社会上的先进势力利益服务的东西。它们的作用就是促进社会发展，促进社会前进，……”但是照舒芜的看法，却不是以社会物质生活来说明社会的思想意识，却玄学地提出“主观作用的本性”，并且断定，“在一般的意义上，主观作用总是站在进步的一面”。当他不得不承认在事实上有着进步的主观，也有着倒退反动的主观时，他就说，这是因为有的主观符合于“本性”，有的主观不符合于“本性”的原故。

第二，按照马克思主义的历史唯物论，我们就能看出，最强有力的主观作用一定是凭藉着掌握在最先进的阶级手里的革命的科学理论。因为这种理论能够正确地反映客观现实及其发展规律，能够正确地解决社会物质生活所提出来的问题和任务。因此我们要发挥主观的能动力量，就必须凭藉这种思想力量，把它提到应有的高度，去促进社会的变革。但是照舒芜先生的看法，最强的主观作用就是最符合于人类的主观的本性的，因此要发挥主观作用就是要充分发挥这本性。

由此可见，舒芜先生所发挥的理论是彻头彻尾的主观主义、唯心论，与马列主义是丝毫不相干的。

这样说，是不是冤屈了主观论者的先生们呢？此地只举舒芜先生对“主观”所作的一个解释为例：

“所谓‘主观’，是一种物质性的作用，而只为人类所具有。它的性质，是能动而非被动的，是变革而非保守的，是创造而非因循的，是役物而非役于物的，是为了同类的生存而非为了灭亡的，简言之，即是一种能动的用变革创造的方式来利用万物以达到保卫生存和发展生存之目的的作用，这就是我们对于‘主观’这一范畴的概括的说明。”

就从这个说明出发，让我们提出下列二点来讨论吧。

第一，舒芜先生说到主观的性质，“是能动而非被动的，是变革而非保守的，是创造而非因循的，是役物而不是役于物的，……”他竟是断然地肯定了，主观是支配物质而不受物质支配的，这是什么唯物论的观点呢？自然，任何马列主义者并不否认主观有能动作用，有创造作用，能够加速和促进物质的变革，但是恩格斯不是明白说过吗？“经济的关系是最终决定的东西，不管其他政治和意识形态的条件对于它有着怎样的影响。”马恩在《共产党宣言》中更明确地说：“人们的观念、见解与概念，一句话，人们的意识，是随着人们的生活状况、社会关系与社会存在一起变化的。要理解这一点，难道需要深入的洞察吗？”这些已经是马克思哲学的基本常识了，舒芜先生难道不知道么？那么为什么要那样大胆地来“修正”它呢？虽然，舒芜先生也许会这样辩解，说他所谓主观，本来就已经包括社会关系的因素在内了，但是这只是诡辩而已，只是混淆了主观与客观的关系而已。

照唯物论者的解释，主观既是社会物质生活的产物而又反过来影响于社会，所以它是被动的，又是能动的。主观既是社会物质生活的产物，所以它是有阶级性的。一般地说，适应于历史发展法则的上升阶级，它的主观是变革的，创造的；没落的阶级的主观，则是因循的，保守的。除此以外，世界上并没有超于社会生活，超于阶级的一种主观。自然舒芜先生也不能否认有保守的或反动的主观的事实存在，但是他却撇开了阶级的关系，把它解释为是“违反了主观的本性的东西”，是“主观作用中因妥协而变态的一部分”，在舒芜先生看来，仿佛有一种浑然一体的人类主观，而且具有它一定的本性。他并且说“主观作用在社会现象里找着被屈辱为奴隶而且变了形的兄弟（指自然生命力），它要帮助这可怜的兄弟获得解放，恢复原形，而且联合起来翻转作社会的主人。”前面舒芜先生曾说过：主观乃是自然生命力和社会相化合而变化出来的，这里主观作用又忽然变成自然生命力量的老哥了，这已经是千古奇谈，而更奇怪的是，“这主观作用的自己家庭里却也潜在着社会因素的势力”，这社会因素势力仿佛是这家庭的一个可怕敌人，所以主观作用“不但为了保卫自己而需得压服此势力，而且为了向客观社会作战，还得驯服此势力以用作战斗武器”。舒芜先生说：“这就是作为历史动力的主观作用和客观社会之矛盾的具体情形。”

从舒芜先生这样的理解出发，自然就抹杀了主观的阶级性。他以一种虚玄“本性”，去代替了社会主观的物质基础，因此他把历史上激烈的阶级意识斗争，理解为“一部分主观作用的反其本性，另一部分主观作用保存并发展本性”的关系。照他这解释，今天我们对敌对阶级的思想斗争，例如反法西斯斗争，不过是一种依本性的主观在对因妥协而变态的主观在斗争罢了。这又是什么样的理论呢？

第二，我们应该指出舒芜先生这种“本性论”，是从他生存论的思想而来的。他所谓作为历史动力的主客观的斗争，即是人类求生存的斗争，因此“即是一种能动的用变革创造的方式来利用万物以达到保卫和发展生存之目的的作用”。这可以说是他对于主观意义的一句最概括的说明，关于这种思想，他还有更进一步的解释。他以为主观作用，是为要使人类“从这种直接仰赖（自然）的状态脱离开来，反把自然的简单的原体变为更复杂的新东西，也就是把人类所需要的而自然中本来没有的创造出来。必需如此，才可以脱离自然的束缚，反而不断战胜自然，以争取无限的生存机会，真正实现了大宇宙的本性——生生不已的‘天心’。而当这生命力在全新的基础上被使用之时，亦即人类屹然出现于大宇宙之日。人类，便是大宇宙的进化的本性之结晶,人类对于能动力的使用,便是大宇宙的进化力之具现。”

在这里,我们找到了舒芜先生所谓“本性”的诠释,“本性”即是所谓“大宇宙之本性——生生不已的‘天心’”,也即是所谓“大宇宙进化的本性”,而且所谓人类,也就是这个“大宇宙进化的本性的结晶”。

这种说法,看来似很玄妙,其实所包含的只是一种极其庸俗的思想内容,那就是,用人类求生存的欲望来解释社会历史的发展。抽去了社会的具体过程,抽去了阶级斗争,把人类的历史单纯地解释为保卫和发展生存的斗争,其结果自然是历史离开阶级论而走向类似唯生论的道路上去了。

把生存斗争代替了阶级斗争,我以为这是主观论者的一个中心错误。文艺理论上的许多错误,也是由此而来。例如胡风先生在《冬夜短想》一文中说:

> 希望未来比过去好,希望自己的生活总有变得幸福的一天。这也是卑微的感情,然而,尽管是卑微的感情吧,人类是靠它繁衍下来,历史是靠它发展下来的,说得夸张一点,一切轰轰烈烈的社会改革的大斗争,也是靠它生发起来的。没有生存的奴隶,被逼成的奴隶到了不能忍受不能生存的时候,也就会爆发出他们的求生的“野性”了。

人类的繁衍,历史的发展,和轰轰烈烈的社会大改革,都由于生存之要求,这样,生存要求,就成为历史的中心动力。

这和舒芜先生的说法是一致的，也和孙中山先生在批评马克思主义时的观点说“民生”是历史动力是一致的。从这样生存论的观点出发，自然不得不归结到这样的命题，即人的主观作用愈强，或求生存的意志愈强，则争取到的生存机会也愈大；因此主观作用便不能不被提到最主要的决定地位，而社会物质生活条件对于主观的基本决定意义在这里被忽略了。舒芜先生之一切哲学理论，可以说都是为了企图证明这一点。而另一方面从路翎先生的某些小说里，也就反映了这样的一种思想。

本刊第一辑中，我们曾经批判这种思想说：

“……他们把问题颠倒过来，把个人主观精神力量看作一种先验的、独立的存在，一种和历史和社会并立的，因此就把它看作一种创造和征服一切的力量。”

于是主观论者的方然先生，就勃然起来驳斥说：这是根本不了解“主观”问题“是怎样在生活实践中提出来，它的内容是怎样的”，说“从这里可以看出我们指导家一副先验的尊容与假造圈套的手法”。

那么，请读者对照一下前面所引述主观论者舒芜先生的话吧，请看一看他是怎样首先从哲学上提出主观问题来的？它的内容是怎样呢？我们是不是有一点冤枉他呢？是不是什么“假造圈套的手法”呢？

总之，主观论者所谓“强调主观作用”，和斯大林以至一切马列主义者所谓强调主观作用，其意义上并无一致之处的。舒芜先生说：“约瑟夫再三明告我们，当一切重要的客观条件都已被自己掌握时，事业的成功与否就决定于自己的主观作用之强弱。”这说法一般是对的，因为斯大林的意思，分明即是说在社会物质生活发展到了某一程度，已经提出了新的具体任务的基础，那么在执行这个具体新任务的意义上，主观作用是有严重的作用。斯大林有句名言叫做“干部决定一切”，也分明是指在某一任务的客观条件已经成熟的条件下而说，这并不是等于说，到了社会主义阶段，主观作用就已经成为决定历史的最基本决定因素，有如舒芜先生所说的，“从此就可以一向无阻向全部自然敌人进军，而这进军，就超越推进历史的意义，且如我们前面所说的，具有推进宇宙的意义了。”很清楚的，主观作用可以决定任务的能否顺利完成，而任务的本身则必然是由客观的条件所决定。例如在今天中国革命形势决定了我们斗争任务，而要完成这任务则需要加强我们阶级的自觉和战士们的主观作用。但是无论如何，客观的条件只能决定我们目前的革命是新民主主义的革命，一切战斗必须服从于这一目标，并不能凭我们自己的主观要求就可以使它立刻进入社会主义革命的阶段(即使在全部胜利之后)。为什么呢？因为进行社会主义革命的物质条件并未具备。同样的，苏联今天的物质条件只能规定它的任务是完成社会主义的建设，而还不能应主观的要求在今天就立即进入共产主义的阶段。这种物质条件就是生产力与生产关系的具体状况，历史的发展不是一条直线，因此也就无所谓“一向无阻”的说法，然而舒芜先生却说客观条件“即使真的不够，也应该而且可以立刻把它创造出来”，这正是他所谓“一向无阻”的注脚，如果照这样说，则革命根本无须迂回曲折，也不会有它的长期性和不平衡性。在这样观念之下，客观的认识，自然就成为无足轻重了。

马克思主义是从历史的认识实践中发展出来的，而列宁、斯大林、毛泽东又把这理论结合于他们时代的客观实践中去发展。因此所谓毛泽东思想就是马克思主义理论与中国革命实践的结合。毛泽东总是要求大家，处理一切问题必须从客观实践出发，要求全面熟悉客观情形与群众需要，要求调查研究，要求实事求是，例如对于文艺问题，他就说："我们讨论问题，应当从实际出发，而不是从定义出发。"这说明马列主义者在一切问题上，总是首先从客观的认识与实践，而达到理论的掌握现实，掌握群众。反之，照主观论者的理解，则主观作用既是最主要的决定因素，在一切问题上，便是首先从主观要求出发，以达到对客观的征服。在哲学上如此，在文艺上也如此。这是我们在思想上两条基本不同的路线，而从这不同的思想路线上产生出对于许多问题的不同见解。

三　关于文艺上主观问题的两种看法

马列主义者，既然是首先从客观实践出发，所以在文艺上，毛泽东就以"为群众"与"如何为群众"作为文艺的一个根本问题。他说："不解决这两个问题，或这两个问题解决得不适当，就会使得我们的文艺工作者和自己的环境、任务不协调，就使得我们的文艺工作者从外部从内部碰到一连串的问题。"(《在延安文艺座谈会上的讲话》)从这个根本问题出发，便提出了为工农兵服务，普及与提高，作家与工农兵结合，向群众学习诸任务，而在解决这些任务的基础上去解决作家的主观问题。

主观论者则是从主观要求出发，所以他们便提出了“主观精神”、“战斗要求”、“人格力量”三个口号，作为文艺的根本问题，认为只有解决了作家的主观上这些问题，才能真正谈到革命文艺的创作实践，否则一切都是虚无党的做戏。正如胡风先生所说：文艺问题，“我觉得已不是一点两点的具体理论问题，而是贯串一切的人生态度。”（给浙大周刊编者信）又如在《逆流的日子》序文中说：“……首先是整肃自己的队伍，使文艺能成为有武器性的武器。有武器性的武器才能执行血肉的斗争；是血肉的斗争，才能和庞大的人民血肉斗争相汇合。”

这是我们与主观派关于这一问题的基本分歧点。现在我们就从这里来展开讨论吧。

一　对于主观精神的理解

所谓作家的主观精神，在我们看来，并不是什么神秘的东西，就是作家的思想、情感、立场、态度等等的总和。客观的现实既然是通过作家的主观而反映于创作中间，作家的主观作用自然是个重要的问题；所以毛泽东在文艺座谈会的引言中首先提出来的，也即是作家的立场问题，态度问题等等。

但是在主观所包含的诸因素中间，思想意识却是最基本的因素。无论创作态度，政治立场，或是所谓战斗热情、创作要求，就其内容而言，首先都不能不是决定于作家对现实的认识。高尔基说：“无论自然科学或艺术文学，在其中起基本作用的，是观察、比较和研究。”（《我的文学修养》）这即是包括着感觉与思维的认识过程。自然高尔基也还指出，文艺创造不仅需要认识,而且还需要想象。所谓"想象",他说"在本质上,也是关于世界的思维,不过它特别是凭借形象的思维,是'艺术的思维'。"艺术的思维,固然以赋有感性为必要条件,但却不是说,它完全是依赖于感觉的特征。因为确定感觉的真实性,更决定的是其本质,必须通过作家的思想,而无论是作家的认识或是感觉,基本上又不能不是受他的阶级意识所支配。因此,在理解这些问题时,我们首先不能把作家的主观同他的社会基础和阶级性质分开,其次不能把构成认识过程的感觉与思维的有机部分割裂开来,马克思反对黑格尔把主观看作纯粹理性的活动,但他又反对费尔巴哈把主观只当作直观的直观主义,马克思认为人的感觉与思维是在社会斗争的实践过程中辩证地统一地发展着,而且归结到实践中去。马克思的认识,复为列宁所发展。照列宁的说法,感觉、印象等是被感觉的事物的直接的反映。思想观念则是通过感觉而深入到事物的本质中去的。"感觉、印象似乎比思维更接近实际些,但是思维抓住事物的整个,从事物的运动和联系中去把握事物。它是更深刻地渗透于事物,反映着事物的本质。这样看来,思维虽然不是直接的,可是它却更完全、更深刻地反映着事物。思维虽然引导我们距离事物更远一点,但这只为着使我们更接近于它。这就是感觉与思维在认识过程中的辩证的统一。"(米丁:《辩证法唯物论》)在文艺创作过程中来说,也就是高尔基所说的:"思维和认识不外是技术和一联的方法——观察、比较、研究的方法。以它们为媒介,使我们的'生活的印象'和'体验'被加工,借哲学形态化为思想,借科学形态化为假说和理论,借文学形态化为形象。"(高尔基:《文学论集》)这说明艺术认识与创作过程，固然从作者对于现实的感受开始，但是作为完成其认识以至创作过程的基本因素，却不能不是思维作用，作家必从经过精密的观察、比较、研究，才能从他所感觉的对象中深入地认识其本质，把握这本质去创造完整的形象。“我们所认识的有才能的文学家，他充分具有选择、观察、比较最特质的阶级的特殊方法，及把这些特殊性包括于一个人物中去的方法。文学的形象和社会的典型，就是这样创造出来的。”（同上）所以，思想问题在作家主观作用问题上，不能不是一个最主要的问题，是非常显然的。文学艺术并不能像普列汉诺夫那样，把它仅仅归属于感性的范畴。因此，我们也不能片面地把作家的感性作用提高到比作家的思想认识更高的地位，尤其不能把所谓主观精神问题，扯到“生命力”之类的生物学的问题上去。

这样说法，并不是抹杀了或轻视感性或感性作用在文艺创作过程中的地位。文艺既然是形象性的艺术，因此就不能仅仅凭借于抽象的思维，同时必须通过形象的（感性的）思维去创造出活生生的形象。所以对于作家提出感性的要求自然是必要的，但是却不能因此把这个要求和作家的思想孤立开来或者提到比思想更高的地位上，也不能把感性的意义和生物学上的所谓感觉力混淆起来。我们应该怎样去理解所谓感性的意义，以及如何去取得这种感性呢？

马克思在他那著名的《费尔巴哈论纲》中就已回答了这个问题。

马克思说：“费尔巴哈要求一种和思想对象真正有分别的感性对象，但他没有了解人类的活动本身就是一种对象性的

活动，即通过对象而实现的一种活动。”（《论纲》第一条）

又说：“……直观的唯物论就是不把感性当作实践去理解的一种唯物论……”（《论纲》第九条）

事实上，马克思在《费尔巴哈论纲》中所强调的就是“革命实践”的决定性，而一劳永逸地使得辩证的唯物论和其他一切乌七八糟的唯物论明确地划分开来。既然感性活动是“实际的活动”或“革命的实践”，那么所谓取得感性或加强感性的唯一理解不是展开“实际的活动”或“革命的实践”，又可能是什么呢？

对于文艺创作过程而言，这一问题看来复杂，其实也是很简单的，那就是：

一个作家必须“参加过很多东西，体验很多东西”，“看得很多，听得很多，记得很多……”（黑格尔）

用毛泽东同志的话说就是：“长期地无条件地全心全意地到工农兵群众中去，到火热的斗争中去，到唯一的最广大最丰富的源泉中去，观察、体验、研究、分析一切人，一切阶级，一切群众，一切生动的生活形式和斗争形式。”（《在延安文艺座谈会上的讲话》）

简单地说来，这就是我们对于文艺创作过程中思想、感觉和实践这一问题的理解。既不神秘，更不复杂。

但是，主观论者对于主观精神问题是怎样理解的呢？从他们许多关于这问题的文章里看，一般地说，他们的解释是非常分歧而自相矛盾的。有时，他们似乎把它解释为一种正直而勇敢的“人生态度”，例如说：

“提出主观的精神要求或战斗要求，就是要求作家成为一

个有勇气，正视现实，不以表面为满足，执着战斗并且追求战斗的历史公民。”（余林）

“第一，他是一种棒喝。‘抬起头来！’从苟安与萎靡中抬起头来，看一看人生高大的目的和艺术高大的目的，好好地做一个‘人’。……第二，他是一种具体的反击的战略。”（方然）（而所谓“反击的战略”，据解释即是“振奋”、“振作”、“勇气”或“严正要求”、“竖起脊梁”、“立定脚跟”。）

有时，它又被解释为一种个人主义的道德力量，例如说：

“推动人生，充实人生，使人生发生光与热的是什么？可以极肯定地说：即是爱与憎，友与敌，恩与仇。……为强烈的爱所强烈肯定的友，以及强烈的憎所强烈否定的敌；向着所爱的毅然献身的报恩，以及对着所憎的断然打击的报仇。……”（舒芜）

而有时，它又仿佛是进化论的生存要求，例如说：

“有一点平凡的求生之念，真实的反抗之心，这就是火种，持久燃烧下去，消融冰桶的。‘战斗’也者，‘精神’也者，有什么神秘，有什么神通！”（方然）

然而，他们却时时又要穿上马列主义的外套，例如说：

“主观精神，就是无产阶级的主观精神。”（方然）

“主观要求，就是指如实地去把握事物本质的要求。”（余林）

“主观的内容，不就是：政治性与艺术性的统一，世界观与创作方法的统一，观点与行动统一，‘立场’与‘统一战线’么？”（方然）

这些混乱而矛盾的解释，常常是出现在同一篇文章里。

但是从中间，我们仍可以找出他们的思想根源。当然前述舒芜先生那套哲学思想，是他们主要的基础，同时我们也可以看出，这一些话，都可以作为对于胡风先生所常用的那些“生命力”、“精神突击力”等名词的解释。这些名词，本来就极其空泛，解释起来自然也可此可彼。但是从胡风先生的文章中看来，倒也不是如此混乱，在胡风先生的文章中，我们可以找到他的一个中心思想：就是他对于文艺的感性作用的认识。

胡风先生说：“文艺创造是从对于血肉的现实人生搏斗开始的。血肉的现实人生，当然就是所谓感性的对象。”而“作家应该去深入或结合的人民，并不是抽象的概念，而是活生生的感性的存在。”当然，文艺的本身，在他理解，也是“活的感性表现”。因此“在对于血肉的现实人生的搏斗里面，被体现者被克服者，既是活的感性存在，那么体现者克服者的作家本人的思想活动就不能够超脱感性的机能”，并且“一定得化合为感性的机能”。于是，在作家“体现对象的摄取过程，但也是克服对象的批判过程”中，“批判的精神必得从逻辑的思维前进一步，在对象的具体的活的感性表现里把捉它的社会意义，在对象的具体的活的感性表现里面溶注着作家的同感的肯定，或反感的否定精神。所以体现对象的摄取过程，就同时是克服对象的批判过程。这就一方面要求主观力量的坚强，坚强到能够对血肉的对象搏斗，能够对血肉的对象进行批判……另一方面，要求作家向感性对象深入，深入到和对象的感性表现结为一体……由这得到可能，使他创造出来的艺术世界，正是历史真实在活的感性表现里的反映，不致成为抽象概念的冷冰冰的绘画演义。”(《逆流的日子》)

这就是胡风先生所说的："在文艺思想斗争要求上，首先要提出这一个基本要求。"

这也就是主观论者文艺思想上一个中心出发点，一切理论是从这而来的。

这里牵扯的问题太多，我们只提出两点来讨论：

第一，是感性力量和思想认识在文艺创作上的作用问题。

第二，如何理解感性和感性力量的问题。

就第一点说，胡风先生指出对于作家、人生、人民与客观世界，都是感性的对象，如果是指这些都是可以具体感觉的对象，那当然是对的。但是他为什么不更完整地说是认识的对象呢？因为所谓感性的对象却并不是仅靠感性的力量就能得到完整的认识，这是非常明白的。其次说，作家的思想不能超脱感性，这也是对的。因为理性与感性本来就不是分离的，尤其所谓超脱感性的形象思想，根本就不存在。但有什么必要说，作家思想一定得化合为感性机能呢？这里我们可以看出，胡风先生实际上是把"思维"看作一种静观，看作一种死板而无生命的东西，而感性才是活生生的。所以说，前者"必须更进一步，在对象具体的活的感性表现里"，才能"把握社会的事物"；思想"必须化合为感性的机能"，才能成为批判的力量。这恰和感觉主义的经验论者一样，在感觉和概念之间掘开了一条鸿沟，而不理解列宁所说的，认识和反映"不是简单的，不是直接的，不是整体的反映，而是许多抽象、思考、概念、法则等等的形成过程。"而且，我们还可以看到，胡风先生似乎把认识的过程，颠倒过来，不是由感觉上升为思维，而是从理性的认识前进到感性的认识，从逻辑的思维前进到感性的深入。

"更深刻渗透于事物,反映事物本质的"不是像列宁所说的,是思维,而倒是感性机能本身了。所以胡风先生说:"在现实生活上,对于客观事物的理解和发现,需要主观精神的突击。"(《在混乱里》)

在这样理解下,纵然胡风先生声明了"感性的对象,不但不是轻视了或放松了思想的内容,反而是思想内容更尖锐的更活泼的表现。"但实际上,却是把思想的作用抑贬到感性作用以下去了。作家不是借思想与思想方法去具体研究他的对象,而是凭借其感性机能去感受万物。而所谓批判的意义,也贬降为仅仅是作家"同感精神的肯定与反感精神的否定"了。因此,对于作家所要求的,主要不是思想的改造和对群众关系的改变,而是强烈的感性机能;主要不是在实践中从观察、比较、研究去具体认识他的周围世界,而只是借这种精神力量去进行所谓"血肉的搏斗",而这种力量,也即是所谓精神突击力。

另一位理论家方然先生说的更干脆:"只提出'实践'与'认识',那是空洞的;只提出'阶级立场'那也算不得深入的解释——怎样通过进步的立场?怎样成为艺术的呢?"他回答说:只有"强韧的战斗精神"。所以"精神"是高于一切,决定一切,而毛泽东也只提出了"实践"、"认识"、"立场"等等,在他们看来,当然也"算不得深入的解释"了。

就第二点说,主观论者既然那样强调感性力量,那么它的内容是什么,如何去取得这力量呢?照我们理解,人是通过感觉去接触世界,而只有在社会实践中,我们才能深刻认识事物的关系与本质;在实践过程中,我们才能有更深广与丰富的感受性。但主观论者既然忽略了思想意识对于领导革命实践的意义，把感性活动和具体的实践分开，进一步把感性活动转化为主观的感受力量，再一化而为主观精神、人格力量、道德力量等等，于是不仅唯物论被取消了，阶级观点也被取消了。在这样情形之下，自然不得不归结到作家的感性机能问题上去。作家为什么不能创造出有力的作品呢？因为是作家感觉麻木了，作家为什么不能深入到庞大人民中去呢？因为是感性机能衰退了。仿佛文艺衰落与强旺的原因，是一个作家感性机能的强弱问题，或生命力的强弱问题，这样就把问题从社会学的观点，扯到生物学的观点上去了。这和舒芜先生的哲学理论显然是一脉相通的。

二　关于主观的阶级性

在我们看，所谓作家主观问题，基本上既然是个作家的思想问题，因此就不能不从思想基础的阶级关系上去认识。在我们看来，任何阶级的人，都可以有强或弱的主观精神，反动阶级的人，主观精神愈强，反动作用也愈大；小资产者的主观精神，如果作为其自己阶级意识的集中表现，则一定也会妨碍他向人民大众的接近和改造。对于这样的主观精神，我们非但不要求去发扬，而且要求去破坏它。正如毛泽东说：马列主义“决定地要破坏那些封建的、资产阶级的、小资产阶级的、自由主义的、个人主义的、虚无主义的、为艺术而艺术的、贵族式的、颓废的、悲观的以及其他种种非人民大众非无产阶级的创作情绪。”这里所谓创作情绪，自然也就是文艺的主观精神，这种主观精神“应该彻底地破坏它们，而在破坏的同时，就可以建设起新东西来”。

一般地说，小资产阶级作家，带着他原来的思想感情，走向劳动人民的世界，他的感觉往往是并不正确，并不健全的，仅仅凭借其强烈感性机能去进行对现实的搏斗，这可能会产生危险的结果。叶赛宁之所以自杀，可以说是一个很好的例子。所以我们对于小资产阶级作家的要求，不能单纯是强烈的生命力突击力等等，更不是其原来阶级的意识强烈表现，而是希望他们能够逐渐摧毁其原来阶级的思想感情，进而取得无产阶级与人民大众的思想感情。只有这样，他才可能创造出现实性更强烈的艺术作品。但是这却是一个艰苦而复杂的过程，我们既不容像波格达诺夫那样机械地去解释阶级与意识的关系，以为什么阶级就只能有什么样的意识，也不容向一切小资产阶级出身的作家，凭空地要求他立刻拿出一个完整的无产阶级的主观精神来。人的思想是决定于人的社会经济关系和他个人的具体生活条件，这一切都是千变万化在不断发展着，因此，我们必须从具体情形中间，去认识一般作家的思想内容和其发展过程，以及症结之所在，从这里去提出问题和如何解决的具体任务。这即是思想改造的问题，更明确说，即是从一个阶级移向别一个阶级的问题。

主观论者则是从主观精神的强弱观点上出发的，所以舒芜先生说：

“问题的真相是在于生活的力量，在人生战场上的强与弱，勇与怯之分……可是这强弱勇怯之分，也并非天生不改的。人生战斗中的强者勇者，并不定是飞刀吞剑、倒山移海之人。他的勇气实在来自生活的热爱，所以对于任何足以麻痹生活、腐蚀生活、毒害生活的东西，无论存在别人身上或是自己身上，都不能稍微忍受，都非竭尽全力消灭他们不可；正因为每个人最勇敢的时候，大抵都在保卫他的爱人的时候一样。唐·吉诃德自称他的力量得自安琪儿，的确，能使那么一个衰弱的老人做出那么多的高贵的勇敢的事，只有爱神祝福才办得到。”(《论温情》)

连唐·吉诃德都搬出来了，这是什么阶级论者呢？然而假如你说他们不是阶级论，他们决不承认的，因为他们再三说过，“我们所说的主观精神，就是无产阶级的主观精神”等等，可是他们对于阶级的理解是怎样的呢？

我们不妨再引舒芜先生一段论阶级意识的话：

“所谓阶级意识，只是一种抽象的、典型的东西，而与具体的人与具体的思想情感不同。换言之，即没有任何一个具体的人，有如理论所分析的阶级意识的。……具体的人其生活不能是纯粹的‘本阶级的生活’，其所接触的人物事象，也不能是纯粹的本阶级的人物事象，其具体的思想情感也就在这复杂生活的接触中形成，所以其本身也不是那么纯粹。……”(《论主观》)

舒芜先生表面似乎站在反对机械论的观点上，而实际上却正是反对了阶级论的观点。阶级意识在他看来，不过一种理论上的名词，具体的人具体的思想情感却又是一回事。这和他的哲学理论是一贯的，他抽去了历史中具体的社会经济关系，只看到了单纯人与人的关系，只看到了具体的“人”，而没有看到具体的历史的“人”，社会的“人”。他以为，人的接触事象既然是多方面的，他的意识自然也是多方面的。这是非常荒谬的说法。思想情感并不单是“由复杂生活接触中形成”，主要的是在人的经济生活与经济关系中形成，经济基础对于人的意识的关系，固然不是像机械论者看得那么死板，但是并不能因此就否定是主要的决定契机。社会关系是不断在变动的，因此人的意识也是不断在变动和发展，在这中间各阶级的思想意识可以有互相渗透互相影响的作用。所以百分之百的纯粹某阶级意识的人确是很难有，但是其基本的意识终是离不开他一定的经济关系，这是必然的，如果抽去了经济关系的基础，则根本就无所谓阶级论，也根本不需要在理论上说什么阶级意识了。而其他先生们又再三声明，他们所要求于作家的正是无产阶级的主观精神，这岂非自相矛盾了么？

主观论者的其他先生们虽然似乎很强调阶级，但是一考察他们所理解的内容，却仍然和舒芜先生是一样的。例如阿垅先生在一篇《略论吵架与求爱》中说：“在今天的阶级社会当中，生活就是斗争，生活之所以是斗争，就是由于今天它是会有阶级性质在里面。”因此他就认为吵架和求爱，既然都是生活战斗，所以也即是阶级斗争，甚至，黄包车夫和乘客的吵架，也即是阶级斗争。这种似乎极左的说法，实际上是把马列主义最拙劣地庸俗化了，把伟大的历史行动意义贬降了，结果同样是取消了阶级斗争的意义。这原因何在呢？和舒芜先生一样，由于抽去了社会的经济关系这一基础，把人与人的伦理关系，代替了社会的阶级关系。因此主观论者的理论，讲来讲去，总不外一个人做人态度的问题，主观精神强弱的问题，而且把这作为文艺上贯串一切的问题来看待了。

从这里，也看到胡风先生和其他先生所说的自我斗争，和我们所说的思想改造是不同的,胡风先生所谓自我斗争,是作家和人民一种对等地迎合和抵抗的斗争,“作家的主观,一定要生动地表现出或迎合或选择或抵抗的作用,而对象也要主动地用它的真实性来促成,修改,甚至推翻作家或迎合或选择或抵抗的作用。”因此,他一方面要求作家深入人民,同时又警告作家不要被人民的海洋所淹没。而在我们,这个思想改造,正是一种意识上的阶级斗争,有如毛泽东所说的“长期地无条件地全心全意地到工农兵群众中去”,小资产阶级意识必须向无产阶级“无条件地投降”。它不是对等的斗争,而是从一个阶级走向一个阶级的过程。

三　实践与改造过程

作家的主观,固然是个重要的问题,但却不能仅从主观观念本身去解决。马列主义者是思想与实践的统一论者,因此,作家的主观问题必须在客观社会实践中才得到改造与提高。我们的问题的提出,不应是凭空地向作家去要求什么样的主观,而应该具体地要求作家去怎样实践,怎样从实践去取得所要求的主观。所以毛泽东在《在延安文艺座谈会上的讲话》的引言中,固然首先提出作家的立场问题、态度问题等,而在解决这些问题的结论中,却把问题中心移到“为群众”与“如何为群众”这个根本问题上来,这是很明白的。

革命的实践,以及在实践中改造思想,并不是像人们所想象的那么简单容易。只是口头上或理论上承认为工农兵,并不能算已经取得正确的立场和观点,必须在实际上,在行动上,看他们是否真正为工农兵在服务,因为“只有在这种严肃的负责的实践过程中，才能一步一步地懂得正确的立场，才能一步一步地去掌握正确的立场，如果不在实践中向这个方向前进，只是自以为是，说是‘懂得’，其实是并没有懂得的。”

小资产阶级作家要从他们自己阶级走向另一阶级，这是脱胎换骨的事，决非单纯凭借其原来阶级的感性机能所能解决。首先，就接近工农兵来说，也不是那么简易的事情。即在延安的作家们也直到一九四三年以后，才真正地懂得这个道理；而在非解放区作家，客观困难更多，方式也不能那么直接。但不管如何困难曲折，一个革命作家却只有坚持这条道路，一步一步地走去，才有他的前途。其次，也不是一到群众中间，思想问题就能彻底解决，要彻底地解决这个问题，非有十年八年的长时间不可。为什么呢？就因为每个小资产阶级作家的灵魂深处，都有一个“小资产阶级的王国”，要摧毁这个王国，是好不容易的事。毛泽东在《在延安文艺座谈会上的讲话》中曾经亲述了他自己思想改造的经历。像他那样一个坚强的人，也是在参加革命，同工农兵在一起以后，才逐渐熟悉他们，他们也逐渐熟悉了他，而只在这时，他才敢说，“根本地改变了资产阶级学校所教给我的那种资产阶级的和小资产阶级的感情”。而现在一些狂热的小资产阶级知识分子，凭着自己一些激情，一些幻想，就狂妄地自夸为“一开始就和人民血肉联系着”，读一读毛泽东同志的这些话，他们不会觉得脸红吗？

所以，我们所说的实践，就是切切实实为工农兵做点实际工作（即使不是文艺工作），向他们学习生活知识，熟悉他们的生活与言语，思想与情感，在集体的革命队伍中，不断地锻炼自己，改造自己，这“需要长期甚至痛苦的磨炼”，才能真正和群众打成一片。固然，对于作家们提出这样的要求，应该是有步骤的、有区别的，对于某些处境困难的作家，可以有种种的方式和道路，并不能作一律的要求。但是，在革命文艺运动上，走向工农兵，却不能不作为一个基本方向来提出，这绝不是主观论者用“前线主义”一语所能嘲笑；而且就在目前，随着革命形势的迅速展开，非解放区的大批知识分子和作家，已经坚决地选择这样的道路了。而余林先生们竟在这时提出前线主义的讽刺，试问这是怎样的含义呢？

小资产阶级知识分子，常常带着一种夸大狂，以为天下只有自己才是有了最高度的革命热情，只有自己在背着时代苦难的十字架，其实这只是一种自我陶醉。鲁迅先生曾经坦直地自我批判说：“我时时说些自己的事情，怎样在‘碰壁’，怎样地在做蜗牛，好像全世界的苦恼，萃于一身，在替大众受难似的，也正是中产阶级的坏脾气。”鲁迅先生这话，是极令人感动的，倘若今天连鲁迅先生那一点精神都没有，只是凭着一点个人的激情，便以为是在和人民大众作精神拥抱，以为就能“深入到和对象感情表现结为一体”，老实说，这不仅是自欺之谈，而且恰会阻碍了自己更进一步深入群众的实践。

而主观论者，却正是这样把作家的群众斗争实践的意义，降贬为单是作家做人的问题了。照余林先生们理解，“作为革命战斗员的作家”本来就是“到处和人民在一道”，“他一开始就和人民血肉地联系着的”，“他原来就是和人民结合着的”，既然如此，那么《在延安文艺座谈会上的讲话》中，作为中心问题提出来的“与群众结合”的任务，在他们看来，根本就等于废话。而在他们看来，问题不在与群众结合，也不在斗争实践，讲来讲去，依旧是抽象的“主观精神”、“人格力量”，有了这个，则“生活无处不在，战斗也会无处不在”，连吵架求爱都是阶级斗争；没有这个，即使在工农兵群众中工作，也是白费力气，毫无用处。试问这和马列主义，和毛泽东文艺思想有什么相干之处？这不仅是不肯动一动屁股的小资产阶级的自夸，而且也是自欺！这套理论，恰恰是替革命战线上的退却者找到一个很好的辩解：我反正已经和群众结合在一起了，我反正已经在日常生活中战斗了，那又何必千辛万苦再到工农群众中去磨炼呢？所以，尽管在文字上，他们是如何强调实践，而在这样理论下，实践的要求恰恰是在主观精神的要求中被融解了。

黑格尔说过：“不到水里去，游泳是学不会的。”这是说，认识论的基础是在认识的实践。这一点，是和马克思主义相符合的，而胡风先生却补了一句：“游泳须在水里，但在水里并不就等于游泳。”自然，这句话是非常合乎形式逻辑的。但是这和我们所谓实践的意义有什么相干呢？黑格尔说的是学游泳，不是为了学游泳，又何必到水里去呢？我们说到人民群众中去与人民结合，当然也是指去工作和学习，谁也没有这样说过，似乎只要到了工农群众中，就百事大吉。撇开实践，这话又有什么意义呢？胡风先生这个说法，是为了解释他上面一段话而说的，即是：

> 说作家要深入人民，说作家要与人民结合，然而又怎样深入，怎样结合呢？当然，首先要求一个战斗的实践立场和人民共命运的实践立场。

从表面看，这说法似乎是很对的，作家并不是被谁强迫到人民中间去，当然他自己应该先有实践的要求。但是问题是在这个实践的要求是否即是所谓“和人民共命运的实践立场”呢？如果是的，那么作家又是如何首先取得这样的立场呢？而这个要求是否即是绝对的决定因素呢？

从前引毛泽东的话中，分明指出，只有在实践过程中才能一步进一步地明白和掌握正确的立场，而胡风先生则要求作家在实践之前，首先就要具有这样的立场，这又岂非矛盾了吗？

问题仍是在阶级的观点被混淆了。照我们的理解，思想和实践的关系，是依照螺旋式的形态发展的。思想从实践中发展，反过来引导着实践前进，而在实践过程中又发展为更高级的思想。举例来说，革命小资产阶级的作家，大抵是带着一种对现实不满，对旧社会的反抗而走向对革命的追求。这种主观的要求，主要是从他原来阶级的矛盾中生长出来，如遭受了旧社会的压迫，或经济破产等，基本上仍是由于客观所决定，当然主观的能动作用往往也是重要因素之一，例如受了进步思想的影响等等。对于这样的要求，毫无疑问，我们不仅应该肯定它，而且应该引导它到革命中来，思想启蒙运动即是根据于这要求而提出。但是，第一，我们并不要因此就把这种革命的要求，即误认为是无产阶级的战斗立场，或与人民共命运的实践立场。我们应该指出，这还是站在小资产阶级立场上对于革命的追求，这种立场，在引导走向革命中，是应该肯定它，而在参加到工农大众的革命实践过程中，又要反过来否定它的小资产阶级的内容，这才能使它变质而发展成为真正无产阶级的立场，也即是真正和人民共命运的实践立场，这即是从一个阶级到另一个阶级的辩证发展，也即是向更高阶段的发展。

第二，我们也不要以为这种小资产阶级对革命的实践要求，就是与人民相结合的决定因素。小资产阶级对于革命的追求或对于工农大众的同情，最初往往是出于个人主义的立场，因此真正和工农大众结合之间还存着相当距离，如果没有积极的领导和在实践中积极改造，则仍然可能停留在空想的追求上，而最后终于碰壁而回。有如恩格斯所说："……同情无产阶级而反抗资产阶级的著作家们，当其批判资产阶级时，用小资产阶级的及小农的尺度，及以小资产阶级的见地保卫工人的事业，是当然的。于是形成小资产阶级式的社会主义。"也即是所谓空想的社会主义。这种空想的革命家，也何尝能说他没有强烈的主观精神，但是因为不能在实践中进一步去与群众结合，终于失败了。在近几十年来的中外文艺界情形中，也并不乏这些失败或退却了的例证。这并非像舒芜先生所说由于他们主观作用的中断或偏枯，而是由于远离群众斗争而无法突破其原来阶级的局限；而相反的，我们也看到一些原来完全站在资产阶级的艺术立场的作家，如闻一多先生等，终于因为参加了实际民主斗争，而否定他原来的思想，逐渐接近到人民大众的立场上来。这可以见到，作为思想发展的基本契机的，仍在于实践，而不是什么人格力量等等。这是很显然的。

根据上述的分析，所以在今天革命形势日益发展中间，我们要求于作家的，使文艺运动更加强服务于革命事业的，主要是应该放在如何去帮助一切具有反抗反动势力、追求进步、追求革命的作家，如何具体地引导他们到革命战线中来，如何在群众斗争实践中得到改造、充实与提高，最后成为真正革命大众的文艺家。而在这里，毛泽东所提出为什么人服务，如何解决个人与群众的问题等，便不能不是中心的问题……。

这样就又归结到最初的分歧上去，即是：我们是从客观实践出发的，而主观论者则是从主观要求出发的。

四 结 论

无论从哲学观点或文艺观点上，我们都可以看出主观论者理论的一个根本错误，即是他们把历史唯物论中最主要一部分——社会物质生活关系忽略了。因此也把马克思学说最精彩的部分——阶级斗争的理论忽略了。离开了社会阶级的观点，仅从人的主观能动作用一点上，去认识主观问题便产生了一连串的错误，这和经验论的哲学思想有若干相似之处。另一面，恐怕也多少受了鲁迅先生早期思想所影响。鲁迅先生在《文化偏至论》和《摩罗诗力说》中所表现的思想，实际上是和主观论者的理论颇相近似的。例如“……唯有意力轶众，所当希求，能于情意一端，处现实之世，而有勇猛奋斗之才，虽屡踣屡僵，终得现其理想：其为人格，如是焉耳……试以人丁转轮之时，处现实之世，使不若是，每至舍己从人，沉溺逝波，莫知所届，文明真髓，顷刻荡然；惟有刚毅不挠，虽遇外物而弗为移，始足作社会桢干，排斥万难，黾勉上征，人类尊严，于此攸赖，则具有绝大意力之士贵耳。”这和主观论者所谓人格力量，不正是相同吗？但是鲁迅先生却明白指出，这是叔本华、尼采等的学说,而主观论者,俨然以马列主义自命,这是他们真伪不同之点;其次,鲁迅先生思想正如瞿秋白所说:“在当时尚有革命意义”,而主观论者今天重来提倡此种思想,则就远落于现实要求之后,而和鲁迅先生整个的精神是相反的了。

但是我们也应指出,即主观论者的这些理论,是针对着抗战中后期文艺上教条主义的倾向而提出,这在动机上说是很好的,因此这种思想在反抗黑暗的意义上,未始没有它的作用,即在今天,也不应完全抹杀它某种程度的作用,但是由于他们只把病象当作病源,没有更深入去追求这种现象的社会原因,同时也不是从现实革命形势发展与要求上去把握问题,他只是以一种小资产阶级的思想去对待另一种小资产阶级思想,因此,不仅不能解决问题,而其本身思想也成为一种偏向。这种偏向的发展,和马列主义与毛泽东文艺思想是相矛盾的。但是主观论者,却又处处以马列主义的文艺思想自命,因此对这些问题的澄清,在我们便不能不是必要的了。

(原载 1948 年 12 月《大众文艺丛刊》第 5 辑)

新形势下文艺运动上的几个问题

十四年前，当中国红军胜利地完成了它的二万五千里长征，进入陕北的时候，鲁迅先生曾经从上海写信祝贺他们说：“在你们身上，寄托着人类和中国的将来。”

鲁迅先生的预言，今天是实现了。经过十多年的牺牲奋斗，十多年的艰苦锻炼，今天由中国红军而发展过来的人民解放军，已经百倍的强大，在中国无产阶级的正确政治领导之下，在毛泽东思想的指导之下，已经威震世界，摧毁了百年来帝国主义卵翼下的中国封建反动统治，解放了大半个中国，而在不久之后就将解放整个中国了。

这是旧中国的结束和新中国的诞生的一个历史大转变时期，在这个大转变中间我们必须坚持将革命进行到底。在今天尤应坚持毛泽东声明中的八项条件，绝不能被胜利冲昏头脑，必须保持革命者的坚决、清醒与严肃，把握现实形势与群众要求，以实事求是的精神，去面迎那更加艰重、更加复杂的任务和摆在面前的千头万绪的具体工作。我们必须善于学习，善于掌握原则与策略，从实际工作中以加倍地努力，去迎接那新的革命形势。

就文艺运动来说，在这新形势之下，虽然其基本性质与任务并未改变，但是由于政治、经济局势的改观，由于文艺对象的改变与扩大，由于一切束缚限制的消灭，由于广大人民群众对文艺迫切的要求，新文艺运动的具体任务是大大增加了，工作的范围是大大的扩展了，文艺统一战线是更加扩大了。文艺和政治经济的配合关系是更加密切了，文艺工作的方式是要求有所改变了，创作的方向是要求更明确和一致了，思想上的领导是要求更加强了。文艺工作者将怎样来把握这些问题和实践这些新的任务呢？今天我们是应该把问题提得更具体一点了，即是说，我们今天应该如何实际地去工作？

在这里，我们不可能接触到许多问题，我只想提出几个比较实际的问题，向大家请教。

一 文艺作家将怎样为人民工作呢？

在我们每个人心中，我想都会有这样一个问题：在新形势下，我将做些什么呢？但是我以为更正确的说法，应该是：在新形势下，我将为人民做些什么呢？或是：我将怎样为人民工作呢？

一切为了人民的利益——应是我们一个共同的基本信念。

我们中间，也许有人在想，在新的环境里，我将怎样去写出生平的杰作呢；也许有人在想，我将怎样去旅行全国，观察新中国的状貌呢；或者在想，我们已经挨尽了一二十年的艰难困苦，今后要好好来计划一下自己的写作生活吧。每个人都有权利去想象他自己的事情。但是我觉得在这里有必要提醒几点：第一，今天，甚至明天，文艺运动中间的第一位工作，乃是“雪中送炭”还不是“锦上添花”。是解决千千万万人的精神饥渴与实际工作上的需要，还不仅是满足于我们知识分子自己的精神解放。具体说，今天甚至明天对于人民的第一位中心工作是文艺的普及，还不是提高（自然这决不是说不要提高）。第二，就作家自身来说，第一件重要工作，是解决创作上一个基本问题——即是个人与群众的关系问题，主要的事情是作家如何到群众生活中去实践，而还不是把自己关在书斋里来过孤独的创作生活。第三，我们应该记住鲁迅先生告诉过我们的话，革命“决不如诗人所想象的那般有趣，那般完美。革命尤其是现实的事，需要各种卑贱的麻烦的工作，决不如诗人所想象的那般浪漫；革命当然有破坏，然而更需要建设，破坏是痛快的，但建设却是麻烦的事。所以对于革命抱着浪漫谛克的幻想的人，一和革命接近，一到革命进行，便容易失望。”并且不要“以为诗人或文学家，现在为劳动大众革命，将来革命成功，劳动阶级一定从丰报酬，特别优待，请他坐特等车，吃特等饭，或者劳动者捧着牛油面包来奉献他说：‘我们的诗人，请用吧！’这也是不正确的”。我们决不应有这样的幻想。

普及第一，与群众结合，为人民服务，这些道理大家都说得很多了，但是老实说，真正要搞通这些思想，还得到实践中去。毛泽东曾经向我们指出，作家要与时代与群众结合，首先就必须彻底解决个人与群众的关系问题。这个问题不解决，普及工作和为人民服务工作都不会做得好。过去在反动统治地区里，因为没有到工农群众中去的自由，所以这个问题很难彻底解决。今天我们即将完全取得这种自由了，那么今天就不应仅仅停留在理论上的讨论，而是应该如何实际地去做了。

我们中间，当然也会有那样的作家，如现在解放区某些作家一样，直接参加到生产工作、土改工作或军队战斗工作中间，或甚至就是一个工人、一个农民、一个士兵。这当然是最彻底的，但是这却不能普遍地要求于每个作家，而且事实上既不可能也无必要把每个作家都直接分派到生产或战斗单位中去。因此，除了上述这类作家以外，我们想象可能有过着下列各种生活的作家：第一是参加在宣教性质的文化组织中间的，如文工团流动剧团等的成员；第二是服务于行政教育等机关的，即新的公教人员；第三是从事于文化出版事业的，如报馆编辑、杂志编辑、出版社编辑等；第四也有以专门从事写作的职业作家。在这些作家中间，除第一种作家，是比较经常和群众接触外，其他几种也可能和工农大众生活仍然隔着相当距离。例如教授、公务员、编辑等，他们可能除了课室、机关、报馆的生活和一般性集体生活以外，仍然没有机会直接接触到工农群众生活。而且我们还得指出知识分子的惰性和对于物质生活的留恋，又常常作为阻碍他们到工农群众中去的主观因素。那么，这些作家又将怎样去与群众结合，向群众学习，以及从群众生活中去吸取创作的原料呢？

这里，我们想提出一些具体的意见。

在人民社会里，我们可以想象各个工厂、农庄、合作社、或各个职工会、农会的机构中，都将有文化教育的一部门。如文化室、文娱室、文教委员会，以至于在这些部门之下的剧团、秧歌队、文艺小组、识字班等等。这些组织形式是将根据实际情形而决定。它一方面是某一生产单位或工农团体的一个部门，同时又是这个区域里文教工作系统的一个环节。这些部门的构成分子，主要当然是工农干部。其次也有青年知识分子的干部，但也需要有文化水准较高的作家或艺术家去协同工作。这样，工作当然会做得更好些。那么，这些离开工农生活较远的作家，是不是可以有计划地配合到这些工作部门中间去呢？例如说，一个机关人员作家或教员作家，他每星期中可以支配出若干时间，去担任一个工厂或农村文化室的指导员或干事，一个报馆编辑，也可以同时是这报馆印刷工厂文化室的一个工作者。他并不仅是以一个业余的身份去参加，而且是作为这个工厂或农场的员工之一分子去参加，他可以和工人农民一样从他的工作中取得一定的报酬。这样，他主要岗位虽然是某个机关的公务员，同时却又是这个工厂或农场的一个员工。他的利益与群众利益是直接联系着的。在这种情形之下，所谓纯粹的职业作家就不存在了。即使他是以从事写作为其主要生活的，同时他也不得不是某一生产部门的构成分子。而当作家们这样去工作时，他又是和这个区域的整个文艺运动或文教领导机构配合起来的。

在这种情形之下，第一，作家要为工农文化工作去服务，他就不能不去从事于普及的文艺的写作，以及从这基础去提高；第二，工农文化部门需要文化干部与人才的问题也容易解决了；而第三，在这种群众生活中间，作家不仅得到了向群众学习的机会，作家的生活与思想改造也得到了实际的基础。

在过去的延安，后来的哈尔滨，听说曾经采用过这类方法，即一些行政机关的人员，每星期中，必须有一定时间去参加工农中间的教育文化工作。这种工作方法的成效如何，我还没有材料，但是我想，这个方法是值得提倡的。自然，读者决不要误会，以为这样一来，作家与群众的关系就完全解决了。这是没有那么容易的。知识分子的改造，是需要“长期地无条件地全心全意地到工农兵群众中去”锻炼，只和人民群众在一起并不等于与群众真正相结合，但是最初一步总不能不是直接投到群众生活中去，直接为他们去工作。如果在新形势之下，还只是口里叫着为工农，而实生活依旧是和工农相隔十万八千里，那是搞不出什么名堂来的。并且我们还得指出，在这样的过程中，还可能而且一定发生许多痛苦，许多矛盾。不通过这些痛苦与矛盾的考验，我们还是无法做到与人民真正结合。

这样的工作方式，当然不应该是强迫的、命令的，而必须提高文艺作家的自动自觉精神，通过文艺领导团体作有计划的推动与协助其进行。在作家中间，我以为应该提倡这样一种风气，即以参加到生产机构或群众生活为光荣，而以脱离群众生活为耻辱。这种风气所及，不仅鼓励作家的走向群众，而且对于知识青年的教育和整个社会风气的改造，都将有极大的作用。

总之，在新形势下，要做到文艺与人民相结合，作家与群众的关系，必然是一个首先要解决的问题。

二　作家将为人民去写些什么呢？

确定文艺为人民大众服务的基本方向，和确定与人民结合的基本创作道路，这是“怎样写”的根本问题，而同时也就不能不触到另一个“写什么”的问题，即是创作的主题方向问题。

三十年来，反帝反封建是作为新文艺创作上的基本主题方向，今后当然也仍然如此。但是今天的情形有一点是不同了，就是过去我们是在帝国主义者与封建统治直接压迫之下，所以文艺的描写主要是着重在对统治阶级黑暗的暴露；自然从暴露黑暗的另一面，也就写出被压迫人民的斗争和希望。检视一下过去三十年的文艺作品，可以看出绝大部分的作品是属于暴露黑暗的。我们曾经创造出来的典型，大抵是属于被统治阶级折磨得变形的人物（阿Q、孔乙己等），或者是属于统治阶级的剥削者（如吴荪甫等），或者是类乎果戈理小说中的反动阶级的丑角（如华威先生等）。为了攻击和破坏敌人的阵地，为了揭露现实的丑恶，这样的暴露是完全必要的。但是如果因此而就得出这样的结论，以为“从来文艺的任务就在于暴露”，这显然是不正确的。就今天来说，时代已经是属于人民，斗争的形势也就应该和以前不同了。但这绝不是说，我们可以无须继续去暴露反动阶级的丑恶与黑暗。在苏联革命成功以后若干年，高尔基还在写他的《布雷乔夫》呢，然而就整个文艺运动来说，在今天，表现新中国的光明面，表现劳动大众的积极性与优美品质，这些主题便必然是要提高到更重要的地位了。在今后文艺中，我们要更积极地去创造出像铁锁、李勇这一类人民英雄的典型。这是由于现实所要求的。第一，这样的现实和这样的人民英雄，不仅存在而且不断地发展，那么文艺就应首先去反映这新的时代新的人民的状貌与其内容本质。第二，在新社会建设过程中，文艺的积极教育作用必然要更提高。就如毛泽东所说:“我们所写的东西,应该是使他们团结,使他们进步,使他们同心同德,向前奋斗,去掉落后的东西,发扬革命的东西,而决不是相反。”第三,新社会的文艺,不仅是反映今天的现实,而且还要去描写明天的现实,这就是所谓现实主义中的浪漫主义的因素。过去我们的理想今天已经成为现实,那么明天的现实,自然也同样是孕育在今天我们的理想之中。构成明天现实的胚胎已经存在于今天现实中,而且不断在生长了。这即是说,明天社会主义的因素,已经在今天新民主主义阶段中生长、孕育了。那么,作家在反映今天的现实中间,也一定要能看到已经存在于今天现实中间的新的因素,以及它的可能发展。这一切都是根据于现实的要求而提出的。

自然,在另一方面,对于帝国主义阴谋的揭露,对于残余封建意识与半殖民地意识的斗争,仍然不能放松。忽略这一点也是错误的。我们知道思想意识的斗争与改造是比政治军事斗争更长期的。几千年来的反动思想,有它根深蒂固的传统,决不是三年五载所能铲除干净。像苏联这样的国家,在革命以后二十多年,还在积极进行反对资产阶级思想意识的斗争呢。而在今天中国,帝国主义者正在积极进行对中国人民的阴谋,土地改革尚未全面完成,随着革命的高潮还可能会卷入一些不健康的因素,这一切斗争还是非常尖锐,所以我们还是需要许多暴露这些丑恶、罪恶的作品,特别在土地改革中需要揭露地主阶级罪恶的作品。这些都是必要的。但是在这里,我们应该有一个原则,就是“一切危害人民群众的黑暗势力必须暴露之,一切人民群众的革命斗争必须歌颂之”,以及

“暴露的对象，只能是侵略者、剥削者、压迫者及其在人民中所遗留的恶劣影响，而不能是人民大众”。不掌握这原则，只片面地强调对人民奴役创伤的斗争，那就可能走向一种危险的倾向。

其次，今后写作的主题方向，必然是和政治经济的斗争与建设，更有机的更紧密的配合。我们不要以为只有“怎样写”的问题，而没有“写什么”的问题。当文艺作为革命的一个螺丝钉的时候，写什么的问题，不仅和怎样写不能分离，而且和政治经济的具体任务不能分离的。在政治或经济建设的某一号召下，文艺家就应该去奔赴这号召而写出作品来。例如在农村的土改运动中，人民就需要大量写土改的作品，在经济建设运动中，人民就需要大量写生产的作品，作家应该用这些作品去回答他们的要求呢，抑或是以创作自由的理由去拒绝他们的要求呢？而且这样的号召，常常确是有时间性的。例如在华东，有一时候以土改为主，要求作家产生大量描写土改的作品；有一时候又以支援前线为主，又要求产生大量描写支前的作品；有一时候又以生产为主，要求产生大量描写生产的作品。那么，我们是不是应该说，这是有时间性的东西，而我们应该去创造永久性的东西呢？或者说，这是宣传的手段，而我们是应该为了艺术的创造呢？或者说，这样是使文艺成为政治的婢仆，而我们的文艺是有它独立的尊严性呢？这样说法显然是不通的。所谓时间性，所谓宣传手段，是看作品的表现程度而说的，像肖洛霍夫为响应苏联五年计划中集体农场运动而写出的《被开垦的处女地》，不是直到现在还被普遍地在欣赏吗？像马雅可夫斯基为了十月革命而写出的街头鼓动诗，不是被公认为高度艺术性的作品吗？那么就算是“宣传手段”有什么不好呢？就算作“政治的婢仆”，只要是人民的政治，又有什么不好呢？我们承认文艺有它独特的性能，是一种独特的意识形态，但我们也不要忘记这意识形态是建立在政治基础之上和作为下层基础的经济关系之上的，不要忘记它是整个革命的一个环节，它的运动必须是从属于整个政治的运动，才能发挥出独有的性能，好比一个齿轮是跟着整个机器的运动而发生其作用的。

在受资产阶级文艺理论影响较深的人，可能一下子思想转不过来。例如以前苏联文艺界号召作家配合五年经济建设去写作的时候，有人就讶异这是机械的做法。但是后来描写五年计划的辉煌作品出来了。这不是最好的证明吗？同样的情形也已经表现在解放区，今后也将表现在全国文艺运动上。今后数年中，中国政治经济的建设上，我以为主要恐怕是两个中心，第一是全国农村中土地改革的彻底完成，第二是以国家经济为领导的工业化建设（此外当然也需要有强大的国防建设）。我们的文艺创作，应该环绕这些中心任务，才能配合实际的需要。而也为这些缘故，我们更应深入工农兵群众，去掌握它的具体内容与适当形式。

总之，写什么的问题，主要是应该根据客观实际的要求，而不只是根据于作家自己的愿望。只有在群众斗争的实践生活中，才使作家的主观愿望和客观要求统一起来。

三 文艺运动的组织形式应该是怎样呢？

要扩大新民主主义文艺的影响与作用，要扩大文艺的普及范围，必须是有领导的、有计划地去进行组织工作，这是一个重要的实际问题。

在解放区，这个大众性的文艺组织工作早已进行了，但是在过去反动统治地区，文艺运动的组织工作主要还局限于作家和部分的知识青年中间，前者就是“文协”及其各地分会，后者则是各地和各学校的青年文艺团体，而这些组织又是经常在反动统治下遭受着不断迫害的。

在新形势下，仅靠这些原有组织形式显然是不够了。而这些原来组织的范围和作用又势必是扩大和不同了。这里一个主要的问题，就是如何使广大工农中间的爱好文艺者组织起来呢？应该运用怎样的形式去组织他们呢？这个问题的重要性是比作家本身组织的问题要提得更高了。

关于这样的经验，我们还很少，尤其是工业大都市，如上海、武汉、天津工人较多的地区，这样的经验尤少。事实上，具体的组织形式必须是根据具体的环境和要求来决定，不能闭户造车式来预先规定。但是在组织原则方面，却是可以讨论的。

工农群众的文艺组织，在性质和机能上，应该和作家的组织是有多少不同之处。工厂和农村大概也未必尽同。工人群众的文艺活动，基本上是以其自己生产单位为基础的，因为在这一单位中，他们原来就已有集体生活，这与个别分子互相结合起来的作家协会之类就不同。譬如各个工厂大抵曾有它自己的文艺小组、墙报、剧团、歌咏队一类组织，所以它的活动中心就是这个工厂。但是一个城市或一个区中间各个工厂的文艺小组、剧团、歌咏队等又可以互相联合组织起来成为这个城市或这个区的工人文艺团体，这个组织就庞大了。至于全国性的工农文艺团体的组织，现在似乎还早，将来则可能会产生的。在农村中间，各乡村独立组织的形式可能更适合些，而且形式可能是多样的、灵活的。其次这些组织的成员应该是广泛的、群众性的，凡是爱好文学艺术的工人农民都可以参加，不像作家协会等必须限于作家，因此它的组织是要比前者庞大得多，教育意义和集体活动的意义更大。这些组织的领导者应该以工农干部为主，而不应由作家或知识分子去越俎代庖。但是作家的组织和文艺青年的组织，却应该对它取得彼此互相协助、互相学习的关系，而不是直接领导的关系，如前述分派作家到他们单位中间去工作，是应该根据这样关系去进行的。

在城市工人文艺组织工作中，一个重要的问题，是应该有他们自己的刊物。这些刊物原则上应该由工人自己来写稿，自己来编辑，除必要外最好也不要知识分子去代庖。刊物是组织工作的有效工具。通过刊物可以培养工人的作家，发现优秀的有才能的文艺干部，可以从写作实践中提高他们的水平。这类文艺性的大众刊物，现在还少有，在大工业城市被解放以后，这个问题就要被提出来了。

在农村中间，我以为通过一些民间艺术形式去组织爱好文艺的农民是很有效的方法，事实上，在旧式农村中间，农民曾经用过这类形式去组织他们自己。如南方各乡村中的舞狮、舞龙的社团等，在新的农村中间，则如陕北之秧歌队已成普遍的组织。在提高文学艺术运动中间，农民一定热烈地参加，我们不难发现出他们中间有天才的艺人。对于流动于各村庄的文工团，推动这类组织，应该是重要的辅导工作之一。

至于作家自己的组织，基本上当然应该仍是作家统一战线性质的组织。但它的内容，是要比过去充实了，在反动统治压迫下，像过去的"文协"，一度曾经只成为同业公会性质的组织。在今后，这情形是不同了，作家的组织应该成为文艺运动与文艺思想上一个研究和领导的有力组织；它不单是作家联谊性质的团体，而是一个负起实际工作责任的团体。它不仅应该负起团结作家、领导文艺思想的责任，而且应该负责协助工农文艺运动和培养大批文艺干部的责任。第二，它的成员应该是真正从事于文艺写作或文艺组织工作者，不应再像抗日时期包括了一些名不副实的官僚绅士在内。第三，它应该保持高度的民主精神，而又建立起坚强的思想领导。它和苏联的作家协会与过去的左翼联盟在范围上和领导关系上应有不同之处，但它也决不同于自由主义者的组合，像"笔会"之类的性质。它是在新民主主义政治领导下的文艺界统一战线的组织。

一般青年文艺团体，大体上应和过去相同，但是应该使它们互相联系、互相配合，建立明确的思想领导，成为新民主主义青年运动中一支生力军，也是作家阵线的一支强大后备军。它们不仅彼此互相联系配合，而且也和作家组织、工农文艺组织取得相互的配合与联系。

不管是工农大众的文艺组织也好，作家自身的组织也好，文艺青年的组织也好，在文艺统一战线中间，必须确立一个共同的目的。这共同的目的，就是鲁迅先生所说的：为工农。没有共同的原则，则当文艺组织那样广泛展开之际，宗派主义的倾向是一定不能避免的。我们在进行扩大组织工作中间，必先在精神上有所准备，防止和克服宗派主义倾向。这是一件很不容易的事情，如何防止和克服它，不在于四面讨好、八方拉拢，而在于确立坚强而明确的无产阶级的思想领导。

以上各点，只是许多问题中间的几个比较实际的问题。上述种种意见，多少也还不免带着理想，还得到实际中间去修正和补充。但是这个运动的展开，需要是有计划的、有组织的、有系统的，这却是必然的事。文艺运动的表现，固然主要在于作品，但是这是一个广泛群众性的文艺运动，而且是前所未有的广泛群众性运动，所以对于它的组织意义的重视，乃是十分必要的事情。

“五四”以来，新文艺运动已经经历过几个阶段，现在我们正跨入一个崭新的阶段，这个阶段的前途是壮阔无比的，让我们每个文艺工作者，用全心全力，来拥抱这个新的时代、新的人民，并且为中国新文艺运动的前途祝福吧。

（原载1949年3月《大众文艺丛刊》第6辑）

谈戏剧上的典型问题

——在一个演员座谈会上的谈话

今天各位要我来谈谈关于典型的问题，这是个非常大的题目。典型创造，是艺术创造上一个最高的问题，要详细来说明这个问题，实在很不容易。而以我理解的粗浅，和今天时间的匆促，更不容易做到。现在只能就我个人所知，粗枝大叶地谈一谈，供给诸位参考而已。

诸位提出这个问题，我想也许不仅是从文艺创作的要求出发，更主要的，恐怕是在演剧上如何表现性格，或者说如何做到演剧上性格的表现达到典型的高度。这确实是个重要的问题。因为一个剧本中的人物性格，不仅由剧作者来创造，还要通过演员把这性格表现出来。一个好的演员，能够做到把剧本中一个写得并不成功的性格表现为一个非常生动凸出的性格；反之，一个坏的演员，也可能使剧本中很成功的性格演得黯淡无色。所以在演剧上，性格化是个重要的问题，而性格化的最高境界，便是典型性格的把握和表现。

其次，我想，诸位在今天提出这个问题，还关联到一个在今后新的演剧中间如何表现工农性格的问题。过去，在演剧中间，我们多半是表现都市小资产阶级的人物性格，这在我们是比较容易把握，表现起来也觉得容易。但是今后的演剧中，恐怕要表现以工农的性格为主，这就感觉困难。例如，在上次演《白毛女》中间，就发生了这样的困难。如何来把握这些性格呢？这大概也是各位急想理解的问题。但这个问题，只有在群众生活实践中去解决，首先要熟悉工农的生活。毛泽东同志说过，“不熟不懂，英雄无用武之地”，如果不是从群众生活中去理解和体验工农的性格及其种种特征，尽管熟读了演技方法之类，还是不能解决的。过去延安就有过这类的经验。在一九四二年以前，延安也在演《日出》一类大戏。戏，当然演得很好，但工农大众看起来，总觉得这是“你们”的戏，还不是“我们”的戏，所以戏剧的影响还不能真正达到广大群众中去。一九四二年文艺座谈会以后，改变了作风，戏剧真正到群众中去了，这时就发生了困难。因为演员用旧的一套所表现的工农性格，工农大众看起来并不真实。曾经听说有过这么一个故事：在某个戏的某个场面中，一个同志突然被杀死了，有一个政治委员从外面进来，发现这个悲剧，导演者就运用旧的处理手法，让那个演政委的演员，以很慢的拍子，一步一步慢慢走到死者面前，然后慢慢跪下，表现他的哀痛。当这戏演完以后，工农观众就批评他不像。他们说：“嗨，他们错了，要是我们看见某一同志这样死了的时候，我们是会马上扑到死者身上去的，绝不会像你们那样慢条斯理的。”这是很有趣的一个故事，这说明性格的把握与创造和生活实践是不能离开的。后来，延安的演员一方面是更深入到群众中去认识和体验工农大众的生活，一方面，又请工农干部来协助导演，请他们参加意见，根据群众的意见来修正动作和表情，真正做到了与群众合作。这以后，工农大众就觉得这是真正属于他们的戏了。他们看了戏以后，有的说，戏里这个女的就像是他的姐姐，有的人说，那个男的就像是他的舅舅。观众觉得戏里的人物，就像是他们常常碰到的人物，很熟悉，很亲切，这样他们自然就对戏剧感到极大的兴趣；而反过来，戏剧又成为教育他们的工具。

这是说，他们在把握工农性格这方面是得到成功了。这是一般说，还不能算是已经达到典型性格创造的成功。一个典型性格是需要概括着更多的东西的。典型创造，严格说来，是不容易的事。现在各位所要求的，恐怕首先也还是如何从群众生活实践中，去把握工农阶级的各种性格，从这一点再进而去理解典型的问题。

下面我想分开几点，来谈一谈典型的问题：

一　典型的阶级性

什么是典型呢？高尔基说过："……文学家如果能从二十个——五十个，不，几百个商人、官吏、工人的每个人之中，抽取出最特质的阶级的特征、习惯、趣味、动作、信仰、作风等——拿来统一在一个商人、官吏、工人身上，那么，文学家就可以借这样的手法，创造出'典型'来，只有这，才叫作艺术。"又说："……文学上的'典型'，是依照抽象和具体化的法则创造出来的。把许多主人公的特点'抽象'了，'分离'了，然后再把那些特征'具体化'，概括在一个主人公的身上，……分离了各个商人、贵族、农民身上的最自然的特征，概括在一个商人、贵族、农民的身上。这样就产生了‘文学的典型’。浮士德，哈姆雷特，堂·吉诃德等等典型，便是如此创造的。……”(《我的文学修养》)

这里明白告诉我们一点，一个典型必定是代表某一阶级或阶层中许多人身上的最特质的阶级特征，把这些特征抽出来再概括到一个人物身上。因此从这个人物身上所表现出来的特征，必然是更凸出的阶级性格。阶级性格的特征是典型的最本质的东西，离开了阶级性格的特征，就根本谈不到典型。

为什么是这样呢？很简单，就是人的性格是基本地决定于人的生活的。社会上各色各样的人生活虽然并不尽同，但是大体上是受他的经济关系所支配。封建阶级是依靠封建剥削关系而生活的，资产阶级是依靠资本主义剥削关系而生活的，工人农民是在被剥削的经济关系下生活着的，而工人的被剥削关系和农民的被剥削关系又有不同。由于这些经济关系的不同，所以各个阶级的人虽然并不是每个人性格都是一样，但是把他们的性格仔细分析起来就可以发现出多少是有共同的阶级特征。艺术家在创造人物上，首先就要能抽出这些最特质的阶级特征，具体地概括到一个人物上，这样，这个人物就一定表现出鲜明的阶级性格。

这里，也许有人会提出这样的反驳：譬如说，剧作家或导演告诉我们说，这个角色的性格，应该是粗暴、急躁，那么这是什么阶级的性格呢？地主阶级中有粗暴、急躁的人，农民中也有，所谓阶级性是在哪里呢？这个反驳，对我们了解这个问题很有帮助。因为我们确实也看到这样情形，即是演正面角色的常常是这一套，演反角的又常常是那一套。表演农民粗暴、急躁性格，和表现一个地主的粗暴、急躁性格并无区别。这样的演剧往往是失败的。我们要知道，这两种粗暴性格，是毫不相同的。地主的粗暴性格是从他对于农民的残暴的剥削而来，而农民的粗暴性格，则常常是由忍受不住被残酷的剥削而产生的反应。例如，地主的虐弄婢妾和农民的打老婆，其意义是区别极大的。如果不能区别出它们的不同，而把它们看作同一范畴的特征，那么表演出来，就一定失去真实。

忽略人物性格的阶级性，常常会使我们演剧失去反映现实的意义，而给观众一个不真实的印象。例如，我看过一次演《忠王李秀成》，把李秀成演成一种儒将风度，完全看不出他农民的革命领袖性格特征。这会使我们把李秀成看成和岳飞、史可法同一类型的人物，这样就反映不出李秀成阶级性格的特征来（自然，这和剧作者性格的描写有关系的）。又如，《一江春水向东流》里的女主角，在性格表现上说是很成功的，但是如果作为典型性格来说，则是不够的，因为这女主角既是产业工人出身，即是无产阶级的人物，在经过那样长期的苦斗，她的性格是不应该那样柔弱以至自杀。这是不能代表当时上海产业劳动妇女的共同特征的。因此，在她的身上，看不出她自己阶级的特征。我以为，既然这样处理，倒不如写她是一个小市民阶级的人物更合适些。

当剧作家创造一个人物，或演员接受分配给他的角色时，他应该研究这个人物的阶级性，从而向这一阶级或阶层的人物身上，去观察、研究、体验他们最特质的特征，然后具体地、适当地概括到他所要创造或表现的人物身上。这不仅在创造典型上，就是在一般把握人物性格上，都是必要的。

二　典型的民族性

从前在讨论阿Q这个典型性格时，有人说，阿Q是辛亥时代中国失业贫民的典型性格；但也有人说，阿Q是代表中国国民性的一种典型性格。后一说法的理由，是中国各阶级人身上都多少带着一些阿Q相，所以阿Q是代表中国国民性的。如果说，典型是代表一个阶级的，那岂非不能自圆其说吗？

这是一个很有趣的问题。

照我的理解，阿Q也好，堂·吉诃德也好，任何文学上的典型人物，本质上都是代表一定阶级的，因此，它才能是具有世界性的。不然的话，我们就无法理解其他民族的典型性格。例如我们看到果戈理的《钦差大臣》的人物，我们很熟悉，因为这一阶级的人物中国多得很。陈白尘的《升官图》里不就有这类人物吗？又如《死魂灵》里的乞乞科夫，我们也很熟悉。因为这一阶级人物，中国也有，眼前就有一个吴裕后，不就是活生生的中国乞乞科夫吗？堂·吉诃德也是一样，眼前就有一个向黄包车红色坐垫挑战的薛岳。那么，反过来说，在外国同样阶层中，也一定有过阿Q那样的人物。这是无疑的。不然的话，《阿Q正传》外国人就不会理解。

那么，有没有民族性呢？我说是有的，不过它不是本质的东西，而是特质的东西。为什么这样说呢？因为全世界各个阶级的意识，虽然是相同的，但是各个民族的生活方式，习惯风俗，和历史传统又各有其自己的特征。从阶级意识中所反映出来的各种性格、行为，是要通过其民族的生活方式、风俗习惯等而具体表现出来的。因此，俄国的乞乞科夫和中国的乞乞科夫，在具体表现上决不会相同；外国的阿Q，也许不会是把筷子插在盘起的辫子上，梦想着白衣白甲人马到来的阿Q。只把握了阶级特征的本质，而不能通过民族生活的特质表现出来，这个人物不会是生动真实的，我们说阿Q这种性格是有世界性的，但是这种性格具体表现在阿Q身上，我们说又是中国的。从阿Q身上，我们可以看到中国民族的病根，看到中国农民叛乱的失败的原因，看到辛亥革命失败的原因。外国假如有个阿Q性格的典型人物，它的含义一定又有具体的不同地方。然而在说明从这性格所表现出来的奴隶失败主义这一基本特征时，却是共同的。

阿Q这典型性格，是说明在被压迫在最低层的农民，经受了长期的奴隶思想的麻痹，迷失了战斗的方向，得不到正确的领导，然而在被压迫到不能生存时，一种模糊的反抗意识仍然是在抬头的，但是他找不到反抗的途径，只有采用“精神胜利法”这种方法，来自欺自慰。这自然只有失败。这是在封建势力残暴压迫下奴隶的悲剧，不是从这种奴隶失败主义中间觉醒过来，不是用无产阶级集体主义思想的领导，去解决农民斗争的问题，农民翻身运动是终于得不到成功的。这毫无疑义是具有世界意义的一个伟大的历史悲剧主题。鲁迅先生掌握到这个历史真理，才创造出阿Q这光辉的典型。而鲁迅所提出的这个问题原来由中国无产阶级来解决了。

所以说，阿Q仅仅是代表国民性的，这是估低了阿Q这个典型人物，而且也误解所谓“典型”的意义了。

但是，为什么又说阿Q的特征也表现在中国其他阶层的人物身上呢？这里所谓阿Q的特征，大概是指他“精神胜利法”而言。这种特征确实表现在各阶层甚至统治阶级中间，为什么是这样呢？这里首先要指出中国这个半殖民地国家的特点。中国的统治阶级固然是骑在人民的头上，但同时也免不了要做帝国主义者的奴才或奴隶。他们可以向人民作威作福，但是另一方面看到几千年古国一天一天地没落，既不能也不敢对帝国主义有所反抗，这样就不得不拿出一套失败主义的哲学来欺骗自己，形成了普遍的一种自夸自大自卑自欺的精神病态，用“东方文明”、“华夏古国”这一套鬼话聊以自慰。这是他们的“精神胜利法”。因此广义来说，阿Q主义也的确可以说是被压迫的半殖民地的一种病态思想。但是作为阿Q这典型性格来说，我们应该有所区别。第一，阿Q的这种“精神胜利法”却是作为麻痹人民革命思想的一种恶毒方法。第二，阿Q是被压在最底层的人物，他只有受人剥削而不剥削别人，而那些统治阶级的人物却是出奴入主，白昼骑人，暮夜乞怜之徒。他们一方面用“精神胜利法”自夸自欺，一方面又用“物质剥削”法在残民以逞。这和阿Q性格绝无共同之处。所以如果把阿Q这个典型性格和李鸿章、张之洞那种奴才性格来等量齐观，那是非常错误的。

这个问题，说来话长，我曾经另外写过一篇文章，不想在这里多扯下去了。我所想说明的，就是作为典型本质的阶级性与作为其特质的民族性的关系，就是：典型是作为一定阶级或阶层人物的特征的概括，而它又必须通过各个民族生活方式等的特质而具体表现出来。

演员在表现一个人物的性格上，把握民族性的特点是非常重要的，这在中国尤其是如此。因为中国的话剧主要是接受西洋戏剧影响而发展过来的。所以在导演、演技上，很多地方是模拟西洋的戏剧手法。演员的动作、说话都有些洋化。所以有些乡下农民干脆叫话剧为洋剧。十多年前，记得有位外国戏剧家，看了中国的话剧，批评说演技极好，但可惜缺乏民族性格。这话是值得我们警惕的。假使这个缺点不克服，典型的性格也是表演不出来的。这个原因，一方面当然是我们对于人民生活的不够熟悉。因此，当我们在创造或表现一个人物时，不仅要多方面去观察、研究、体验人物的内在心理，意识的特征，而且要研究、观察和体验他们的外在生活的状貌，以及动作与言语的特征。

三　典型与个性

上面说过，典型创造是需要概括某一阶级或阶层许多人物的特征，但是所谓概括特征，并不等于把各个特征拼凑在一起就算了。我们懂得，要使这个典型人物成为一个有血肉有灵魂的活生生的人物，然后这些特征才能通过这个活生生的人表现出来。否则，这个人物是死的，怎么能够显示典型性格呢？高尔基说过："不要把'阶级特征'从外面贴到一个人的脸上去，像我们这里所做的一样；阶级特征不是黑痣，而是一种非常内在的、深入神经和脑髓的、生物学的东西。一个严肃的作家的任务，是要用具有艺术说服力的形象来编写剧本，努力达到那种能使观众深受感动并能改造观众的‘艺术的真实’……”

这即是说，阶级的特征不能是像标签一样贴上去，而必须是把它们熔铸在一个人物的具体的内部个性中间。所以，创造一个典型人物，不仅这个人物能够代表他这群人的阶级特征，而且这个典型人物又要有他自己特定的个性。这就是典型创造上所谓个性化的问题。在《论剧本》这篇文章中，高尔基又说："在每个被描写的人物身上，除了一般的阶级特点以外，还必须找出对他最有代表性、而且最后会决定他在社会上的行为的个人特点。"

这话怎么说呢？我们不妨再引高尔基一段话："人是各种各样的：这个人喜欢饶舌，那个人沉默寡言，这个人执拗而自负，那个人羞怯而缺乏信心；……然而其中每一种品质都未必能够完全决定一个性格，……剧作家从这些品质中选取了任何一种之后，有权把它加深和扩大，使它变得更加尖锐而鲜明，使它成为决定某一剧中人物的性格的主要的东西。"这即是指个性化而说。举例来说：果戈理有篇小说叫《两个伊凡》，这两个伊凡都是代表着当时地主阶级的典型人物。但是，两个伊凡却又各有不同鲜明的个性。而从两个不同的个性中间，却又显出当时地主阶级的共同特征来。

那么，既然典型一方面是代表某一阶级许多人的共通特征，而另一方面又要是他自己特定的个性，这岂不是矛盾吗？不，并不矛盾的。所谓个性化，并不是为表现这个人的个性而表现个性，而是要通过这个特定的个性，来表现这个人物所代表的诸特征。比如阿Q是个非常生动的有个性的人物。阿Q

不等于张三、李四或其他农民，阿Q就是阿Q。但是，人家看起来，阿Q的性格中间既有张三又有李四的东西。这就是说，在阿Q这个特定个性中间，又处处表现出他这个阶级的特征。鲁迅写阿Q的一举一动，都不是无所谓的，而是包含着社会的意义。所以它们是统一的而不是矛盾的。作家有权利从各个不同的个性中来表现阶级的共同特征，好比上述的《两个伊凡》，就是从两种不同的个性中，来同样达到表现当时地主阶级某些特征的目的。

恩格斯说过："每个人都是典型，但同时又是一定的单个人，正如老黑格尔所说的，是一个'这个'。"这即是典型个性化的说明。总括起来说，即是典型的特征必须通过人物的个性表现出来；反之，人物的个性又必须是能表现典型的特征的。用更简单一句话说，就是"被个性化了的典型与被典型化了的个性"。

在我们的演剧中间，常常看到这类情形：即有的人是为了卖弄他自己的才能在演戏；他似乎竭力在发挥角色的个性，然而从他的个性表现中间，我们除了看到他在卖弄自己以外，一点看不出他所表现的人物个性有什么社会意义。这是恩格斯所谓"庸俗的个性化"。另一方面，我们也看到，演某些角色常常是一种固定的公式，演来演去总是那一套。例如，抗战演戏中的汉奸和日本人，常常这个戏和那个戏里都是一模一样，连外形都是差不多。有些演员，也许以为这是有特征的，例如：凶暴、狡诈、荒淫、无耻等等，可是因为没有个性而变成一种公式了。观众看来当然毫不生动，特征也就表现不出来了。

我们还得指出一点，就是人物的个性应该是发展的。在戏剧的发展中间，人物的个性也跟着发展，不能把它固定了。举例来说，上次香港演《白毛女》时，演白毛女的季女士，是很成功的。但是，当白毛女在山洞里藏了几年之久，她的生理和心理都应该是变态了，这一定影响到她的性格，这种发展过程表现得似乎不够。当然这是很难的，因为演员需要能够深刻去体验这种生理和心理的变态。但是因此却使我们感到下半部戏不及上半部精彩，我想是和这问题有关的。

斯坦尼斯拉夫斯基要求演员"生活于角色中间"，主要也许就是指演员应该如何去把握角色的特定个性，然后才能从这中间显示出人物性格的特征。

四　典型环境与典型性格

"典型环境中的典型人物"，这是恩格斯的一句名言。恩格斯有一个朋友，是女作家哈克纳斯，她写了一部小说《城市姑娘》，是写伦敦的劳动妇女生活的。恩格斯称赞她这小说的主人公描写得很生动，有性格；但是又批评她，说这个人物却不能表现当时的典型环境。因为当时英国劳工运动已经发展，一般伦敦的工人已经知道怎样反抗了，而在哈克纳斯的小说中，工人阶级却显得是消极的群众。因此恩格斯告诉她说：这小说假如是描写一八〇〇年到一八一〇年的时代，倒是正确的，但是在描写一八八七年的时代，"这样描写就不正确了"。

恩格斯告诉她说：

"现实主义的意思是，除细节的真实外，还要真实地再现典型环境中的典型人物。您的人物，就他们本身而言，是够典型的；但是环绕着这些人物并促使他们行动的环境，也许就不是那样典型了。”

恩格斯这一段话，直到现在还是现实主义的最好解释。

道理是很明白的。我们为什么要创造人物呢？为什么要创造艺术呢？无非是为了反映现实，指导现实。因此，并不是为了性格而去创造性格，而是为通过人物性格来反映历史现实。所以如果从一个人物性格上看不出驱使他行动的时代环境，那就算不得典型的性格创造。反之，一个作家如果不能从典型的时代环境中去把握他的人物性格，那么这人物的现实性也是不够的。

一切伟大的艺术，都可以从它们人物身上不仅看出他的时代背景，而且看到历史现实的本质。例如从《哈姆雷特》这个人物身上，反映出当时贵族没落与资本主义萌芽的时代矛盾，从巴尔扎克《人间喜剧》的许多人物身上，可以看到法国当时的全部历史风貌和其斗争实质，从阿Q身上看到辛亥革命失败的原因和中国农民斗争上的一些本质问题。这样的例子是不胜枚举的。高度的典型创造，它所反映出来的历史现实及其本质，常常比历史家所描写的更深刻。艺术上典型创造的意义之重要，主要也即在于此。

在戏剧上说，如何把握人物与环境的关系，主要自然是剧作者的任务，但导演与演员也同样都要把握这关系。我曾经看过美国人所摄制的陀思妥耶夫斯基的《罪与罚》影片，几乎把它演成一部侦探式的影片了。也看过莎士比亚的《罗密欧与朱丽叶》，演成浪漫蒂克的传奇剧了，完全丧失了原作的本意。这是说明了，在没落的资本主义时代的艺术中间，常常把古典作品的伟大意义贬低了。

在我们演剧中间，尤其是历史剧中间，也有时会忽略了人物性格与其时代环境的关系。有些演员往往只是从忠奸善恶的概念上去把握人物性格，而不能把人物性格与其时代斗争的特点及其阶级性上联系起来。因此，我们不易从戏上看出历史的现实，更不易看到所谓典型环境。

把一部外国作品改编为中国戏剧，也往往会碰到这样问题。例如，不久前看过改编的《夜店》，从改编和演出说，很好，我很喜欢这个戏。不过有一点值得我们注意，就是把沙皇时代的底层生活，改写成今天中国的蒋管区底层人民生活，这里就有问题了。在当时沙皇统治下，人民是那么绝望悲惨，看不到一点光明。但是，今天中国的情形却并不相同，纵使被压迫在底层的人民，也已经感觉到这巨大革命高潮的快将到来。因此，从改编的《夜店》中来看中国今天的现实，就看不出今天中国时代环境的特征了。

五　从历史与社会的矛盾中去掌握典型性格

谈到“典型环境中的典型人物”，我们还可以更进一步去理解。什么叫做典型的环境呢？为什么要求典型环境中的典型性格呢？所谓典型的环境，就是说这个环境是可以代表一个历史时代的社会斗争的主要特征的。人类的历史，自从有阶级社会以来，就是一部阶级斗争的历史，总是在不断的矛盾中发展着的。这种阶级的矛盾与斗争乃是历史本质的东西。

现实主义艺术的任务就是要从现象的深入中间去发掘和表现出这现实本质。艺术家如何去达到这个任务呢？就是通过人物典型性格的描写来反映出这一个历史时代的主要矛盾状态和其实质，并且把这个时代的矛盾特征概括在他所描写的人物的内心矛盾中间。譬如说，从哈姆雷特动摇、犹豫的矛盾性格中间，使我们可以看到当时英国没落的贵族意识与新兴的资本主义个人主义意识在哈姆雷特身上的斗争，也从这里看出当时英国历史矛盾的特征。从阿Q的蒙眬反抗意识和其被自己阿Q主义思想所束缚而无法反抗的矛盾中间，使我们看出中国当时的农民与封建势力矛盾的状态。这样，不仅使我们理解辛亥革命之所以失败，而且向我们提出一个历史的基本问题：不是把广大农民从这样奴隶意识中解放出来，中国反帝反封建的问题，是不能解决的。

这些艺术之所以这样伟大，就是因为那些大艺术家能深切洞悉历史现实的症结，抓住了时代斗争与阶级的特征，而把这些特征概括到他所创造的人物性格上，因而从这里反映出历史的真实与真理。自然，这是艺术上的最高境界，不是轻易所能企及。也非三言两语所能详细解释。这里不过约略提到一点，以备参考而已。

现在姑不要说得那么远，且回到演剧的问题上来吧。诸位大概都知道戏剧往往是表现着两种或几种矛盾的斗争的发展，最后把它们引向高潮上来。这种矛盾，当然决不是毫无社会意义的。而一定是想表现出现实社会的某种矛盾。这种矛盾所表现的社会意义愈大，或者说所表现的特征愈真实，这个戏当然愈好。那么在表演上，演员就应该深刻去把握这些矛盾的实质，而且如何把它们从性格上表现出来，譬如演李秀成的悲剧，就要研究太平天国的外部与内部的矛盾，太平天国之所以失败原因，李秀成这个人物的阶级性与其在当时环境中的矛盾，以及李秀成当时内心上可能的矛盾状态等等，把这一切概括到这角色的性格中间。而演员自己又如何生活到这角色的性格中间去体验感受，然后表演出来，使观众从他的性格得到深切的感动，深切的认识。自然，这是指在好的剧本和好的导演的条件之下而言。如果一个演员不仅深刻地研究了剧本，并且深刻地研究了历史现实与人物特征，能够掌握到矛盾症结及其发展，能够懂得把这些如何概括在性格表现上，不是公式地而是熔铸在生动的个性中间，我想，这样的演员一定是成功的。

以上所说几点，只是就我个人的粗浅理解向诸位谈谈，也许有什么不到之处，还得请诸位指正。不过我要说明的，就是诸位切不要以为这是什么方法或入门，仿佛照这样做，就会创造出典型来。这是行不通的。艺术的理论不过帮助我们去理解一些问题。谈到创造，主要是要通过实践，尤其是群众生活的实践。史坦尼斯拉夫斯基要求演员生活于角色中间，但要能做到这一点，首先还得生活于人民中间，就是到人民斗争实践中去。在今天，尤其是和工农相结合，熟悉他们，理解他们，并且不是短时期地去做客，而是和他们打成一片，然后你才能真正把握到他们各种性格的特征，理解社会斗争的实质；自然，另一方面，还得进行思想学习与改造，学习马列主义的理论，把它结合于实践中间。这当然是艰苦的事情，但是凡事总是一步一步地前进。以诸位演剧经验的现有基础，在今后新形势下不断学习与实践中，我可以相信是有无限前途的。总之，不论谈艺术上什么问题，我想两句话是最要紧的，就是：离开了生活，就没有艺术；离开了实践，就没有创造。而所谓生活和实践，在我们说，就是群众的生活和群众斗争的实践。虽然听来像老套了，但我以为革命艺术之道路，总是这样走的。

（原载 1949 年 3 月 28 日香港《文汇报》）

关于批评态度的论争

最近关于批评态度问题，发生了一些小小的论争，参加这论争的，有李常立、楼栖、秋耘、华嘉诸先生。引起这论争的则是李常立先生的一篇《有感于一年来的批评风气》(三月十三日《笔谈》)。

平心而论，李先生这篇文章的立论是不稳的。第一，李先生虽然指责了“缺乏研究”的现象，但他自己写这篇文章时，似乎也没有好好调查研究，因此把书名人名都弄错了，而且所指责也有不符事实之处(如秋耘所指出的)，看来只是凭记忆与印象而写成的感想，这是不够慎重的。第二，他讨论一年来的批评风气，不从思想上去着眼，而只归结到一个批评态度问题，后来大家的讨论又都只从这一点伸引开去，老旋绕在所谓严厉与宽大的态度问题上，这样显然是不能解决问题的。

所谓批评态度问题，本来是从属于批评立场、内容和目的的一个问题。批评态度应该怎样，主要应该看批评的立场是什么，所批评的内容是什么和批评的目的是什么。离开这些，把态度问题孤立起来，那就决得不到结论。难道严厉无情的批评是不应该的？抑或是温和婉转的批评是不应该吗？这样问题是无从答复的。

把问题从其具体关联中孤立开来，常常会变成教条主义。以斗争态度为例来说。毛泽东在湖南农民运动报告中说“斗争不怕过火”，这完全是对的，但是如果把这句话孤立起来，教条主义地应用到任何场合，或更进而说成“斗争必须过火”，那就有问题了。同样，毛泽东在整风运动中又说，我们的批评是为了治病救人，这也完全对的。但如果对五脏六肺都已烂穿的反动派敌人，也抱同样态度想去救治他，那就大错特错了。这道理是很明白的。

大家都说，要坚持原则性的批评。所谓原则性又是什么呢？列宁告诉我们，原则性就是指关系千百万人利益的问题。那么在批评上当然一样，华嘉先生说批评应该有尺度，这尺度我想就应该是客观地存在着的人民群众利益。批评态度应该严厉或温和，是应该决定被批评的对象对于群众利益所产生的影响的程度。当一篇作品或一种倾向已经在群众中产生很大毒害的影响，我们就应该严厉无情地去批评它，否则就是丧失批评家对群众的责任。如果它并不是直接损害了群众的利益，或只是枝节的错误，其反作用不大，可以及时纠正克服的，那么我们就应该采取善意的说服的态度。总之，从群众利益出发，才是我们的原则。既不是像李常立先生所理解，以为一定要尖刻无情才算是坚持原则的批评，也不是像楼栖先生所理解的，往往以被批评的对象来作为严厉与宽大的标准。

在批评上，当然有所谓敌我友之分。但是这也根据于上述原则而来的。敌人总是从反动立场出发，必然直接侵害人民的利益，所以必须予以严厉无情的批评，友和我如果不离开基本立场，不至违犯人民利益，当然不能用同样态度去进行批评，不过假如同盟者和我们自己朋友竟然也失去基本立场，违犯了人民利益的原则，那也决不能因为自己人就含糊过去，毫无疑义应该展开无情的批评，原则就变成了“友情的宽容”，这也是非原则的。

李常立先生要求有严厉无情的批评，如果他所指的是这类的例子，我想是无人说话的，但是他所举的乃是对《虾球传》《初恨》等例子，这些作品纵使有毛病，我想也还不是什么原则性的大毛病，李先生却举出日丹诺夫对肖斯塔可维支和亚历山大洛夫的批评等来比拟，这确是不妥的，李先生文章之所以引起争论，这无疑是原因之一。

关于日丹诺夫所领导的苏联文化思想上的斗争，在这次争论中是引起若干混乱的理解，这是和批评观点有关的。从李先生的文章中看来，似乎苏联的批评都是尖刻无情，日丹诺夫仿佛是个一味尖刻无情的人，他的批评是尽了所谓“火气、讽刺、斥骂之能事”。这完全是误解。日丹诺夫为什么对肖斯塔可维支等进行那样严厉的批评呢？因为苏联正在进行反对西欧资产阶级思想侵蚀的斗争，而这些权威作家却在传播这些思想。这和苏联人民利益是对立的，是违犯革命利益的。因此，这是一个原则性的问题，日丹诺夫不能不负责地严厉地来廓清这些思想。然而却不能因此就肯定苏联一切批评，都必须尖刻无情，或以为苏联只有斗争没有团结，更不可能把日丹诺夫的这些批评看作是“尽火气、讽刺、斥骂之能事”，好像并不是善意帮助作家进步和改造。这是没有根据的说法。恰恰相反，苏联的批评是十分重视批评的积极教育作用与团结意义的，事实上日丹诺夫的批评是起了高度教育和团结作用，不仅对于人民，并且使那些被批评者如肖斯塔可维支、左琴科等得到了进步与改造。法捷耶夫在去年出版的《文学批评的任务》一书中说："对于打耳光式的批评应予以坚决的反击，而把培养的、教育性的批评提到第一位。"

法捷耶夫还指责有些批评家，"忘记了他们应当纠正作品中的缺点，指导、教育作家，而不是打击作家，尤其是青年作家"，又指责"有些批评家则认为，对于文学作品的评价只有两种颜色——不是黑的就是白的"。他说，"实际上文学作品是多样性的，文学批评应当熟悉分光镜中的一切颜色。"

这些话不很清楚吗？苏联的批评何尝就一定是尖刻无情呢？

然而反驳李先生的楼栖先生，却也同样承认了他这个论点，他却举出苏联是"一个社会主义国家，无产阶级专政有了三十年历史"，以及"在苏联，不需要搞'统一战线'问题，也就没有'团结'问题"的理由，说"因此自然应该进行无情的批评和战斗"，而中国呢，"'统一战线'还是存在的，'团结'问题也还是存在的"，因此他认为中国就不适宜进行尖刻无情的批评。秋耘先生也多少有相似的意见。这样把批评态度从原则性上移开去，而成为国情不同的问题，这就愈扯愈远了。

苏联没有团结问题，这是很奇怪的说法，通过思想意识斗争来加强苏维埃人民思想和生活上更紧密的团结，这一向是苏联文化教育上的重要任务之一，而事实上也证明他们是怎样从不断思想斗争中团结起来的。怎么能说它没有团结问题呢？至于中国，加强统一战线当然是革命的一个基本任务，但有什么理由说，为了团结缘故就一定不能进行无情的批评呢？

(假如在统一战线内一种违反人民利益的倾向已经存在了的时候。)

这里,我觉得有必要简单地来说明一下所谓团结与斗争的关系和所谓“布尔什维克的对错误不调和性”的意义。关于团结与斗争的关系,毛泽东说过:“在一个问题上有团结,在另一个问题上就有斗争,有批评。各个问题是彼此分开而又联系着的,因而就在产生团结的问题譬如抗日的问题上也同时有斗争,有批评。”这是很明白的,因此我们绝不能把两者看成互相矛盾的关系,不能理解为照顾团结就不能进行无情的斗争,进行无情批评就会妨碍团结,或者为了团结可以降低斗争的原则性。在某种情形下,革命可以作某些必要的让步与通融,但是决不能在原则性问题上打个折扣或调和一下。毛泽东说:“……我们的批评又是坚持原则立场的,对于一切包含反民族、反科学、反大众和反共的观点的文艺作品必须给以严格的批判和驳斥。”我们知道,这话也正是指抗日统一战线中的斗争而言的,这就是所谓:“布尔什维克对错误的不调和性”,但是说“不调和”,却又并不等于一定要尽“火气、讽刺、斥骂”之能事。这里还有个斗争的策略问题,就是说,斗争还需要有步骤、有区别、有今天和明天的不同等等。为什么要有策略观点呢?仍然是为了达到原则的目的,而不是在原则上取调和。

放弃原则是错误的,不懂得策略也是不对的,以策略代替原则又是错误的,一个批评家要坚持原则又善于运用策略。这就是所谓批评的严肃性与灵活性。但是在具体讨论到批评态度的问题,都必须不要和批评的具体内容离开。

(原载 1949 年 4 月 10 日香港《华商报》)

为解放江南而写作

——要求一个突击运动

雄师百万，直下江南，犁庭扫穴，就在当前。炮声已经震撼京沪浙皖，三湘百粤也一齐震动了。

一切革命的文化艺术工作者，应该立刻紧急动员起来，举起笔杆，为迎接江南解放而写作！

一个迫切的任务，放在我们前面：京沪解放以后，武汉解放以后，华南解放以后，各大城市中立刻需要大量的文化宣传材料。舞台需要剧本演出，电影院需要剧本和故事，广播电台需要雄壮歌声和一切艺术宣传的作品，报纸需要作品，工人、学生、市民都需要他们各色各样的文艺，艺术活动的歌曲短剧和读物——一切为了扩大宣传新民主主义的政策，彻底打垮反动派，把人民革命的热情高度地发扬起来。

我们已经有了大量的解放区作品——歌剧、话剧、秧歌、大鼓、歌曲小调，以至一切文艺作品。随着大军南下的文化队伍，将把它们带给江南人民。但是我们还迫切需要大量适合于大城市，适合于当地人民的言语习惯的作品。没有这一些，还是不够的。因此我们要求留港的一切革命文化艺术工作者，应该为这个目的，立刻来一个突击运动。

我们第一要为大城市的工人群众而写作，第二要为广大的市民群众而写作；同时，我们还需要为慰劳人民解放军战士们而写作。

我们需要描写江南大城市中工人、学生、市民斗争的作品，需要市民群众诉苦的作品，需要宣传新民主主义政策的作品，需要宣传城市政策的作品，需要鼓励、恢复和发展生产建设的作品，需要宣传解放军三大纪律、八项注意的作品，需要宣传建立革命秩序和肃反的作品。

我们需要一切活泼、生动的形式，需要一切可以利用的民间形式，需要一切能为工人市民群众所易于接受的形式。需要用方言写作的形式。

戏剧家们，写出多幕剧、独幕剧、街头剧、活报剧、歌舞剧、越剧、粤剧来；电影作者们写出电影脚本或故事来；诗歌工作者、音乐工作者们，写出词来，作成曲来，并且立即灌成唱片；杂剧的写作者们，写出各种各样的民间形式的杂剧和杂耍——说书、相声、小调、鼓词、龙舟歌等来；小说家们写出生动的报告和短篇小说来。我们要集合一切力量，发挥集体的精神，为配合解放大城市中的紧急需要，来一个短促而有组织的突击运动。

时间已经太迫促了，我们要争取时间，我们必须立即动员起来。我们要喊出："时间呀，前进！"

（原载 1949 年 4 月 24 日香港《华商报》）

文化与劳动结合起来

“五四”运动的历史意义，有如毛泽东所指出的，就是“彻底的不妥协的反帝国主义与彻底的不妥协的反封建”。三十年来，中国人民就是坚持着这种彻底不妥协的反帝反封建斗争，这个斗争今天已经胜利了。这个胜利不仅是实现了“五四”运动中开始提出的反帝反封建的口号，并且是结束了两千年来中国封建势力的统治时期，一百多年来帝国主义的奴役中国时期。这胜利的意义是极其伟大的。英共书记波立特前天在演说中称中国革命的胜利，是“现代世界历史中第二次最伟大事件”，中国人民是当之无愧的。

但是，我们也不要以为，今天已经彻底完成了反帝反封建的任务，这样想法是太天真而且错误的。今天我们从根本上打垮了反动派的统治，因此也大大削弱了帝国主义在华的势力，但是从根本上打垮了敌人，还不等于彻底完成反帝反封建的革命。要彻底肃清帝国主义与封建残余势力，还得继续作更大的努力。尤其是对帝国主义的斗争，将仍是今后革命的基本内容之一。如果忽略这一点，减低了对于帝国主义与反动势力的警惕性，对于既得的胜利自满自骄起来，这就将犯错误。我们必须警戒，不要被胜利冲昏头脑。必须坚持“将革命进行到底”的原则，必须保持头脑清醒，体会毛泽东所指出的“万里长征的第一步”的意义。同时，如果不能认识今天革命赋予我们新的任务，而用更大的力量去完成它，不能认识今天和昨天的革命内容的发展，而把它看成是完全一样，这也同样是错误的。

今后革命的基本任务，就是要保卫与巩固革命的胜利和人民的政权，要把反动势力彻底肃清，要使中国不仅在政治上而且在经济上成为独立自主的中国，使中国从农业国变为工业国，保证将来胜利地走上社会主义的道路。一个中心关键的问题，便是中共七届二中全会所指出的，恢复和发展生产事业。一切工作必须环绕这个中心，为这个中心任务而服务。

因此，在纪念今年“五四”节中间，除了继续发扬“五四”彻底不妥协的反帝反封建的基本精神以外，从现在起，我们还应该更强调积极建设新中国的意义。一切文化工作者应该把服务于生产建设作为他们的新的课题。只有取得生产建设的胜利，才能保证彻底肃清帝国主义与封建残余的胜利，才能保证人民政权的巩固与发展。

在这个要求之下，文艺工作者要深入工农群众，学习和了解生产知识，描写和表现劳动者的生活和他们的工作，积极提高生产的热情，颂扬劳动的伟大意义，并且建立劳动者自己的文艺。

在这个要求之下，科学工作者要从旧日的小天地中解放出来，把科学直接为当前恢复与发展生产建设而服务，要从新的立场与新的观点上去研究和发展科学。中国的科学运动，在帝国主义与封建势力的长期压迫下，发展是特别滞缓的，今后必须迎头赶上，使科学和人民劳动生活直接联系起来，它的前途是无可限量的。

在这个要求之下，教育工作者要积极地去普及民众教育，扫除文盲，提倡生产教育，创办大量的民众学校、技术学校，以及肃除半封建半殖民地一切奴化的思想意识，发扬人民是国家主人翁的独立自主精神。

无论文艺、科学、教育及一切文化工作，要实践这些任务，必须坚持一条正确的路线，就是与劳动群众结合的路线，离开这条路线，一切问题是不能解决的。

在这里，我们看到了文化上一个新的课题，就是马克思、恩格斯、列宁以至高尔基所再三强调的——文化与劳动的结合。文化本是从劳动中间发源的，今后必要结合到劳动中间去。封建与资产阶级社会使文化与劳动隔离而造成的文化的病态已经多年了。今后我们要消灭这种隔离，只有文化与劳动结合，才能使文化获得它真正的生命，得到健康的发展。所以文化服务于生产建设，不仅从政治上看是必要的，而且从文化本身看也是十分必要的，这是人民文化创造上一个基本问题。我希望文化界的朋友特别重视和讨论这个问题。

（原载 1949 年 5 月 4 日香港《大公报》）

文艺的真实性与阶级性

这是在香港达德学院的一篇演讲稿，因为时间关系，只能说得很简单，现因编者索稿甚急，匆匆稍加整理，便算是交卷了。

最近和一位青年朋友谈一个问题，他说：读了目前解放区一些人民文艺作品(如《李有才板话》《王贵与李香香》)，或甚至苏联作品(如《前线》《被开垦的处女地》)，在理智上，无疑地承认它们是正确的，可是在感情上总不易被感动；反之读××先生或屠格涅夫的小说，虽然也觉得它内容上不够健康，但读的时候确是被感动了。这是什么原因呢？据他解释，前一种作品在政治上是正确的，是现实的，可是似乎缺少一种东西，即艺术的真实性，或者说艺术美。

解放区作品或甚至苏联的作品，有粗糙之处是可能的，但是否这些作品缺乏艺术的真实性呢？抑是像有些人所说，是政治性强而艺术性弱呢？这是曾经讨论过很久的一个政治性与艺术性的问题。这个问题在基本原则上，《在延安文艺座谈会上的讲话》中已经解决了，自然要深入地来说明这个问题，不是简单几句话所能做到的，这是关系到美学上一个问题。

这里所想来谈一谈的，只是所谓文艺的真实性的问题。

真实，是文艺的一个基本条件。古代美学家也指出艺术的三个因素是真、善、美，而真又是最基础的条件。但是所谓艺术的真，究竟是什么呢?

自然，我们决不是说，真实就是等于写得逼真，像照相似的；如果那样，摄影该算是最真实的艺术了。有人说，真实是指真情的流露，即所谓由衷之言。或者说："诗是心声"；只有发之于真情的才是真实的艺术。但所谓真情又是根据于什么来判断呢？事实上每个作家都承认他自己是由衷地写出来的，是经过感动的。某些伤感诗人，确实是流着眼泪写出诗来的，甚至抗战初期那些八股式的诗，你能完全肯定说这些作者没有经过抗战热情的激荡吗？他也未必服的。而是否这样即可决定艺术的真实性呢？又有人说，真实即是真理，这是不错的，但公说公有理，婆说婆有理，各人都说自己是真理，你又怎样去评判它呢?

文艺的确不像自然科学那样可以有明确的定律，可以得到具体事物的证明。地球是圆的，谁也不能说它是方。原子能发现了，谁也不能说它是假。可是文艺就没有那么单纯，例如莎士比亚，总算公认为伟大作家了，但是托尔斯泰就不承认他作品是有真实的价值。同样一部作品，这个说它真实，那个又说它虚伪，这是常见之事；即如那位青年朋友说解放区作品缺乏真实性，而在解放区人民中或者在其他读者群中，又被这些作品所深深感动，而称誉其具有高度真实性，这又怎么说呢？真实不真实究竟根据于什么标准呢?

我想，所谓艺术的真实，应该是通过艺术的概括与形象而表现出来的现实本质的真实。高尔基所谓“高于现实”,我以为也是指这而说;而所谓艺术的美,也即是通过艺术创造而显露出来的事物的本质或本性。有人把真和美解释为 Nature,我想如果这 Nature 是解释为事物的本性或现实的本质,这样说法是未始不可的。

所谓现实本质的真实,从人类生活来说,即是社会关系(阶级关系)的矛盾和其发展的真实状态(因为阶级关系是人与人关系的总和),这就是历史的真实,也就是历史的真理。凡是能表现出这历史真理的作品,它不能不是具有适应于历史法则的,和代表多数人民利益的真实思想,也具有这种真实的感情(历史的、人民的情感)。真理不是抽象的东西,而是具体历史发展的法则。能反映出这法则和具体状势的,便是真实,否则便是虚伪;反映得愈深远的,它的真实性也愈大。所谓诗是心声,毋宁说诗是历史与人民的心声。自古以来,凡是被肯定为伟大作品的,如莎士比亚,如歌德,如巴尔扎克,如托尔斯泰等等,莫不是在某种程度上真实地反映了历史矛盾和其发展状势。它们的主要价值是在这里,它们使我们感动的原因实际上也在这里。虽然它们也还不免有其歪曲的一面。

马恩的文艺批评,列宁的反映论,毛泽东的论文艺与政治关系,都是根据于文艺表现阶级关系与阶级斗争这一观点出发的。马恩的批评巴尔扎克、莎士比亚,列宁之批评托尔斯泰都是着重在指出他们反映社会关系与历史斗争的程度,这和毛泽东的论文艺批评观点是完全一致的。马恩在《共产党宣言》中第一句话,就是:“一切社会的历史都是阶级斗争的历史。”不是反映了这阶级斗争的实质,怎么能是表现了历史的真实呢？怎样会是具有真实性的艺术作品呢？高尔基说，文艺作家“是阶级的感觉器官”，这是一句很精辟的话，而我们还可补说一句，就是：愈能适应于历史法则的阶级的感觉器官，才能愈真切地感觉到历史的真实。

对于文艺的真实性，我以为是应该这样去认识的。

从这里，我想再来回答下面两个问题，也即那位青年朋友所提出的问题。

第一，我们都承认，一个作家在创作过程中必须通过其自己的真切感受，否则便是没有血肉的作品。这是没有疑问的。教条主义、公式八股是遭受摒弃的。但反过来说，是否通过作家的真切感，即一定是真实的作品呢？即是好的作品呢？这就不能那样说了。李后主的词，陶潜的诗，无疑是通过他们个人真切的感受的。杜甫的诗也是一样。但是拿陶潜、李后主和杜甫相比，我们就可以看出它们在真实性上是有多大的差别，它们的艺术价值又有多大的差别。这里是存在着一个感受什么、怎样感受的问题，即一个作者的立场问题。撇开了作者的思想和立场，撇开了文艺的阶级性与人民性，单独去强调个人的感受，自然会达到错误的结论。资产阶级的批评家，往往只从这一点去批评作品。例如现在有人在捧纪德，捧波特莱尔，就是这种观点。至于朱光潜等人，更是只抓住这一点来强调，结果便必至走到“为艺术而艺术”（实际上是为侍奉反动阶级而艺术）的道路上去。

第二，我们说，好的作品一定要能感动读者，这也是没有问题的。艺术不能感染人，它的教育和战斗作用就无从发挥。所以毛泽东说，检视动机要看效果，没有效果的作品，即使动机很好也没有用。但反过来说，能感动人的作品是否即一定是好的或真实的作品呢？这也是和前面所说同样的问题，即必须要追问，感动的是什么人？而即使对于同一对象来说，也还要看在怎样条件下被感动。李后主的词、陶潜的诗是感动了无数的没落王孙和风流名士的，连我们也曾经被感动过。为什么呢？因为我们这些知识分子的内在意识中也多少还残留着没落王孙和风流名士的东西，所以才引起共鸣。但是对于一个机器工人或乡下农民来说，无论如何也不会理解什么“悠然见南山”或“独自莫凭栏”的情绪的，更感觉不出这种所谓“美”的诗意的。反过来说，那些没落王孙、风流名士也决不会被《王贵与李香香》中的“草堆上落火星大火烧，红旗一展穷人都红了。千里的雷声万里的闪，陕北红了半个天”这些诗句所感动的；倒毋宁说是吓都吓坏了。而即使对同一个人来说，所谓被感动也不是绝对的。“五四”前后，我们中间有人被徐枕亚的哀情小说所感动过的，后来被巴金先生的小说所感动，而现在这些作品再不能引起兴味，而是被新的东西所感动了。这说明一个人的感情也是在变化，这种感情的变化，毛泽东称之为“由一个阶级变到另一个阶级的标志”。使我们感动的对象也是在变换，昔日使我们感动的，今天对于我不复具感动的力量，那么仅仅说，能感动人的作品便是好作品，这句话就根本站不住了。

艺术的感动是艺术所产生的社会效果，这种效果对于社会所起的肯定或否定作用及它作用的大小决定了这作品的艺术价值。而同时也是从这效果上看到了它创作的动机。

这里，我们是触及了所谓艺术的共鸣问题。一件作品，它的共鸣的范围愈广，时间愈久，即是说明这作品的艺术性愈强。但是共鸣是依据于什么呢？自然，首先是思想感情与生活的相通。两个思想感情绝对相背的人是不会起共鸣的，两个利益绝对相反的阶级也不会起共鸣。因此，我们可以明白，凡是一个阶级，它的范围更广大的，它的艺术共鸣范围也一定愈大。一件作品能代表更多数人的利益的，它也必然引起更多数人的共鸣，它的共鸣的时间也更悠久。而从另一方面说，凡是最进步的、范围更广大的阶级的艺术，即是能代表更多数人利益的艺术，它一定是能更正确地更真实地反映出社会关系与阶级斗争的真实状势，因此它的真实性也愈大。自然这里还有反映的深度与广度的问题，即创作力的强弱问题，但这些问题只有首先在肯定文艺的阶级性之下，才能有正确的评价。

但这是否说，只有某一阶级的群众才能对某一阶级的艺术起共鸣呢？自然并不如此的，事实上，无产阶级的读者是能欣赏伟大的古典作品，并且要继承它优良的传统，而小资产阶级读者也是热烈地欢迎无产阶级的作品的。这是怎么解释呢？我们要知道文艺除了它的阶级性以外还具有人民性。无产阶级的斗争，不仅是代表了它本阶级的利益，而且也是代表了一切被压迫的人民的利益，所以它的文艺也不仅为自己阶级所欢迎，而且也为一切被压迫的人民所欢迎；而在那些伟大的古典作品（这些作品自然不是属于无产阶级的）中间，我们也可以发掘出“人民对剥削与压迫的抗议与斗争的反映”，而这些就是“组成真正的人民性的本质成分的东西”。为什么它们是有这种人民性呢？正如列宁所解释的：“每个民族的文化里面，都有一些哪怕是还不发达的民主主义和社会主义的文化成分，因为每个民族里面都有劳动群众和被剥削群众，他们的生活条件必然会产生民主主义的和社会主义的思想体系。”古典作家在现实的接触中间，反映了从劳动人民，从人民大众来的巨大的创造影响，虽然当这些影响通过那些古典作品而呈现出来时，却常常是和那些作家自己的阶级偏见相矛盾的。

从这里，我们可以明白，古典作品为什么能引起我们的共鸣，正因为它们具有一定程度的人民性；为什么这些作品具有真实性，也因为它们具有一定程度的人民性。但是在另一方面，它们的人民性以及由此而来的真实性又是受着作者的时代和其阶级本质所限制的，因此我们对于这些古典作品所起的共鸣，往往也不是无条件的。

只有能适应于历史发展的、代表了最大多数人民利益的无产阶级的文艺，才能做到最充分地去反映出历史与社会的真实，指示出历史的前途，和引起最大范围的共鸣。只有加强文艺的无产阶级性，才能发挥出文艺的最大的人民性。所谓艺术的真实性，只有从这样的基础上去取得。文艺离开了人民群众，离开了阶级斗争，文艺的真实性是不存在的。

政治与艺术的一致性，我想也是从真实性这一点上来说明的。所谓政治是什么？毛泽东说得好：“……政治是指阶级的政治、群众的政治……革命的思想斗争和艺术斗争，必须服从于政治的斗争，因为只有经过政治，阶级和群众的需要才能集中地表现出来……。”而“他们的任务在于把群众政治家的意见集中起来，加以提炼，再使之回到群众中去，为群众所接受，所实践。”（《在延安文艺座谈会上的讲话》）艺术的真实性事实上也就是政治的（阶级与群众的）真理，文艺不是服从于政治，又从哪里去追求独立的文艺真实性呢？

我的说话，想到这里为止了，但仍还有一个问题，就是那位青年朋友所感到的，理智上承认了人民文艺的正确性，而感情上则留恋于过去的文艺，这又怎么说明呢？这种情形，我想并不止我那位朋友为然的。我那位朋友自然是位进步分子，但是何以革命阶级的文艺并不能引起他强烈的共鸣呢？这里，我并不想否认今天解放区的文艺在艺术成就上还没有达到理想的高度，但是问题不在这里，问题是在我那位朋友自身的理智与情感上的矛盾。理智与感情，在理论上说，应该是一致的。但这种一致，并不是亦步亦趋的状态，而是在表现矛盾的统一过程中。今天小资产阶级知识分子的思想和感情是在一种摇摆的状态中。关于这，高尔基说得很透彻。他说："受过两种历史力量——小市民阶层的过去与社会主义的将来——吸引以后，人们显然犹豫着：情感的因素倾向于过去，理智的因素倾向于未来。"

今天许多知识分子确是在这样的一种状态中间：旧社会的政治引起他们明白的憎恶，所以很干脆地毫无留恋地否定了它，但是旧时代的文艺却常常使他们感到安慰，所以恋恋难舍。老实说来，实在是因为他们灵魂深处那个"小资产阶级的王国"在作怪，没有决心彻底摧毁它，所以才产生这种矛盾的现象。我以为近年来常常被讨论的政治与艺术的矛盾的问题，实质上是许多人自身意识上矛盾的问题。自然，这种矛盾的状态并不能是经常的，最后不是克服了旧的意识，便是被旧的意识所屈服。而因此作为今天文艺思想建设上的一个基本问题，就不能不是从与人民结合的过程来进行我们自身思想意识的彻底改造。这是另外一个问题，这里不谈下去了。

（原载《文艺生活》（海外版）第 5 期）

论文艺创作与政策和任务相结合

——《目前文艺创作上几个问题》的演讲辞的一节

…………

文艺服从政治，这个基本原则今天一般说是没有人怀疑了。但是在这个原则的实践中间，我们碰到一个具体的问题，即文艺创作如何与政策相结合。政治的具体表现就是政策，作家不能在创作上善于掌握政策观点，也就不能很好去为政治服务。目前，有些作家常常为这个问题所苦恼着。有些作品因为所反映的政策观点犯了错误而被批判了，有些作家则甚至对这个问题还有根本的怀疑。我觉得这个问题是值得提出来谈一谈的。

十月革命以后，列宁曾经和蔡特金谈起这个问题，指出十月革命以后的苏联文艺必须提高到政策的水平上来。一九三四年，斯大林和高尔基确定社会主义现实主义为苏维埃作家的创作方法问题时，也特别指出这种创作方法的主要特征之一，即是必须与苏维埃政策相结合。前几年日丹诺夫在关于《星》和《列宁格勒》两杂志的报告中，又重申了列宁与斯大林的指示，并且更肯定地说："我们要求我们的文学领导同志与作家同志，都应以苏维埃制度所赖以生存的东西为指针，即以政策为指针。”

同样在毛主席的《在延安文艺座谈会上的讲话》中，也特别对党员作家指出“要站在党的立场，站在党性和党的政策的立场”。

为什么文艺创作必须结合着革命的政策呢？

这不仅是为了政治的要求，而同样也是为了艺术的现实主义的要求。因为文艺创作的任务，既是通过艺术的形象创造去反映现实、指导现实，所以我们要求一个作家能够从作品中集中地去反映出人民生活的意志和要求，能够有对现实的高度概括能力。而一个正确的政策，却正是现实的最高度的概括。正确的政策是领导者根据大多数人民的意志、希望和要求，经过其概括和科学的预见而制订出来的，因此它最集中地反映了这些人民的意志、希望、要求，并且不仅是今天的，也包括着明天的，因而它才能成为一个国家制度所赖以生存的指针。例如我们的共同纲领，有什么能够比它概括得更全面、更足以代表全中国人民在一个历史时期中间的全部意志、希望和要求的东西呢？有什么比它的现实性更强的东西呢？文艺创作如果离开这样一类的政策，离开了它的指导，它又怎能正确地反映出历史现实和指导现实，它又有什么现实主义可言呢？

政策观点，就是作者去观察现实、分析现实的立足点，这个立足点如果不稳或是不正确，他所反映出来的东西，也就会不正确或不全面。文艺的任务在于教育广大人民，拿什么去教育人民更好呢？仅凭作家个人对于现实主观的理解呢，还是结合着由多数人的意志而制订出来的政策去教育他们呢？

这答复是很显然的。

这里，我们还必须说明，文艺创作与政策相结合的问题，特别是在人民的生活已经在革命阶级的领导下组织起来的时候显出其重要的意义。在这样情形下，政策已经成为指导全体人民建设其生活的重要条件，已经贯彻到一切劳动人民的日常生活中间，因此政策本身同时也就是现实生活的一个重要组成部分。在这种情形下，一个作家如果离开政策观点，而企图去描写人民的现实生活，他就不可能获得充分的现实性。例如不懂得土改政策而企图去描写土改，不懂得劳动政策去描写工厂生活，无疑是会遭受失败的。若干作家目前所感到的困惑，这正是主要原因之一。这说明创作与政策相结合，不仅仅是由于政治的要求，而且是由于创作本身上的现实主义的要求。这就是为什么斯大林和高尔基特别把它规定为社会主义现实主义的创作方法的主要特征之一。也就是为什么在今天中国文艺创作上要特别强调这个问题的理由。

自然，所谓结合，并不能庸俗地解释为对于政策的机械的追随，如有人所说，替一条条的政策去做注解。这是抹杀了创作的意义，这样至多只能产生一些没有血肉的公式主义作品而已。创作，有如列宁所说，是“绝对必须保证有个人创造性和个人爱好的广阔天地，有思想和幻想，形式和内容的广阔天地”。因此一切创作必须是通过作家自己的感觉与思维，决不是拿现成的政策去代替这种感觉与思维作用。但是一个作家必须时时刻刻记住他的创作事业是整个革命事业的一部分，并不只是他个人的事业。因此当他对现实生活进行观察、分析、研究和描写，当他的思想驰骋于上述那些“广阔天地”的时候，他需要有一种使他能够掌握着正确方向的指针，使他不是去作盲目的驰骋。这个指针即是政策。这种政策的指针帮助作家更正确更深入去认识和分析现实，使他的创作获得更高的思想性与原则性，也就使他的作品能够获得更丰富的现实主义的内容。所谓创作与政策的结合，即是说作家在其创作活动中间的主观作用和作为指示客观运动规律的政策密切的结合，而且以后者作为其活动的指针，这样才能够增强他作品的政治内容与艺术力量，反过来也就增强了政策的教育作用。

日丹诺夫曾经严厉地斥责过这样的倾向，即“以为：政治是政府的事情、党中央的事情。至于说到文学家，从事政治就不是他们的事情了。只要一个人写得很好，很艺术、很美丽——就必须发表出来，虽然里面有迷误我们的青年、毒害我们青年的腐朽的地方，也在所不管。”现在在我们中间，大概不至于有人公然发表这样的主张了，可是下述的想法是可能存在的，例如说：政治家从政治观点上去看问题，艺术家则应该从艺术的观点上去看问题，不妨各行其是。艺术家应该有他自由观察问题的权利，而不应受条文式东西的拘束。同志们，这样说法我们是不能赞同的。因为对待一定的现实只能有一种正确的看法和态度，不管是从政治观点上看或是从艺术观点上看。如从政治或政策观点上所看到的，和从艺术观点上所看到的，竟是两种现实状貌，这是不可想象的。除非是政策错误了，否则你的艺术观点就靠不住。依靠这样的艺术观点去各行其是，那结果只有把读者和你自己一起带到错误的道路上去。

在口头上承认了文艺服从于政治，而在实践上企图来抗拒它，这种倾向是应该批评的。

要说明这问题，当然还不是这样简单。例如有人说，政策是常常会改变的，这就会使作家很难适从。今天这样写了，明天政策忽然又改变了，怎么办呢？人们举出了写土改中对富农政策的例子，说：原来写没收富农多余的土地和财产是正确的，现在又宣布要保存富农经济了，那么岂非原来写的又犯错误了？反过来，以前写富农被批评为右倾的作品，是否到今天又变成正确了呢？

这样的问题是并不能成立的。这里首先要说明政策的改变就是依据于现实斗争形势的改变。现实既非一成不变的，政策也就不能一成不变。同样，作家对于处理其题材的方法，也就不能一成不变。为什么过去要没收富农的多余土地和财产，而现在又要保存富农经济呢？刘副主席报告中说得很明白："主要是因为现在中国政治和军事形势已经根本不同了。"(关于具体的内容，可看刘副主席关于土地改革法的报告，不另说了。)

因此，以过去对待富农的政策观点去描写一九四八年时代的土改是正确的、现实的，现在用保存富农经济的政策观点来处理当前土改中的富农问题也是正确的、现实的，这并无冲突之处。我们也并没有理由说像《暴风骤雨》等作品在今天忽然变成错误了，或者过去认为右倾的作品今天忽然正确了。这种困惑是没有根据的(这里还要顺便说明一点，就是过去和现在对待富农政策的不同，并没有改变土地改革的基本政策)。

一个作家的掌握政策观点，是从他对于现实发展的认识和分析中去掌握，而不是离开现实去掌握，因此所谓“莫知适从”的困惑，只是说明这个作家，并没有真正去研究现实，并没有看到现实形势的改变，并没有了解政策，而只是机械地追随，这样的创作方法当然也是无法表现现实的。

另外又有一种误解，以为政策是一种手段，因此认为某些作品，基本上是现实的，但为了政策的缘故，却不能那样去描写。人们举的例子，即是不久以前停映的《内蒙春光》影片。理由是：这部影片确是反映当时东蒙的少数民族斗争，因此它是现实的；它以阶级矛盾作为民族问题的本质，这样处理也是合乎马列主义的。但是为了照顾当前的民族政策，这样描写却是不对了。这就是表示了政策与现实的矛盾。这样的说法，我以为同样不能成立。这是类乎二元论的说法。我们知道，共同纲领中民族政策的订立乃是根据中国革命斗争形势的要求，它本身必然是适应于现实的。既然如此，怎么又能说是和现实矛盾呢？就《内蒙春光》来说，作者以阶级斗争作为民族问题的本质来处理，原则上也并无错误。但问题是在这里：即我们处理内蒙古民族问题这类的题材时，是不能和整个中国人民解放斗争分离开来的。从整个中国人民解放斗争来说，它的阶级对立形势，主要是表现在各个革命阶级和美帝国主义与蒋介石所代表的反动阶级的斗争。这个斗争的主要敌人，自然就是美帝和蒋匪帮。在处理中国任何少数民族问题时，都不能离开这一基本形势。共同纲领中民族政策的订立正是根据于这个总的斗争形势，因此在处理《内蒙春光》这一题材时，也必然根据这一基本形势，应该确定这个斗争的主要敌人是美帝和蒋匪帮，而不应以次要的矛盾——王公与劳动人民的矛盾来代替主要的矛盾，自然这次要的矛盾也并不应故意去抹杀的，这样才真正合乎历史的现实，也真正合乎我们的政策。

这也就说明，作家在分析现实问题时，必须有全面的观点，不要只见树木不见森林，必须善于区别主要的矛盾和次要的矛盾，不要把它颠倒，这样才不致在政策上犯错误，也不致离开现实。

文艺创作除了结合政策的问题以外，还有和政治任务相配合的问题。我们中间有句流行的话，叫做“赶任务”。有人认为要文艺创作赶任务是不合理的，这问题应该怎样来说明呢？

首先，要看“赶任务”这句话如何解释。如果说是解释为奉令写作，这当然是不对的，因为作品总是要通过作者感觉和思维，没有怀孕就生儿子是不成的。但是作家实践政治任务并不等于奉令行事，而应该是一种自觉的行为。每个作家在其生活实践或一定岗位工作中，都应该自觉地担负其宣传教育的任务，而并不是要等别人去分配他或命令他才做。例如美帝侵略朝鲜的事情发生了，一个作家和诗人就应该有那样热情有那样责任，来为抗议这非法侵略行为而写作。如果一位报纸编辑或者他的领导者要他就这事情写出作品来，这完全是应该的、合理的，而不能说是勉强他赶任务，除非这个作家对这种侵略行为竟是毫无感觉，那么这错误也不在别人而在这作家本人了。

作家既然是群众中的一分子，他就应该和群众共同担负起他工作的任务，而无所例外，而且他既然是个作家，就尤其有用艺术去教育宣传别人的责任。因此他并没有理由把他的创作事业和他的政治任务分离开来。一个为人民服务的作家,应该时时刻刻把他的写作作为一种宣传教育的工作。这样的赶任务是完全应该的。自然那种把文艺创作贬抑为一种机械的命令的服从,抹杀了个人创造性的意义,这种庸俗的赶任务观点,是要不得的,而事实上这样做法也并不能真正地配合政治任务。

文艺创作结合政策和任务会不会妨碍创作自由呢?这个老问题在有些人心中是没有真正解决的。这里首先应该说明什么叫做创作自由?无条件地爱写什么就写什么是创作自由呢?还是能够深入广大的生活领域,使自己思想能够驰骋自如,能够发挥高度的创造性叫做创作自由呢?无疑的,只有后一种才是真正的自由。所谓创作自由的一个前提,就是创作应该是向人民大众的利益负责。这就是我们和资产阶级作家那种安那其式的个人主义的自由的一个基本区别。他们可以漫不负责为满足其自己去从事写作,而名之曰"创作自由"。这样的"自由",其结果却正是列宁所说的"不过是他们依赖钱袋、依赖收买和依赖豢养的一种假面具(或一种伪装)罢了"而已。

如果我们所要求的是后一种真正的创作自由,那么提高作家的政策观点正是帮助他获得这种自由的一个重要条件。因为有了正确的政策观点,就能帮助作家更深入地去看到现实中丰富的内容,从而取之不竭地去利用这现实生活的源泉。使他在处理其题材时能够有充分把握和发挥其创造性的余地,不至于在复杂的现实之前缩手缩脚,不知从何下手,犹如一个善于掌握政策的实际工作者在他处理实际斗争时能够应付自如、指挥若定一样。另一方面，一个作家能够结合到实际政治斗争任务中，也就使他和群众生活更密切结合，因而他的生活面就更宽阔。近年以来，老解放区作家比新解放区作家能够写出反映更多方面生活的作品，也无非就因为他们和伟大解放斗争中各种任务结合得更密切的缘故。这样的作家无疑比坐在亭子间中凭个人的想象，从一些小圈子的生活表象中找取一些题材来写作的作家是有更广大的创作自由的。

为了使我们文艺能更丰富更正确反映出我们这伟大时代的现实，使我们作品能具有高度的思想性和教育作用，我们要求作家们应该更认真地去研究政府和党的各种重要政策，研究马列主义，以提高作家的思想水平。一般说，目前作品中的思想水平是不够高的，这正表示这方面我们还做得很不够。我们都知道，毛主席和我们的党与政府所制定的政策，即是马列主义在今天中国革命实践中的具体表现，每个作家有责任去研究它，掌握它，使它和我们的创作紧密结合，通过文艺去扩大这些政策的宣传和教育，这在发展和加强当前文艺运动上，应该是一个极其重要的任务。

（原载1950年《文艺报》第3卷第1期）

党与文艺

最近关于《武训传》问题的热烈讨论中间，所反映出来的一个最根本问题，我以为是文艺的党性问题。《人民日报》社论指出的“资产阶级的反动思想侵入了战斗的共产党……”这是一个值得严重注意的现象。因此，在纪念党的三十周年时候，来讨论一下党与文艺的关系和增强文艺党性的问题，是有需要的。

党与文艺的关系——也就是共产主义的思想对于文学艺术的关系——是革命文艺的一个最基本的问题，是决定它的思想内容、艺术态度和社会影响的基本条件。首先提出这个问题的是伟大的列宁。一九〇五年他所写的《党的组织与党的文学》中说：“文学应当成为党的文学。与资产阶级的习气相反，与资产阶级企业主的即商人的出版业相反，与资产阶级文学上的名位主义和个人主义、‘老爷式的无政府主义’和唯利是图相反，社会主义的无产阶级应当提出党的文学的原则，发展这个原则，并且尽可能以完备和完整的形式实现这个原则。”

党的文学的原则，列宁指出是：“文学事业应当成为无产阶级总的事业的一部分，成为一部统一的、伟大的、由整个工人阶级的整个觉悟的先锋队所开动的社会民主主义机器的‘齿轮和螺丝钉’。文学事业应当成为有组织的、有计划的、统一的社会民主党的工作的一个组成部分。”

列宁所指出的党的文学的原则，由斯大林和毛主席所发展，给予了更丰富的内容。一九三四年斯大林向苏联第一次作家代表大会所指示的，以社会主义现实主义作为苏维埃文学的创作方法，基本上就是根据列宁的原则，阐明了在社会主义建设中苏联文学与联共党和苏维埃政策的正确关系，以后日丹诺夫在一九四六年批判《列宁格勒》和《星》两杂志的错误的报告中，又详尽地发挥了列宁、斯大林的原则，指出列宁关于党的文学的原则，“是奠定了苏维埃文学发展的一切基础”。

毛主席在延安文艺座谈会的讲话，是发展列宁关于文学的党性原则的另一个最重要的贡献。这个座谈会的目的，如他在引言中开宗明义所指出的，“就是要使文艺很好地成为整个革命机器的一个组成部分”，他首先提出的，就是立场问题。“我们是站在无产阶级的和人民大众的立场。对于共产党员来说，也就是要站在党的立场，站在党性和党的政策的立场。”而在他的结论中，把这个原则问题更深入地和通俗地加以阐明了。所谓立场问题，就是为什么人的问题，也就是为工农兵的问题。他指出这是一个根本的问题，原则的问题。把这问题弄明白以后，才“可以进而讨论一个党内关系问题，党的文艺工作和党的整个工作的关系问题”。毛主席在这里引了列宁的话，并阐释了他关于文学的党性的理论说：“党的文艺工作，在党的整个革命工作中的位置，是确定了的，摆好了的；是服从党在一定革命时期内所规定的革命任务的。反对这种摆法，一定要走到二元论或多元论，而其实质就像托洛茨基那样：‘政治——马克思主义；艺术——资产阶级的’。”

列宁、斯大林、毛主席，这些伟大领袖们，对于文艺问题的指示，总是那样紧紧地掌握着这个基本原则，正是由于他们是马克思最忠实的学生，他们对文艺问题的看法，是根据马克思关于社会意识形态学说的科学理论。

从这些伟大领袖们的指示中间，我们可以理解到，党与文艺的关系，基本上就是表现在文艺与无产阶级和人民大众的利益的关系上。“艺术是属于人民的，它应该深深地在广大劳动群众中生起根来；它应该为群众所了解，并被他们所爱戴。”（列宁）因此，最好的文学艺术，必然是具有高度的人民性的文学艺术。最高度表现着人民性的是什么呢？这除了领导人民斗争的布尔什维克党的思想以及它的纲领和政策以外，是不可能有更高的东西的。文艺的党性就是作为文艺人民性的最高表现。它表现出无产阶级对于人民事业的最大忠诚。它使文艺作品能够更真实地更本质地反映出现阶段革命的主导方向，从党的政策方针上，更深刻、更正确地了解了和反映了人民生活与斗争的进程；把党的政策思想通过艺术形象广泛地教育了人民，回答人民所提出的最尖锐的问题，并且向人民指出生活和斗争的明确远景，鼓舞他们对于革命的信心。因此，这样的文艺不仅在政治意识上是最进步的，而且在艺术内容上一定也是最现实的，在艺术形式上是最有生气最活泼的。这就是革命的现实主义的文艺，也就是列宁所说的“将是自由的文学，它要用社会主义无产阶级的经验和生气勃勃的工作去丰富人类革命思想的最新成就，它要使过去的经验（从原始空想形式的社会主义发展成科学社会主义）和现在的经验（工人同志们当前的斗争）之间经常发生相互作用”（《党的组织与党的文学》）。

而这样的文艺，它首先就必须把它的创作活动和批评工作安置在党的方向之上，安置在马列主义的思想基础之上。

三十年来，中国革命文艺运动的发展过程，和中国共产党的关系，是说明党与文艺的关系的最好一个例证。这个文艺运动，一开始就是在十月革命的号召之下，在无产阶级的思想领导之下成长起来的。三十年来，它始终是党的革命事业，也即是中国人民的革命事业的一个有力组成部分。它经历过各个革命时期，始终坚持着新民主主义的反帝反封建的斗争方向。它的最主要的功绩之一，就是，在每个革命时期中，即使在白色恐怖最严重的岁月中，它把党的思想和党的政策通过各种艺术形式和方法传播到广大的人民中间，教育和团结了他们，吸引他们大量涌入到革命战线上来；它一次又一次地击败了反动统治的文化“围剿”和各个时期中各式各样的封建、买办文艺思想，始终坚持它的领导地位。由于这样，使它对于革命的作用比其他意识形态部门来得更大。另一个主要的功绩，就是它从开始就提出了大众化的方向。虽然经过所谓“平民文学”、“普罗文学”、“大众语运动”等各个阶段，走了不少的弯路，但终于在一九四二年延安文艺座谈会以后，使这个文艺运动和广大工农兵群众真正地结合起来。到了现在，数以万计的工农兵文艺团体已经在他们自己阵地上展开广泛的文艺活动。这对于整个国家文化生活是产生了难以估计的巨大影响的。而也由于贯彻了这个方向，才使文艺本身的内容和形式都获得了飞跃的发展。

我们的文艺是怎样获得了这些辉煌的成绩的呢？怎样取得这强大的创造力量呢？这不可能有别的解释，唯一的解释就是：这个文艺运动是在党的直接领导之下和广大人民的斗争密切结合的，它的创作活动和理论活动主要是以马列主义的科学思想为基础，并且以党的政策为依据的。毛主席在延安文艺座谈会上的讲话就是党领导文艺运动的最主要的文献。这个讲话不仅对于中国文艺运动，具有决定性的作用，并且对于我们整个党的思想水平以及对全国人民的思想都产生了极其深刻的影响。这次座谈会以后，中国文艺运动的面貌为之焕然一新。这个讲话的最基本精神，就是把文艺的党性原则贯彻到文艺创作和理论的每个重要具体问题上，作为党的文艺方针规定下来。

在述及三十年来党与文艺的关系时，我们还必须提到鲁迅。鲁迅是“五四”以来新文化运动“最伟大和最英勇的旗手”，是“中国文化革命的主将”；他的方向就是“中华民族新文化的方向”。鲁迅虽然并不是共产党员，但是鲁迅的文艺方向和党的文艺方向是一致的。从鲁迅身上，反映出来中国劳动人民最优秀最宝贵的品质和最坚定的性格，这是属于无产阶级的。尤其是在一九二七年以后，他是直接在党的领导之下，在最艰苦和危险的日子里，团结了革命文艺工作者与敌人作无情的斗争。在最后十年中，他的作品中所显示出的那种高度的思想原则性，完全是马列主义的。因此，必须肯定：鲁迅的文学事业就是党的革命事业的一部分，我们不容许把它分割开来。

三十年来中国新文艺的光荣传统，是值得我们骄傲的。主要的一点，是由于这个文艺是属于人民，服务于人民的。这是决定文艺的人民性的基本条件。这个问题经过延安文艺座谈会以后，使我们更明确和深入地认识了它的内容：即是说，作家必须站在无产阶级与人民大众的立场，深入工农兵群众，首先为他们服务；必须以辩证唯物主义与历史唯物主义的观点和方法去观察生活观察事物；必须把创作和党的政策相结合，从创作上反映出党的政策精神，这样的文艺不但能够更真实地反映人民的生活，并且给予了人民以教育。由于这样，才使一九四二年以后我们作品的人民性内容大大地丰富起来；也由于这样，使我们更亲切地体会了党与文艺的关系。只有在党的高度思想原则性指导之下，才能使文艺获得其丰富的人民性内容。因为这种高度的思想性正是艺术性的基础。文艺的党性原则不但不限制创作的自由，并且大大地发展了这种自由，大大地扩张和加深了作家的视野。我们将怎样使文艺更好地服务于工农兵呢？即是说，我们将怎样给予他们以更多更好的东西呢？这些东西不仅要为他们所了解，所喜欢，并且要教育他们，鼓舞他们对阶级和人民的革命事业有更高信心。这就不能不要求把我们的创作思想提高到党的水平、党的政策水平上来。

坚持布尔什维克伟大的思想原则，是保证文艺创造力量发展的一个主要条件。这也就是革命文艺区别于资产阶级的自由主义文艺的一个基本不同点。

在一般地说明了党与文艺的关系以后，我们不妨进而讨论到目前的问题。从《武训传》问题的讨论中显示出了我们文艺思想上的混乱，特别是一些共产党员在这个问题上所表现的无原则的错误；这说明，增强我们文艺的党性，为我们文艺的思想纯洁而斗争，现在已经是迫切的任务了。

党报号召我们广泛展开关于《武训传》的讨论。这个号召是有重大意义的。党是要在这个具体的典型事例上警惕并教育全体同志，深刻地来认识布尔什维克思想原则性的意义。因此在响应这个号召展开讨论中间，我们每个同志，特别是文艺工作和其他文化工作的同志们，必须更进一步检查一下自己的全部思想和作品，是否在其他问题上，也犯了类似的原则性错误；不要以为《武训传》问题上我并没有犯错误（或者侥幸没有犯错误），因而我的思想上就没有毛病了。党关于讨论《武训传》的号召，是对于我们思想上的一个严肃的考验。我们必须认真地去研究这个问题，并且找出造成这些错误的思想根源。

根源之一，我以为是缺乏一种严肃的认真的对群众负责的态度。文艺的党性原则，有如前面所说的，基本上是表现在文艺对于阶级和人民的利益关系上。如果对于自己的作品或是对于别人的作品，缺乏一种认真负责的态度，不去研究它对于群众所可能产生的影响，而只是随随便便发表，或者人云亦云地推荐歌颂，这就是一种危险。虽然在若干次中可能并没有犯出什么明显的错误，但是终于会在一个早晨，发现自己已经对于群众作出不可宽恕的错误了。还有更坏的倾向，如以友情的宽容代替了文艺的党性的原则，以捧场应酬的恶习代替了严肃认真的讨论，这是堕落到市侩主义的水平上，其危险性也就更大了。在这次对于《武训传》的许多歌颂文章中间，我相信至少有一部分人是由于上述的原因而产生错误的。

另一个更重要的错误根源，就是由于缺乏共产主义者敏锐的政治感觉，使一些资产阶级的反动意识或其他非无产阶级的意识的残余，不知不觉地侵入到我们头脑中来，或是原来残存的东西日日夜夜在我们头脑里重新滋长起来。这样就腐蚀了我们布尔什维克党员的思想纯洁性。我们中间许多人，都是从其他阶级转变过来，或是长期地受过资产阶级的教育。而今天，在复杂的城市生活中，足以诱惑我们的旧社会的残余因素还大量存在着。这种残余的东西，会像病菌一样随时随地侵袭到我们头脑里来。因此一个革命文艺工作者必须时时刻刻保持共产主义者政治的清醒，对于生活的热爱和对于新鲜事物的感觉。我们的同志现在大都很忙碌于实际工作，但在这种忙碌中间，却常常可能陷入到一种可怕的事务主义倾向中去。尽管是忙碌终日，却是无所用心，埋没在琐屑的事务中间，而渐渐失去了对于政治和广大人民的关心。这样就给那些非无产阶级的意识乘虚而入的机会。这样的倾向我以为目前是普遍存在着的，克服这种倾向，提高我们工作和生活上的政治性，是反对这种丧失原则性错误的重要条件之一。

和这种根源相联系的另一种根源，是缺乏对于社会历史的有系统的马列主义认识，特别在《武训传》问题上是显示出这方面的很大错误。《武训传》问题所显示的主要错误，就是以唯心主义的历史观点，去代替历史唯物主义的观点。毛主席曾经再三告诉我们，必须学习马列主义，但在这方面，我们做得非常不够。教条主义和经验主义思想，在我们中国还相当多，因此，在具体的问题上和对于具体人物，就丧失了批判的能力。

缺乏文艺党性的另一种表现，是“事不关己，高高挂起”的自由主义。对于文艺上非党的倾向的熟视无睹或采取袖手旁观的态度，也同样是缺乏对党对人民的责任感。《人民日报》社论所责问的“一些共产党员自称已经学得的马克思主义，究竟跑到什么地方去了呢?”是完全击中要害的。这句话应该为我们大多数人所深刻反省。这种自由主义的倾向的存在，将会阻碍了文艺思想斗争的展开。

我们不要以为文艺的思想原则性，是种什么深奥的东西，似乎只有马列主义修养很高的同志才能掌握。这样想法是不对的，每个共产党员作家和艺术家必须、也可能掌握这个原则。文学艺术作品是为千百万人所欣赏的，并且是教育他们的。如果给予他们一种错误的教育，这就是对于党对于人民的损失，如果对于这种错误的教育加以颂扬，则其损失就更大。对于这种错误，每一个关心党、关心人民利益的文艺工作者都应该并且能够作出批评的。批评的原则很简单，就是毛主席告诉我们的关于“歌颂”和“暴露”的原则，凡有利于阶级和人民的，我赞成之歌颂之；凡有害于阶级和人民的，我反对之暴露之。这是我们的基本原则。根据目前的情况，我们将怎样来展开为加强文艺党性的斗争呢？这个问题是应该由文艺界的党与非党同志作为一个中心问题来讨论的。我在这里只简单地提供两点意见：

第一，文艺的党性必须在深入的思想斗争实践中得到锻炼和发展。这种思想斗争的主要方法就是自我批评。一九四一年中共中央《关于增强党性的决定》就指出过“要用自我批评的武器和加强学习的方法，来改造自己，使适合于党与革命的需要”。这一年来，文艺批评的风气一般地说是较前提高了。但是有领导的、有组织的自我批评，像这次对《武训传》所展开的批评，却是很少。这可以说是我们文艺工作上的弱点之一。我觉得，我们应该好好学习一下苏联的经验。一九四六年，联共中央书记日丹诺夫同志作《关于〈星〉和〈列宁格勒〉两杂志所犯错误》的报告以后，苏联文学界、戏剧界、音乐界、美术界全面展开了为苏维埃文学艺术的思想纯洁性的斗争。从左琴科、阿赫玛托娃和两个杂志的错误，引起大家检查了各个文艺岗位上的思想问题。这样就一连串地产生了关于音乐方面（如关于革命派的倾向）、电影方面（如关于《伟大的生活》）、戏剧方面（如关于《伟大的友情》）的许多决定或决议。这个工作是在联共中央的直接领导下进行的，其主要的斗争方向，是反对和肃清西欧资本主义没落文化的意识对于苏维埃文学艺术的影响。这个思想斗争保持着高度的严肃性和经常性。不管是权威的作家或艺术家，当发现他犯了原则性错误的时候，一样要受到群众严厉的批评。从这个思想斗争中，他们建立了最严肃的、负责的文艺批评制度，首先是建立了文艺杂志的严格编辑制度。例如对于改组以后的《星》杂志，联共中央规定这个杂志的总编辑应该“对该杂志的政治意识方向以及在这个杂志上所发表的作品的质量，负完全责任”。这种严肃的制度保证了他们批评工作的经常性。这种经常性，对于思想工作上是非常需要的。

我觉得，我们应该从这次《武训传》的讨论开始，建立起这种自我批评的良好基础。在各个文学艺术部门有计划有组织地把理论学习和思想斗争结合起来，明确地具体地找出哪些是我们文艺上最有害的非党思想和不良倾向，哪些是应该发扬的、坚持的优点。这个工作应该是经常的，而不是虎头蛇尾，一曝十寒的；应该是在党的领导下作为一种政治任务去进行，而不是放任自流的、散散漫漫的。要做好这样工作，首先也必须切实地整顿我们文艺出版物的编辑工作。

第二，加强文艺的党性，应该要求作家和艺术家深入群众斗争的实践中去。近来许多作家热烈地要求到群众生活中去，这是很好的事情。但是到群众生活中去，必须是像毛主席在《实践论》中所指出的："亲身参加变革现实、变革某种或某些事物的实践的斗争中"，而不是单纯地到农村或下厂去"看看"、"跑跑"。"看看"、"跑跑"也有好处，但不能完全解决问题。"只有亲身参加变革现实、变革某种或某些事物的实践的斗争中，才能触到那种或那些事物的现象，也只有在亲身参加变革现实的实践的斗争中，才能暴露那种或那些事物的本质而理解它们。"（《实践论》）把现象和本质统一起来，这才能使我们对于现实有真切的认识，使我们能够正确地去反映它。这样才能做到入虎穴，得虎子，而不至于"如入宝山，空手而回"。

我们许多人中间，有的缺乏实际斗争经验，有的缺乏对现实概括的能力，因此常常使我们在思想上不能突破教条主义或经验主义的圈子，这种教条主义和经验主义反映到创作上，就是公式主义和自然主义。公式主义和自然主义的作品是显示不出思想性的，也可以叫做是无思想性的作品。许多作家常常被这样的问题苦恼着。特别是全国解放以后，我们所面对的现实是如此伟大复杂，如此迅速发展，使许多作家感到大有眼花缭乱、无从入手之慨。这基本上是个认识的问题，即是说，我们还多半只有片面的知识，缺乏完整的知识。这是限制着我们思想水平提高的重要原因之一。毛主席的《实践论》，在这个问题上，天才地发展了马克思列宁主义关于辩证唯物论的认识论的原理，给予我们以那样明晰和通俗的分析。《实践论》的发表，对于整个思想界是个伟大的胜利，而对于文艺工作者，尤其具有迫切的需要。认真研究这本著作，并且和自己的创作方法联系起来研究，这对于我们是十分重要的事情。

一般地说，在目前这个时代里，我们作家是不愁缺少感性的知识的。我们具有那样有利的创作条件，我们的生活是那样丰富，我们每个人都有那样多机会可以参加到群众斗争中去，而事实上许多同志已经参加了各种各样的群众斗争和工作。但是我们却常常缺乏一种把感性知识和理性知识在实践基础上统一起来的能力。《实践论》中说:“要完全地反映整个的事物，反映事物的本质，反映事物内部规律性，就必须经过思考作用，将丰富的感觉材料加以去粗取精、去伪存真、由此及彼、由表及里的改造制作功夫，造成概念和理论的系统，就必须从感性认识跃进到理性认识。”这种功夫，正是我们所迫切需要学习的功夫。我们的缺点之一，就是缺乏科学的思考，以致常常被表象所俘虏。这也是容易在原则性问题上犯错误的原因之一。有些人在《武训传》问题上所犯的错误，我想就是因为没有经过认真的思考，以致糊里糊涂地搞错了。

在实践的基础上，锻炼我们的思考能力，应该作为我们学习上的一个重要问题。

最后，学习党的政策是十分必要的。因为党的政策就是从实践的基础上提高为理论原则而又转过来为指导实践的东西。因此，在实际工作中，认真去研究和体会党的政策和它的制订过程，这对于我们的思想方法以及掌握原则上是有很大的帮助。

有领导地展开文艺界的自我批评，号召作家亲自参加变革现实的斗争实践，学习马列主义的理论和党的政策——我以为是为加强文艺党性，纯洁文艺的思想而斗争的主要任务。

我们的党有了三十年光辉灿烂的历史，我们有伟大的毛主席和他天才的思想。在他的领导下，我们的党已经给中国人民带来崭新的时代和新的生活。同时也是给我们民族的文化奠立最好的基础。我们坚信我们的文学艺术将发展为全世界最优美最有思想性的文学艺术之一。当我们以最大的愉快心情来迎接伟大的党的三十周年纪念日的时候，我们文艺工作者应该以热爱人民与生活的共产主义的乐观精神，在党的领导下加倍努力，以文艺为国家建设服务，并与一切阻碍社会前进的旧社会残余意识坚决斗争；在这样的斗争中，高度地发扬文艺上布尔什维克伟大的党性。

（原载 1951 年《文艺报》第 3 卷第 5 期）

沿着社会主义现实主义的方向前进

——在中国文学工作者第二次代表大会上的总结发言

同志们:大会的讨论已经结束了。在四天半的讨论中,代表同志们对于周总理的报告一致地表示热烈的拥护,对于周扬同志和茅盾同志的报告一致表示同意。

周总理的报告,向我们详尽地分析了目前国内外的形势,指示了我国在过渡时期中的总路线,并且指示了文学工作者如何为贯彻这总路线而努力的具体任务,使我们不仅对于当前现实形势,我们国家的伟大远景以及其发展的途径,有了更明晰和正确的认识,并且对于文学工作在这个新的历史时期的实践方向和内容以及与此相联系的创作方法上的一些主要问题,也获得更明确的理解。正是在这种认识提高的基础上,大大地提高了文学工作者创作的信心,鼓舞了我们前进的勇气和热情,加强了我们的责任感和在党领导下团结一致为发展创作事业服务国家建设而努力的积极精神。我们的代表大会的召开,恰恰紧接着政治协商会议全国委员会扩大会议和中央人民政府委员会讨论了过渡时期经济建设总路线之后,因此,使我们能够根据这个总路线的精神来讨论和决定今后文学的任务,取得丰富的收获。这是这次代表大会最主要的成就。对于这个成就，我们应该首先衷心感谢党中央和周总理对于文学事业深切的关怀、支持和英明的指示。

大会各小组对于周总理的报告以及周扬同志和茅盾同志的报告都进行了详细而热烈的讨论。各小组的意见，大致可以归纳为下面四个问题。

一　文学工作者如何为贯彻过渡时期的总路线而努力

周总理的报告中指出，从中华人民共和国成立到社会主义改造基本完成，是一个过渡时期，在这过渡时期中党的总路线就是："要在一个相当长的时期内，基本上实现国家工业化和对农业、手工业、资本主义工商业的社会主义改造。"我们国家将经过这个过渡时期而走入社会主义的社会。同志们，这是多少年来我们所梦想着的社会呵，现在这已经不是遥远的梦想，而是我们共同奋斗的具体目标了。四年以前，人民政治协商会议所通过的共同纲领中，已经确定了这个总路线的基本原则；四年来我国各方面民主和社会改革工作已经为这个伟大历史任务创造了有利的条件。我们坚信，这个伟大目标是一定能够胜利地达到的，因为我们有马克思列宁主义学说的武器，有党和毛主席的英明领导，有全国人民高度的政治觉悟，有全世界爱好和平人民的支持。我们怀抱着坚定不移的信心为这个伟大的目标而奋斗，但是同时我们也认识到，要达到这个目标并不是一帆风顺的，而是要经历相当长时期的艰巨和复杂的斗争。我们应该充分估计到这个斗争的艰巨性和复杂性。因而必须更加倍来提高我们战斗的力量。

作为思想战线上重要一翼的文学，在这个社会主义改造的过渡时期中的基本任务，就是要以文学艺术的方法来促进人民生活中社会主义因素的发展，反对一切阻碍历史前进的力量，帮助社会主义基础的逐步增强和巩固，帮助社会主义改造事业的逐步完成。

这就是说，我们的文学要用社会主义的思想感情，用我们民族的革命传统精神，用革命的乐观主义和爱国主义，来鼓舞、教育全体劳动人民，积极地发挥其创造精神和劳动热忱，为社会主义工业化而奋斗；培养人民中间特别青年中间共产主义的道德品质，以这种道德力量来帮助社会主义改造事业的加速推进；同时我们的文学要以阶级斗争的精神教育人民去克服工人阶级队伍中间的资产阶级思想的影响，去说服广大农民和手工业者，在加强工农联盟的基础上自觉自愿地向社会主义前进，去教育资产阶级和小资产阶级的爱国分子服从社会主义的改造；我们要在联合的条件下对资产阶级进行思想斗争。要批判各种各样对于社会主义改造抵抗的思想，坚决地打击一切敌视社会主义改造的反动思想。工人阶级思想和资产阶级的思想斗争将是社会主义改造时期中思想斗争的主要内容。

同时，我们必须毫不松懈地努力铲除帝国主义封建主义的思想的残余影响，对国内和国外的、公开和隐蔽的一切反动思想作斗争。

这就是文学战线上在过渡时期中所担负的思想教育和思

想斗争的主要任务。我们的文学要以生动的艺术形象充分地去表现和发扬新社会的力量，同时也要坚决地去揭露和打击垂死的旧社会的残余力量。我们要教育人民摆脱旧社会生活的羁绊，看清沿着社会主义前进的道路，并为这个前途而积极奋斗。

文学艺术在思想教育和思想斗争上的巨大作用，是通过文学艺术所特有的艺术感染力量而取得的。这样的思想教育和思想斗争工作显然不可能依靠抽象的原理或者主观的想象，而只有依靠对于革命发展中的现实生活本身的认识和对于现实生活的真实描写，来达到服务于政治的目的。这即是说用对于我们人民生活的真实和具体的描写，和以上所说的思想教育和思想斗争任务结合起来，这就是我们目前社会主义现实主义文学所要求的内容。

因此，为了使文学能够更好地服务于过渡时期的总路线，首先就是要求我们用社会主义现实主义的方法来创造出更多更好的、各种样式的、适合于人民各种不同文化水平的作品。作品就是我们自己的武器。周总理的报告中特别强调了艺术实践，即是鼓励我们要更积极去展开艺术的创作活动。各小组的讨论中，大家一致地强调了这个精神，一致表示要积极创作。文学战线上士气的旺盛是这次大会的主要收获之一。

在讨论总路线时，大家更深刻地体会到文学与政治的关系。要创造出更多更好的作品，离开党的政策、路线是不可能的。中央所指示的过渡时期的总路线是根据于目前阶段我国社会发展的客观法则，因此也就是指导我国社会发展的唯一正确的路标。文学工作者如果离开这个总路线，也就是离开了现实生活的方向，离开了文学上的现实主义。苏联作家协会的章程中指出："文学，其艺术技巧，其思想和政治的充实性与实际动力的成长的决定条件就是：文学运动与党和苏维埃政权的当前政策问题的密切和直接的联系，作家之参加积极的社会主义建设，以及作家对具体现实的精细和深刻的研究。"这对于我们也是十分重要的经验。我们必须更认真地去学习和研究和总路线及有关的各种问题，以它作为我们创作的指针；并且应该大力去宣传总路线的精神。我们同时也体会到，学习党的政策和路线，必须与生活实践相结合。在讨论过程中，许多同志结合着自己深入工厂、农村、部队的经验来研究总路线的精神，得到很大的启发。这证明了从实践中才能更好地认识政策的内容，才能更正确地理解文学与政治的关系。

我们认为，学习党的理论政策，深入生活实践，观察、体验、分析研究生活，提高艺术修养，这些条件的很好结合，是创造出更多更好的作品的基本前提。

在讨论总路线中间，我们也基本上澄清了个别同志中间过去对于政治的一些不正确或不清楚的看法，如关于新民主主义过渡阶段的性质和任务，关于工农联盟等等，也克服了个别同志中间一些保守的思想，和对于社会主义改造的斗争复杂性过低估计的看法。大家一致感觉到我们是责任重大的，为了使我们能够担负起这重大的责任，首先应该加强自己政治上和艺术上的锻炼。

二 关于社会主义现实主义在中国文学上的发展问题

我们的文学要服务于社会主义的改造事业，我们必须进一步发展社会主义现实主义的方法。在大会以前各地的同志们都曾经进行了关于社会主义现实主义的学习，并且得到一定的收获。为了使我们不仅是从理论上，并且结合着中国革命文学运动的实践，来研究一下它的发展过程，是十分必要的。

周总理的报告中间，向我们提出来关于“五四”以来中国文学的历史估价问题，对于我们理解现代中国文学史和目前创作问题上是有重大意义的。我们体会周总理这个指示的基本精神，是要我们从历史发展的观点上去看问题，不要忽视历史的传统。这是马克思主义者研究问题的科学方法。自然，关于“五四”以来中国文学的估价，毛主席在《新民主主义论》和《在延安文艺座谈会上的讲话》中早已有了明确的指示，但是一部分同志，对于这些指示还缺乏具体科学的研究，因而对于社会主义现实主义在中国文学上的发展问题产生了一些混淆的理解。由于这样，也就产生了对于社会主义现实主义一种神秘化的看法。经过周总理报告以后，大家对这个问题的看法明确了，因而也就打破了对于社会主义现实主义那种“高不可及”的神秘看法；另一方面，也消除了一种“妄自菲薄”的心理；因而也就自然地提高了大家对于当前文学工作的信心。

这应该认为是这次大会的另一重大收获。

在讨论中,大家明确地认识了,社会主义现实主义的方向,是“五四”以来中国新文学运动的基本方向。因为“五四”以后,中国革命已经是新民主主义的性质。五四运动中中国人民的基本政治要求,就是彻底地不妥协地反帝国主义和反封建主义,而能够领导这个斗争的,不可能是软弱动摇的中国资产阶级,而只能是新兴的工人阶级。同样,在文学上能够真实地反映中国人民这种彻底地不妥协地反帝国主义和反封建主义的要求、愿望和实际斗争的,能够反映出中国人民现实生活的发展方向的,能够在思想战线上坚持这种反帝国主义反封建主义斗争的,能够坚持文学上现实主义的精神的,也不可能是软弱无力的资产阶级的文学,而只能是在工人阶级思想领导下的人民大众的文学。工人阶级领导的人民革命的要求和创作上现实主义的要求相结合,这就构成了社会主义现实主义的倾向。

也有些人以为“五四”时期文学上所反映的个性解放等思想,岂不是资产阶级的文学思想吗?但事实所证明的是:个性解放的要求,已经不是帝国主义时代半殖民地的中国资产阶级的那种妥协的改良主义思想所能解决得了,而只有在工人阶级领导的反帝国主义反封建主义的斗争中才能真正解决。毛主席告诉我们:“五四运动的杰出的历史意义,在于它带着为辛亥革命还不曾有的姿态,这就是彻底地不妥协地反帝国主义和彻底地不妥协地反封建主义。”而五四运动之能够具有这种性质,则是因为俄国十月革命的胜利,给中国革命知识分子带来了中国民族解放的新希望。“五四”以后,中国共产党人领导的共产主义文化思想，已经“以新的装束和新的武器，联合一切可能的同盟军，摆开了自己的阵势，向着帝国主义文化和封建文化展开了英勇的进攻”。“五四”时期的新文学运动开始接受了这种思想的影响，也是在这种思想影响下使它能够继承中国几千年来古典文学的伟大的现实主义传统，和吸收世界进步文学的现实主义精神。由于这样，就使“五四”时期中国新文学中开始产生了社会主义现实主义的因素；也由于这样，决定了中国新文学的发展只有沿着社会主义现实主义的方向前进，而不可能有其他的方向。自然，当时资产阶级的文学也有它的方向的，但是那不是现实主义的方向，它只能引导文学走到改良主义，妥协投降，走到颓废主义、唯美主义、形式主义以及各种各样堕落的、反现实主义的道路上去。胡适之、梁实秋等人所走的道路就是这样的道路，而最后是走到帝国主义和蒋介石的怀抱里去了。

由此可见，只有工人阶级的思想领导的反帝反封建的人民大众的文学，才能正确地反映人民的现实生活和斗争，才能正确地发挥其教育人民指导现实的任务。由此可见，“五四”以来新文学发展的方向，不能不是社会主义现实主义的方向。只有沿着这个方向前进，现实主义才有不断发展；不沿着这个方向前进，现实主义的发展是不可能的。

但是，我们说社会主义现实主义是“五四”以来中国革命文学的基本方向，说“五四”时期的文学中已经有了社会主义现实主义的因素，并不等于说“五四”时期的进步作品，都已经是社会主义现实主义的作品了。社会主义现实主义的文学，是从萌芽的状态随着革命的发展而逐渐发展成长的。它不可能是一天早晨从天上掉下来的。主要的一点，就一个革命知识分子当他从开始接受共产主义思想的影响，到他成为一个共产主义者，他的立场、世界观和创作方法，都需要经过一定时期的锻炼和发展。正如斯大林同志所说，一个作家，只要忠实于生活，他一定会成为一个马克思主义者。我们许多前辈的作家，就是沿着这样的道路走过来的。其中最杰出的就是鲁迅。

鲁迅在“五四”初期，已经开始接受了共产主义思想的影响，虽然当时他还不是一个共产主义者。鲁迅“五四”初期的作品中所反映出来的最杰出的精神，就是最彻底的不妥协的反帝国主义和反封建主义的精神。也就是说在他的作品中最正确地反映了五四运动的杰出历史意义。鲁迅这种战斗的现实主义精神是和当时党的要求，和中国劳动人民的要求是完全一致的。鲁迅在政治和文学的方向上，坚决反对资产阶级的改良主义和妥协思想。他坚持人民的方向，并且教导着青年向这个方向走去。他告诉我们，路是人走出来的。而这条路实质上就是在工人阶级思想领导下的反帝反封建的，人民大众的道路，也就是文学上向社会主义现实主义前进的道路。鲁迅所以具有这种精神，是由于他是从人民中来，参加了社会斗争的实践，他深刻而透彻地理解了中国人民的历史和生活，他和其他革命知识分子一样，接受了俄国十月革命胜利的影响，并且他最深刻地接受了中国古典文学的现实主义传统，接受了中国人民几千年来坚强不屈的斗争精神和经验。他自己就是这种坚强不屈斗争精神的化身。毛主席说：“鲁迅的骨头是最硬的，他没有丝毫的奴颜和媚骨，这是殖民地半殖民地人民最可宝贵的性格。”正由于这样，鲁迅成为“五四”新文化运动的旗手。他在和一切反动、妥协、投降势力斗争中，引导中国革命知识分子和青年，朝着工人阶级所领导的革命方向前进，朝着文学上的社会主义现实主义的方向前进。由于他对于人民对于生活对于历史的高度的忠实，必然地使他后来成为共产主义者，成为中国最伟大的社会主义现实主义的作家。

在第一次国内革命战争时期中，鲁迅所领导下的左翼文艺运动，是“五四”以后中国社会主义现实主义文学进一步发展的时期。但在这个时期，社会主义现实主义的文学，基本上也还是在萌芽的状态。鲁迅在《黑暗中国的文艺界的现状》一文中说：“在中国，无产阶级的革命的文艺运动，其实就是唯一的文艺运动。因为这乃是荒野中的萌芽，除此以外，中国已经毫无其他文艺。”在他《对于左翼作家联盟的意见》中又说：“……无产文学，是无产阶级解放斗争的一翼，它跟着无产阶级的社会的势力的成长而成长……”鲁迅这些科学的卓越的分析，对于我们来理解“五四”以来文学的历史估价问题，是极有帮助的。这就是说，中国工人阶级所领导的文学运动，是中国革命文学运动唯一的、基本的方向，这个文学运动是伴随着工人阶级所领导的革命运动的发展，从萌芽时期而逐渐发展和成长起来的。

在鲁迅领导下的左翼文艺运动时期，愈来愈多的革命作家走向社会主义现实主义的文学道路上来。在这同时，全国各地工农民主政权地区中也开始产生了工人和农民自己的文艺运动。这就为后来抗日战争时期中社会主义现实主义更进一步的发展准备了基础。在左翼文艺运动时期中，我们文学中社会主义现实主义的因素是进一步发展了，而同时也从革命知识分子的身上带来了各种各样非工人阶级的思想意识。这种思想意识成为社会主义现实主义文学继续发展的障碍。延安文艺座谈会正是根据“五四”以来革命文学运动的发展的基础和在这个发展过程中所带来许多缺点和问题必须解决的情况下召开的。毛主席《在延安文艺座谈会上的讲话》的引言中说:“在‘五四’以来的文化战线上，文学和艺术是一个重要的有成绩的部门。革命的文学艺术运动，在十年内战时期有了大的发展。这个运动和当时的革命战争，在总的方向上是一致的，但在实际工作上却没有互相结合起来，这是因为当时的反动派把这两支兄弟军队从中隔断了的缘故。抗日战争爆发以后，革命的文艺工作者来到延安和各个抗日根据地的多起来了，这是很好的事。但是到了根据地，并不是说就已经和根据地的人民群众完全结合了。我们要把革命工作向前推进，就要使这两者完全结合起来。”延安文艺座谈会的召开，就是为这个目的，也就是为了解决文艺工作者为群众与如何为群众的根本问题，这也就是社会主义现实主义的根本问题。毛主席把马克思列宁主义的文艺学说和中国革命文学实践上的具体问题结合起来，确定了中国社会主义现实主义文学运动的指导方针。在延安文艺座谈会以后，革命文艺工作者实践了毛主席的文艺方向，因而产生了更多优秀的社会主义现实主义的作品。延安文艺座谈会无疑是标志了“五四”以来中国革命文艺运动发展的新阶段。

延安文艺座谈会以后，中国社会主义现实主义文学有了更大的发展。但这同样不等于说，当时一切具有进步倾向性的文学作品，都已经是社会主义现实主义的作品了。在文学战线上首先应该划分的，正如周扬同志报告中所指出的，是人民和反人民的界线。而在为人民的文学中间，则无疑是以社会主义现实主义的文学作为主流。在当时就全国范围来说，还有许多进步作家，由于没有经过思想改造的过程，并不能一下接受或掌握社会主义现实主义的方法。所以毛主席说："我们是主张社会主义的现实主义的，又有一部分人不赞成，这个团结的范围会更小些。"而现在经过全国的解放，我们的社会基础已经发生了根本的变化，全国的文艺工作者经过文艺整风和学习，情况是有很大不同了。原来不能接受社会主义现实主义的，现在是能够或者愿意接受了。原来和工农兵很疏远的，现在是接近或愿意接近了。虽然在今天我们中间仍然有一部分人，还不能说是已经站在社会主义的立场，但是他们是热情地愿意站到社会主义的立场来的。这就是为什么我们要在现在把社会主义现实主义作为我们一切进步作家的创作和批评的最高准则，作为我们一切进步作家共同努力的方向和目标而提出来。

所谓最高准则的意思，绝不意味着要排斥一切还不是社会主义现实主义的文学。恰恰相反，正是为了要积极地耐心地帮助和引导这些愿意为人民服务的作家，逐步走向这条道路上来，和工人阶级一同前进。而对于工人阶级的作家来说，则更应该朝这个方向积极努力，以提高自己创作的水平。在这个问题上我们必须遵照毛主席所指示的有团结、有斗争、有批评的方针，来继续发展我国社会主义现实主义的文学。

周总理的指示是教我们要以历史唯物论的观点，以理论与实践相结合的方法去研究问题，教我们尊重和研究我们自己文学的传统——不仅是“五四”以来的革命文艺的传统，并且包括我国几千年来伟大的文化传统；因为“五四”以来的革命文艺传统正是继承古典文学的现实主义传统而发展过来的。我们应该首先把这个观点明确起来。至于“五四”以来的文学作品中间究竟哪些作品是代表社会主义现实主义的，哪些作品又是代表什么主义的等等问题，那是文学史家和批评家的长期的工作，而不是大会上所应该和能够解决的问题。而即使对文学史家和批评家来说，也必须是根据具体作品做细致和科学的分析，而不可能简单地采取贴标签的办法来决定的。

对于我国文学上社会主义现实主义发展过程有了较明确的认识，因而对于目前如何进一步发展社会主义现实主义的问题也就容易明确了。在这个问题上，大家一致同意周扬同志和茅盾同志报告中所指出的原则，即是必须从实际的创作水平出发，从每一个作家在思想上和艺术上的发展情况和特点去要求他们，反对脱离实际，把社会主义现实主义方法变成死的格式。而在另一方面，我们必须强调锻炼自己的立场，不断地改造自己的思想，提高自己的艺术修养。我们既然要以文学去服务社会主义的改造事业，那么首先就不能不是努力使自己成为一个社会主义者或更优秀的社会主义者。我们不要妄自菲薄，当然也不允许妄自尊大；我们不要把社会主义看成“高不可及”，也不能把它看成“唾手可得”；我们不能割断历史传统，也不要混淆社会主义与过去的现实主义的区别。重要的是在于学习和实践。正如茅盾同志报告所说的，社会主义现实主义必然是通过不断的学习和思想斗争而发展的。

社会主义现实主义不仅不是神秘的，而且也不是像有些人所想象那样狭隘的，庸俗的，似乎它只能描写某一些主题和题材。事实是，社会主义现实主义文学是具有最广阔的内容，和最多样的风格与形式的。自然，社会主义现实主义的文学，必须服从于政治，必须为工农兵服务，这是不可动摇的。但是在这个原则下，正如列宁所指示的，“在这个事业中，绝对必须保证有个人创造性和个人爱好的广阔天地，有思想和幻想、形式和内容的广阔天地。”我们目前许多作品的内容和形式，虽然和解放以前相比，是广阔了，丰富了，但和我们的现实生活相比，和群众所要求的相比，确实还是太狭隘了，太单调了。当我们讨论总路线问题时，大家都感到祖国的前途是何等广阔美丽，我们现实生活是何等丰富多彩。我们为什么不能更广阔地去表现呢？基本的原因还在于我们的生活不够丰富，视野不够远大，思想性还比较薄弱，因而在创作时候，常常被一些固定的概念所束缚。为了克服这种缺点，我们应该更努力向生活的各方面去学习，不要被固定的概念所束缚，要大胆地去表现各种各样的主题和题材，要创造多种多样的形式和风格。我们完全同意周扬同志所指出的，在文学上同样应该实践毛主席所指示“百花齐放”的方针。我们希望同志们能更多地注意这一问题。

三　发展社会主义现实主义文学的几个实践问题

在讨论周扬同志和茅盾同志的报告中，接触了发展社会主义现实主义文学上的几个实践问题。其中第一个问题就是创造人物典型的问题。

社会主义现实主义文学所要求的，是政治性和艺术性统一的作品，也就是艺术描写的真实性与具体性和以社会主义精神教育改造人民的任务相结合的作品。这种结合的关系，主要是通过艺术形象的创造而表现。因为艺术的政治教育力量必须是通过艺术形象的感染力量而取得。作家在创造人物时，注入他自己对于其人物的爱或憎。他以这种爱或憎去感染读者，去教育读者拥护什么，反对什么。这就是作家的党性和他对于读者教育作用的具体表现。而其教育力量的强弱和教育内容的正确与否，则是决定于其艺术形象的真实性的程度和作家的政治认识。马林科夫同志说："典型是党性在现实主义艺术中的表现的基本范围。"这是最精辟地说明了文学艺术的政治性与艺术性统一的关系。

为了反对目前创作上概念化公式化的倾向，我们应该把创造人物形象的问题，特别是创造英雄人物形象的问题，作为创作上首要的任务提出来。

关于英雄人物的创造问题，过去曾经引起很多的争论，经过这次大会讨论了周总理和周扬同志、茅盾同志的报告以后，这个问题基本上是解决了。

我们认为在这个问题上,先要把问题的提法弄明确。过去许多讨论中间,常常把问题纠缠在写英雄人物应不应写缺点的一点上。这样提法是不能解决问题的。周扬同志报告中已经指出了这一点。我们认为,首先要明确创造英雄人物的目的是什么,其次是根据什么去创造。

目的是很清楚的。我们文学的任务,既然是以社会主义精神去教育人民,去培养人民中间新的道德品质,去教育他们为创造新生活而斗争,那么就不能不要求我们作家创造出各种明朗而生动的,足以为人民做榜样的先进人物的艺术形象,使人民群众能够从他们身上感到必须向他们学习的高尚品质,从他们身上,看到新时代的伟大理想,从他们身上得到鼓舞和振奋,得到亲切的感受。这样的英雄在现实生活中是新生活的积极建设者,在我们文学中也就不能不是主要的典型和主要的人物。这种英雄形象对于人民,特别是对于年青一代所起的巨大教育作用是难以估计的。像苏联作品中被大家所熟知的保尔·柯察金、卓娅和舒拉、马特洛索夫等等,在全世界人民中间是教育出多少和他们一样的人,为全人类革命事业培养了多少新生力量。社会主义现实主义文学的伟大功用就在于此。读者之所以欢迎这样人物,正是因为这种英雄人物是反映了我们新社会力量的本质。所以马林科夫同志说:“现实主义艺术的力量和意义就在于:它能够而且必须发掘和表现普通人的高尚的精神品质和典型的、正面的特质,创造值得做别人的模范和效仿对象的明朗的艺术形象。”

无论从政治意义来说,或是从现实主义的要求来说,创造正面的英雄人物不能不是我们目前创作上首要的任务。

我们是根据什么来创造这样的英雄人物呢？能不能根据党员八条标准来描写共产党员呢？能不能根据三大纪律八项注意来描写解放军战士呢？能不能先规定了人物表，然后去找求对象呢？能不能便宜地去找求现成的“典型”呢？谁都知道是不可能的。唯一的根据就是现实生活。毛主席告诉我们：“革命的文艺，应当根据实际生活创造出各种各样的人物来，帮助群众推动历史的前进。”这是现实主义的根本原则。

根据实际生活来创造英雄人物，是不是等于客观主义地按照实际怎样就怎样写呢？也不是的。毛主席说：“文艺作品中反映出来的生活却可以而且应该比普通的实际生活更高、更强烈、更有集中性、更典型、更理想，因此就更带普遍性。”当作家从现实生活中观察、体验、分析、研究了各种各样英雄人物，进入到创作的过程时候，他一定要经过概括和集中。他凸出其人物的某些方面，而舍弃其另一些方面。他所凸出的东西，一定是属于最充分最尖锐地足以表现人物的社会本质的东西；他所舍弃的，一定是属于非本质的，和主题无关的不必要的东西。而在同时，作者一定是注入了他自己对于其人物的热爱和理想，即是日丹诺夫同志说的“通过他的人物不仅表现今天，而且展望到明天，不是繁琐地、死板地，不是简单地描写‘客观的现实’，而是要从革命的发展中去描写”。作者并且一定要赋予他人物以鲜明的、特定的个性。这才叫做“创造”。这样的描写，不仅不会减弱人物的真实性，恰恰是增强了人物的真实性。只有这样的描写，才能使作品的英雄人物比实际的英雄更高，更强烈，更有集中性，更理想，更典型，因而也就有更大的教育意义和作用。因此在创造英雄人物的时候，有意识地舍弃实际英雄人物身上某一些非本质的缺点，是完全允许和必要的。那种以为不写缺点就会失去英雄人物的真实性的看法，固然是完全错误的，而那种以为实际的英雄人物有多少优点多少缺点就必须无选择地照样描写，也不是正确的。

从现实生活出发，从革命的发展中去描写，也就是说要从现实生活的斗争中去描写。英雄之所以成为英雄就是因为他是英勇的斗争者。这个斗争包括对敌人的斗争，对人民中间落后现象的斗争，也包括英雄人物的自我斗争。并不是所有英雄人物都没有缺点的，但是他是能够克服其缺点的。描写这种克服的过程当然是可以的，但是这种描写的目的，也正是为了显示英雄人物所具有的高尚品质和道德力量，而以这种品质和力量去教育人民。我们决不能把这种自我斗争描写成像资产阶级文学中所描写的两重人格的分裂。这种两重人格的人物，决不可能是我们社会中现实主义的英雄人物的典型。

作家创造英雄人物是要有目的的。这个目的必须是通过现实生活的认识和艺术的创造去达到。杜布罗留波夫说："不是生活遵循文学的标准，而是文学适应生活的方向。"我们应该记取这句名言。

对于反面人物落后人物的描写，也是必要的，同样是有目的的。我们文学不仅要教育人民去肯定什么，同时也教育人民去否定什么，即所谓"鞭挞昨天的残余"。这种描写同样是根据于现实生活中存在着这种敌对的力量和落后的现象。反面人物的典型是代表旧社会残余力量的本质，人民中间的落后现象是反映着旧社会力量对于新生活的残余影响。这种先进与落后的斗争，新生的与垂死的事物的斗争，构成了社会斗争的内容。现实主义的文学，就是要求去表现这些生活的斗争，从斗争中教育人民应该怎样，不应该怎样，教育他们摆脱旧社会的影响，向新生活前进。

有些同志提到，描写人民生活中的落后人物落后现象，会不会违反政策，会不会引起不好的效果？这是应该看作者所站的立场和所取的态度。如果作者是站在非人民的立场，采取暴露人民的态度，那当然是错误的，是违反政策的。反过来说，如果是站在人民的立场，用批评与自我批评的态度，来教育人民克服缺点，则这种效果是正面的，也是革命所需要的。社会主义现实主义文学不是小资产阶级的暴露文学，当然也绝不是粉饰现实的文学。现实主义的文学必须“大胆地表现生活的矛盾和冲突，必须善于使用批评的武器，把它当作一个有效的教育工具”。

另一方面，对于人民的敌人，我们是应该坚决地予以揭发和打击。对于反动人物形象，作者是以猛烈的憎恨去描写的，从而增加人民对于他们的仇恨。描写敌人和描写人民内部的落后分子应该有所区别。即是毛主席说的：“对于革命的文艺家，暴露的对象，只能是侵略者、剥削者、压迫者及其在人民中所遗留的恶劣影响，而不能是人民大众。”

在描写反面人物或落后人物的同时，也必然是表现了我们生活中足以战胜这些障碍的正面力量，社会主义现实主义的文学就是要教育我们人民成为生气蓬勃，相信自己的力量，能够战胜任何困难和阻碍的人。

第二个问题，是作家深入生活问题。作家要创造出真实的艺术形象必须深入生活。生活是创作的唯一源泉。

所谓“深入”，不仅仅是深入到工厂、农村或部队，而更重要的是要深入到群众日常生活的思想感情中去，深入到他们心灵中去。作家既然被叫做灵魂工程师，那么不是深刻地理解群众心灵中的东西，不是从他们心灵中得到深刻的感受，他就不能很好担负起灵魂工程师的任务。自然，首先是作家的立场问题。立场不同，就会格格不相入。但是作为一个文学家还必须具备对于生活的热爱，对新事物的敏锐感觉，对于生活的远大理想。没有这些，就很难从生活中获得深刻的感受，很难产生强烈的艺术冲动。作家要以他作品中的人物去感动读者，首先他自己对于其所要描写的人物不能不有强烈的感动——为他们欣悦，为他们痛苦，为他们振奋，为他们愤怒。这样作品才会有艺术的感染力量。这种感受，不是小资产阶级知识分子狂热的冲动，或所谓抽象的生命力之类，而是作家从“火热的斗争”实践中，从他对于生活更深刻的认识中培养出来的革命的思想感情，和群众真正相结合的思想感情。一个作家要在创作上达到这种境界，他必须用革命者高度的党性积极参加群众斗争，和群众打成一片，从斗争中去观察、体验、分析、研究各种人物的生活、行动、思想、感情、心理状态。否则，如果只在群众生活中东张西望，搜集材料，那就不是深入生活，至多是入而不深，也就不会有多大的收获。

要从生活中得到深刻的感受，仅仅依靠于“体验”是不够的。我们同意茅盾同志报告所指出的，必须把观察、体验、分析、研究统一起来，并且和参加斗争实践结合起来，还必须把某一方面的生活知识和各方面的社会生活知识，和一定的历史知识结合起来。这是需要比较长时期的锻炼，因为生活知识总是不断地累积、不断地丰富。因此对于作家来说，选取一个长时期的生活根据地，是有必要的。这个根据地的一切人物，一切生活是他所最熟悉的。他不一定长期固定在那里，但是这个根据地应该是他的“故乡”。他经常回到这个“故乡”，和它有深切的“乡情”。丁玲同志昨天发言中，提到作家应该在群众中间有些堂兄堂弟、表姐表妹。这是说得很生动，很切实的。关于深入生活的问题，我们应该永远铭记着和深切体会毛主席指示我们的话：“中国的革命的文学家艺术家，有出息的文学家艺术家，必须到群众中去，必须长期地无条件地全心全意地到工农兵群众中去，到火热的斗争中去，到唯一的最广大最丰富的源泉中去，观察、体验、研究、分析一切人，一切阶级，一切群众，一切生动的生活形式和斗争形式，一切文学和艺术的原始材料，然后才有可能进入创作过程。”

第三个问题，是批评问题。这是发展创作事业上一个重要环节。日丹诺夫同志说：“没有批评，任何的组织，连文学组织在内，是会腐朽的。”因此，在鼓励创作发展创作的同时，我们应该以同样的信心和热情来鼓励批评发展批评。在小组会上，有同志说，作家与批评家好比一辆车子的两个轮子，必须相辅而行。这就是说，作家与批评家应该很好地合作，提倡这种精神，改进作家与批评家的关系，对于目前我们文学工作是十分必要的。为要发展批评工作，应该发扬作家与批评家之间一种同志式的对于创作或批评作品的自由讨论。批评家应该以热情的态度去帮助作家，作家也应该以热情的态度去欢迎批评。创作和批评的基本方法都是社会主义现实主义。其目的都是为了教育人民。作家是以其作品中的艺术形象去教育人民认识生活，而批评家则是通过对作品的科学分析，去帮助人民更深刻地理解作品中所描写的生活的意义。高尔基要求批评家应该根据那由直接观察了澎湃的生活过程而得到的事实去评论作品的主题、性格和人物的相互关系，这是十分重要的。因此，批评家不仅要了解作家的创作过程，体会创作的甘苦，并且要了解社会的生活和群众的思想感情。批评家有责任去培养和提高人民的艺术欣赏能力。在这点上说，也就是负担了指导文学普及的任务。

为了鼓励和发展创作，批评家应该注意保护和鼓励创作的积极性，而从作家来说，也同样应该以勇于听取批评、勇于听取不同意见的精神，去鼓励批评的积极性。批评和自我批评是工人阶级一切事业的重要武器，任何人都应该去掌握它，因此作家自己也应该和必须积极地参加批评工作。发展批评工作不仅仅依靠批评家并且也依靠作家，正如发展创作不仅仅依靠作家并且也依靠批评家一样。

第四个问题，是文学形式问题。这个问题在诗歌小组和通俗文学小组中讨论得多一些。关于诗歌形式问题，是好久以来被讨论着的一个较复杂和专门的问题，这需要有更多时间更多专家去好好研究。但不论什么样式的文学，要创造和发展我们民族的形式，这个原则问题是没有不同意见的。文学形式和其内容一样，其源泉总不外是人民的生活。“人民生活中本来存在着文学艺术原料的矿藏”。因此首先应该根据我们各民族人民的生活、语言、风俗、习惯，根据他们所喜闻乐见的现有文学形式，随着他们生活内容的改变与文化的提高而予以发展和提高。自然，我们还必须继承我们民族古典文学艺术中的优美形式而予以发展，因为古典文学中的优美形式也就是从古代人民生活的东西中创造出来和发展过来的。轻视继承古典传统是错误的，但是继承也并不等于硬搬。继承只是作为我们创造的借鉴，而决不能代替创造。所以我们要求“推陈出新”。在创造民族形式上，我们也同样应该向世界进步文学艺术吸收适合我们需要的东西。我们的文学形式应该是多样的、丰富的、不断创造和发展的，所以我们要求“百花齐放”。

文学形式中最主要的是语言，关于语言问题，茅盾同志报告中说得很清楚，特别提醒我们应该正确地认真地照着毛主席在《反对党八股》中的指示去做，就是：第一，要向人民群众学习语言；第二，要从外国语言中吸收我们所需要的成分；第三，还要学习古人语言中有生命的东西。为了丰富我们的语汇，保持文学语言的纯洁性，我们在这方面是应该作更多努力的。

最后一个问题是接受文学遗产问题。我们同意周扬同志报告中关于这一问题详尽的分析。对于目前发展创作任务来说，尤其要求我们每一个作家，特别是在这方面接触较少的青年作家去认真地学习我国伟大的古典作品。应该把这种学习和研究看作是发展我们社会主义现实主义创作的重要条件之一。

整理和研究民族文学遗产是一件重要的工作；但同时还应该把古典作品有计划地普及到群众中去。现在的一般青年对于祖国古典文学作品的阅读是很不够的。除了国家文学出版机关出版这些作品以外，作家协会以及它的刊物还应该注意指导群众去欣赏阅读这些作品，对这些作品作通俗的介绍、注释、分析和评论，并且使整理研究的提高工作和普及的工作结合起来。

四 改进文学工作领导问题

各小组讨论中，同意茅盾同志报告中所提出的关于改组“全国文协”为中国作家协会的建议，并且同意他所提出的关于作家协会的任务。

文学工作领导上一个中心环节，就是如何帮助作家去积极发展创作。一切工作应该环绕着这个中心而进行。在发展创作上首先是加强对思想的领导。作家协会应该以种种方法，包括组织创作，领导学习，发展批评，培养干部，指导普及工作，研究文学遗产，介绍国际的先进文学作品与创作经验等等，为提高文学思想水平与艺术水平，促进创作事业的繁荣而奋斗。作家协会应该有一定的、有专人负责的各种机构去担负上述的具体工作。作家协会在领导创作工作上，应该尽量地了解作家创作过程中的各种问题各种困难，给予作家以政治上、思想上和物质上的必要帮助，并且应该随时地综合、研究作家的创作经验。因此需要继续组织作家深入生活，需要组织各种的讨论会和报告会，需要尽可能地办好刊物，加强作家与读者群众的联系。

在小组会和大会发言中，同志们提出作家协会应该有指导普及和培养青年作家的机构，应该有研究古典文学的机构，这是完全有必要的。同志们还提出要发展电影文学和话剧的创作，要重视儿童文学。这都是今后组织创作上的重要任务，应该提交大会将要选出的作家协会新的领导机构去执行，并要求我们大家予以支持。

作家协会的领导方式必须采取社会方式。文学创作是一种个人的独立的精神劳动。各个作家在工作上有他自己独特的风格，因此不允许机械的平均和划一。但是工人阶级的文学事业又是在党领导下的一种集体的社会事业。我们是集体主义者。必须遵守集体主义的原则，服从党的领导。我们的工作必须是有组织有领导的，而这种按照艺术的规律，组织和领导方法又必须和行政机关的组织与领导方法有所区别。它应该从思想上领导作家去展开创作的自由竞赛和互相帮助，对于作品的自由讨论和健全的批评与自我批评，凭借这样的方法来促进创作力量的顺利成长。在这方面，我们的经验还不够，我们必须更多学习苏联文学工作的经验，作为我们的借鉴。

文学事业既然是有组织的，因此就必须有许多做组织工作的同志，如编辑工作者、出版工作者、教育工作者和作家协会的机关工作者。他们的工作是同样有重大意义的。通过他们的工作，才能使文学事业成为广泛的社会活动。否则文学战线将成为涣散的战线。因此对于担负这样工作的同志的劳动，应该同样尊重和鼓励；担负这样工作的同志也应该重视他们自己工作的意义和责任。大家都是为着繁荣文学事业，服务国家建设的共同目标而奋斗。为着马克思列宁主义的思想事业的胜利而奋斗。

经过这次大会，改组了我们团体以后，我们相信，我们的工作是会有进步的。我们的文学事业是会繁荣起来的。但是我们今后的工作中，也还会遇到许多新的困难，也还会有许多缺点。我们的事业也不是一帆风顺的。要克服这些困难和缺点，改进我们的工作，需要有一定的过程。这首先要求我们新的领导机构认真地担负起它的责任，也要求我们全体会员同志们共同努力。

以上就是根据大会各小组的意见，经过主席团讨论后综合起来的一个发言。也许有些遗漏的地方，有些不周到的地方，希望同志们指正。

我们认为，这次大会是有重大收获的。为了使大会的精神贯彻到我们实际工作中去，我们应该更积极地行动起来，为我国新的历史时期的新的任务而奋斗。

（原载1953年《人民文学》11月号）

胡风的唯心主义世界观

他们说：我们基本上是马克思主义者，不过我们想把马克思主义"改善"一下，想使它抛弃某些基本原理。其实，他们是仇视马克思主义的，因为他们极力想摧毁马克思主义的理论基础，虽然他们口头上是用一种虚伪辞句否认其对马克思主义的仇视，并继续用两面派态度自称为马克思主义者。……这种破坏马克思主义理论基础的批评愈虚伪，则它对党也愈加危险，因为它愈益与反动势力反对党和反对革命的总进攻密切结合起来……。

于是在马克思主义者面前就摆着一个极迫切的任务：必须对这种背叛马克思主义理论的变节分子给予一个应有的驳斥，撕破他们的假面具，把它们彻底揭穿，这样来保持住马克思主义党的理论基础。(《联共(布)党史简明教程》第四章，莫斯科外国文书籍出版局)

十多年以来，胡风和他的小集团，一直以"马克思主义"的姿态，宣传着一种反马克思主义的理论。这种理论的基本特征就是否认马克思主义的“存在决定意识”的基本原则。他们不但以一种超阶级的主观精神作为文艺创作的出发点，否认阶级立场、社会思想和世界观对于创作的作用，否认文学的阶级性和党性原则；而且以这种主观精神作为历史的原动力，否认社会物质生活条件、生产方式、阶级斗争在历史发展中的决定意义，也否认反映社会物质生活和阶级斗争的发展趋势的先进社会思想对于历史和群众的伟大作用，否认觉悟性和组织性在群众斗争中的伟大作用。胡风的错误文艺理论的基础，就是这种完全反马克思主义的主观唯心主义的世界观。

否认唯物主义

胡风的一个最基本的观点，就是把人的主观作用看作是对客观世界的决定因素。唯物主义认为人的精神意识由社会物质生活条件所决定，又反转来影响社会存在，影响物质生活条件的发展。社会经济关系是按照客观规律而发展的，这种客观规律是不以人们的意志为转移的客观过程的反映；人们可以去发现、认识、研究和利用这些规律，但并不能去制定或创造这些规律。可是胡风的意见恰好相反。他在《论现实主义的路》（一〇一页）里说：

> 人创造了历史，但这个被人创造了而且还在创造着的历史，却是运动在被人所创造出的物质关系的限制性即规律性里面。……人就活在这个物质关系里面，斗争着，产生了那规律性也发展那规律性，

在那规律性的限制下面继续地创造着历史的。历史唯物论所要说明的就是这个问题。

这就是胡风的所谓“历史唯物论”！胡风在这里究竟是说人创造了物质关系，还是说人创造了规律性，不很明了，但是他的目的却是明了的：否认物质关系或物质关系的规律性的客观性质。他既然认为人是可以产生和发展历史的客观规律，那也就是说，人的主观意识决定着客观存在的发展，而并不是被决定于客观存在的发展。这样就从根本上破坏了唯物主义的基本原则。他用这种反唯物主义的观点去认识历史和人民，因而不能不陷入于一系列的根本错误。

胡风是怎样来看历史的呢？

生活在以经济关系为基石的社会诸关系里面的人民，在重重的剥削和奴役下面担负着劳动的重负，善良地担负着，坚强地担负着，不流汗就不能活，甚至不流血也不能活，但却“脚踏实地”地站在地球上面流着汗流着血地担负了下来。这伟大的精神就是世界的脊梁。要说健康，还有比这更健康的么？然而，这承受劳动重负的坚强和善良，同时又是以封建主义的各种各样的具体表现所造成的各式各态的安命精神为内容的。前一侧面产生了创造历史的解放要求，但后一侧面却又把那个要求禁锢在、麻痹在、甚至闷死在“自在的”状态里面；这个惯常是被后一侧面所包围的统一着但却对立着的内容，激荡着、纠结着、相生相克着，形成了一片浩漫的大洋。每一个人民的内容都是这样一片浩漫的大洋。要不然，单看前者，那些剥削和奴役就不可能，我们也不会有一部封建主义旧中国的历史；单看后者，封建主义的旧中国的历史就会平静无波，仅仅就近代史说罢，太平天国以来的前仆后继的流血斗争就没有出现的可能。(《论现实主义的路》一一六——一一七页)

胡风认为人民身上有两种精神在进行着“相生相克”的斗争：一种是所谓“承受劳动重负的坚强和善良”，一种是所谓“安命精神”。这两种精神的矛盾和斗争，像一片浩漫的大洋一样，在人民身上“激荡着”、“纠结着”，构成了人民的生活内容，同时也构成了整个中国封建社会历史乃至整个人类历史的内容。

照胡风看来，封建奴役剥削之所以可能，似乎并不是因为封建阶级掌握了土地和其他生产资料，掌握了政治和经济的权力，而只是因为人民自己身上有这种“安命精神”，甘心做牛做马；人民的解放要求之所以不能实现，也并不是因为统治阶级的残酷压迫以及新的生产力还没有产生，而只是因为这种要求被人民自己的“安命精神”所闷死。这样一来，就把一切历史责任都推在人民身上，把封建统治阶级压迫人民剥削人民的罪恶轻轻地一笔勾销了。

其次，他所谓“承受劳动重负的坚强和善良”又是什么呢？胡风在这里似乎是说人民在重重的奴役和剥削下的一种求取生存的意志和愿望，而这就是胡风所谓推进历史的动力。历史上之所以出现前仆后继的革命斗争，在他看来，就是因为人民有这种求生意志和愿望；如果这种意志和愿望不是受着他们自己的那种“安命精神”所克制，那么封建奴役剥削早已不能存在，我们也不会有一部封建主义旧中国的历史了。他把历史发展的原因归结到人的愿望和精神，并且把这种精神说成是“世界的脊梁”。

胡风在《冬夜短想》里说：“希望未来比过去好，希望自己的生活总有变得幸福的一天。这也是卑微的感情，然而，尽管是卑微的感情吧，人类是靠它繁衍下来的，历史是靠它发展下来的，说得夸张一点，一切轰轰烈烈的社会改革的大斗争，也是靠它生发起来的。”同上文的意思一样。胡风答复对他的批评说，他这是说阶级斗争的动力；但是阶级斗争并不是以“希望未来比过去好”为动力的，因为在社会主义社会人们更希望未来比过去好，却并不发生阶级斗争，可见这动力只能是阶级和阶级矛盾的客观存在。胡风又说那“不过是一则小杂文而已”，可是《论现实主义的路》却是谈理论的专书，为什么论点却毫无二致呢？

由此可见，胡风的观点是一贯的。他认定历史的内容只是人的精神世界中的矛盾和斗争；推动历史发展的就是人的求生意志和愿望；阻碍历史发展的就是人的“安命精神”。这两种精神或意识的矛盾和斗争，支配着、决定着人民的命运和历史的发展。不是社会的物质生活条件决定人的精神意识，而是人的精神意识在决定历史的发展。胡风就用这种反历史的唯心主义观点来解释历史！

否认阶级斗争

由这种唯心主义的历史观出发，胡风已经在实际上取消了阶级斗争的作用，因为谁都知道，阶级斗争是生产力和生产关系的矛盾的反映，而不是什么“安命精神”和“求生愿望”的矛盾的反映。可是胡风既然要披着马克思主义的外衣，干脆否认阶级斗争是困难的，因此，他就力图在阶级和阶级斗争的词句下面抽掉它们的真实含义。

胡风在《论现实主义的路》一书中曾经引用马克思、恩格斯的许多话，分析社会与个人的关系，最后他得到一个论断，认为“阶级是在活的个别的阶级成员里面，或通过他而存在的，离开了具体的活的阶级成员就没有阶级”，因而推论下去，认为“每一个人就是一个世界”，“任何一个人都是一个典型”，必须“从一粒砂里看世界，……而且非如此不可”。就这样，个别的人和阶级就被他等同起来了。我们知道，阶级社会的人生活在阶级中间，不能离开阶级而独立。人的意识受他的阶级生活所支配，所以要理解人，必须从他所处的社会关系中去认识。而胡风却说是阶级活在个别的人身上，说是只能从个人去看社会，而不可能从社会去看个人。他所谓“一个人就是一个世界”，“任何一个人都是一个典型”，“从一粒砂里看世界”，和他所说的每个人身上都有两种精神在相生相克的意思是相通的，目的无非要证明阶级斗争只是在每个人的心里进行着。这实际上是否定了阶级的意义，把阶级斗争还原为个人精神世界中的斗争，把社会的人还原为个别的人了。

历史唯物主义者从来不把人看作抽象的人，而是看作具体的人，社会的人。所谓社会的人，就是因为人是处在社会的关联里。马克思在批判费尔巴哈时说，他“没有在人所处的社会关联里去把握人，没有在把人造成了现在这样存在着的生活诸条件下面去把握人，因而他决不能达到现实存在的活动的人，毋宁说是停止在‘人’这个抽象物前面，他所成就的不过是仅仅在感觉里承认了‘现实的有着个人的血肉的人’而已，即，除了性爱和友情以外，他不知什么其他的‘人对人的’‘人的关系’，而且，连这也是观念化了的。”胡风引用了马克思的这一段话，但实际上恰恰是反驳了自己！

胡风主编的《希望》上经常地宣传着他的这种荒谬的阶级和阶级斗争的理论。例如说：“所谓阶级意识是一种抽象的、典型的东西……没有任何一个具体的人，具有如理论家所分析的阶级意识的。”（舒芜）例如说：“哪里有生活，哪里就有斗争。”（胡风）例如说：“在今天的阶级社会当中，生活就是斗争。生活之所以是斗争，就是由于今天它是含有阶级性质在里面。”（阿垅）而他们的所谓生活，指的却不是社会生活，而是个人的日常生活。因此，推论下去，他们甚至认为“吵架”和“求爱”也是阶级斗争！把阶级斗争这样地抽象化、庸俗化、漫画化，不是为着取消阶级斗争，又是为着什么呢？

胡风把阶级斗争抽象化并且解释成为个人精神世界的斗争的观点，在他对于五四运动的分析中表现得最为露骨。在他看来，“五四”以来的反帝反封建斗争的基本内容，就是“使人民创造的历史的解放要求……从一层又一层的沉重的精神奴役的创伤下面突围出来，解放出来，挣扎出来，向前发展，变为物质的力量”(《论现实主义的路》一一七页)。

这段话很难懂,需要注释一下:什么是“精神奴役的创伤”呢?据他自己解释说,“在科学的分析上,可以用‘缺点’去指明”,那么就是指人民中间的缺点了。说得明白一点,就是长期以来封建统治阶级遗留给人民的愚昧、无知、麻木、庸俗等等,和“安命精神”实际上是同一类的东西。胡风认为要解放人民,首先必须“一层又一层的”去剥掉人民身上的那些“创伤”,必须“一鞭一血痕的”去批判那些“创伤”,然后才能从密密层层的“创伤”下面去寻找出“支配历史命运的潜在力量”。而这也就是胡风所认识的五四运动的基本内容。试问,谁能从这里看到一点阶级斗争的影子呢?

胡风实际上完全看不见被压迫阶级的力量,看不见人民的英勇和智慧,只看到人民满身都是所谓“精神奴役的创伤”。他向作家说:“他们的精神要求虽然伸向着解放,但随时随地都潜伏着或扩展着几千年的精神奴役的创伤。作家深入他们,要不被这种感性存在的海洋(指人民的海洋——作者)所淹没,就得有和他们的生活内容搏斗的批判的力量。”(《逆流的日子》二六页)劳动人民群众竟然像一片“潜伏着或扩展着几千年的精神奴役的创伤”的海洋,而这片海洋竟然可以“淹没”作家,他把人民群众看成了什么,把人民的缺点夸张到了什么程度!

我们知道,劳动人民尽管在剥削阶级的长期统治下遭受过残酷的精神奴役和思想毒害,这种精神奴役和思想毒害也确实阻碍过他们革命的自觉,但无论如何他们自己阶级意识和力量却是不能被征服的,他们反抗统治阶级的斗争是不会停止的。历史唯物主义者认为历史是人民创造的，而人民是有无限前途的。新的东西是一天天在生长，旧的东西是一天天在衰老；新的东西即使微小，但终究不可克服地要成长起来。所以我们必须向前看，善于辨别出生活中新的东西、革命的东西，才能使我们具有生气勃勃的乐观主义的战斗精神，看到革命的光明前途。只有那些脱离群众的反动的个人主义者，才把人民群众看作是愚昧、无知、庸俗、自私的芸芸众生，仿佛只有他自己才是背着十字架的救世主。这正是没落时期资产阶级的唯心主义世界观的特点之一。

然而胡风还不仅如此。他甚至把人民的所谓“精神奴役的创伤”说成是“虐杀千万生灵的可怕的屠刀”。他说：

> 那精神奴役的创伤，当“潜在着”的时候，是怎样一种禁锢、玩弄、麻痹、甚至闷死千千万万的生灵的力量，当“拓展着”，特别是在进入了实践过程的成员身上（指革命队伍的成员身上——作者）拓展着的时候，会成为一种怎样的虐杀千万生灵的可怕的屠刀。是不是如此，三十年以来的光辉而又痛苦的鲜血淋漓的历史道路当会站出来作证的。（《论现实主义的路》一一八页）

三十年来的历史还在我们眼前，三十年来鲜血淋漓的斗争并没有被人民所忘记，那曾经闷死过、虐杀过千千万万生灵的，难道不是帝国主义，不是蒋介石，反而是人民自己吗？反而是革命队伍中的成员吗？反而是他们自己的缺点在屠杀他们自己吗？那杀人的屠刀不是掌握在敌人的手里，反而是掌握在革命队伍的成员手里吗？我们不能不追问一下，当胡风写下这段话的时候，他那杀气腾腾的笔锋，究竟是指向着什么？

看来似乎是明白的了：胡风虽然从历史上取消了阶级斗争，但是他自己却是在进行着阶级斗争的，不过他不是向人民的敌人斗争，而是向人民斗争罢了！

否认革命理论和革命组织的作用

胡风虽然竭力夸张人民的落后，却并不因此而认为人民必须用革命理论和革命组织武装起来，以便脱离缺乏觉悟的落后状态。相反的，他竭力否认革命理论和革命组织的作用，认为自发斗争才是人民的出路。这正是他否认历史唯物主义、否认阶级斗争、否认人民的历史地位和光明前途的必然结果。

胡风既然把人的求生愿望看成是推进历史的动力，因此他也就把人民中间那种自发的反抗斗争看作是革命力量的基础。我们已经看到，他在解释五四运动的意义时故意把革命理论掌握群众变为物质力量的命题涂改成为使人民的求生愿望变为物质力量的命题；和这一样，他在《为了明天》（一〇三页）中说："对于唯物主义者，自发性的斗争是理想转变为物质力量的信号，是理想走向胜利的基地，……。在特定的历史范畴上，唯物主义者是有义务从自发性的斗争里面看出典型性的原则上的意义的。"

马克思主义者重视理论的作用，是因为理论反映了历史发展的客观规律，使人类的行动得以自觉地符合于客观规律的要求。也正因为这样，马克思主义从来是反对崇拜自发性的。胡风却认为崇拜自发性是唯物主义者的义务。这是一种什么“唯物主义”呢？

高尔基说：“‘自发性’，按照它的本质，其实并不是什么别的，正是个性的本能的无政府主义。这是阶级国家对于个性的几百年的压迫下所教养出来的。”所以革命的领导决不能依靠它作为“基础”，而只有通过教育宣传方法把人民这种自发性斗争引导到自觉的道路上来。

胡风为了辩护他的观点，在他《对文艺问题的意见》中故意曲解列宁的话。他说，什么是自发性？这只须用列宁一句话来说明就够了：“‘自发的成分’实际上无非是觉悟性的萌芽”。但他却把列宁下面一句话删掉了，下面一句话是：“但这种行为终究多半是拼命挣扎与报复的表现，而很难说是斗争。”(《列宁文选》两卷集第一卷二〇一页，一九四九年莫斯科版)他又引用列宁说过的，应当把“民众愤怒情绪的一切水滴和细流收集和集中起来”，“将其汇集成为一条巨流”，可是同样又把下面一句话删掉了：“至于这个任务可能实现，则工人运动大规模的增长以及上面已经指出的那种工人渴望政治刊物的情形，都已经十分确凿地证明了。”(《列宁文选》两卷集第一卷二四四页，一九四九年莫斯科版)可见列宁的意思正是强调革命的宣传和组织工作的作用，反对自发性的崇拜。列宁的《做什么？》本来就是为批判那种崇拜自发性的理论而写的，而胡风居然企图从这本经典著作里去找寻他的理论根据，这并不是胡风太愚蠢，而是他把读者看得太愚蠢、太容易欺骗了！

值得注意的是胡风最积极地宣传这种崇拜自发性的理论的时候是在一九四八年，正是中国人民解放斗争已经震荡全国的时候，不但解放区、而且国民党统治区革命群众有领导有组织的斗争也已经十分高涨的时候。胡风就在这个时候向国民党统治区作家提出号召："发现并反映这个自发性，正是不幸置身在只有依据它才能开辟生路的大'泥沼'里面的作家们的庄严的任务。"(《论现实主义的路》一二三页)问题并不在于能否描写自发性斗争(一个作家当然可以描写这些斗争)，而在于对待自发性斗争采取什么样的态度。一九四八年是蒋介石匪帮统治灭亡的前夜，在这个"特定的历史的范畴上"，胡风却依旧认为在国民党统治区只有依据自发性才能为人民开辟生路，这是什么意思呢？

胡风这种崇拜自发性理论，不仅是由于他的唯心主义的世界观，并且由于他对于实际政治的奇异态度。他故意抹杀当时的具体历史斗争情况，抹杀党的影响的扩大和群众的自觉运动的高涨。胡风这种故意歪曲现实的动机，实在说来，与其说是由于他对于自发性的崇拜，还不如说是由于对于革命理论掌握了群众所造成的物质力量，即人民群众有领导的有组织的斗争的恶感吧？

从以上简略的分析中，可以看出胡风的唯心主义世界观的主要特征，就是片面地强调人的主观精神的作用，抹杀它对于客观世界的依赖关系；而在他对于历史的看法上，就是片面地强调个人的作用，抹杀阶级和阶级斗争的作用，把人民群众看成消极力量，抹杀人民群众作为历史创造者的作用；强调人民斗争中的自发性，抹杀革命理论的作用。这些都是和马克思主义绝不相容的。但是他偏要用“马克思主义”来伪装自己，欺蒙读者，因此他就不得不处心积虑地来曲解和破坏马克思主义理论。这种思想的危害性，主要就在这里。

胡风这种思想，是一种顽强的、有系统的、坚持了十多年之久的、反马克思主义的资产阶级唯心主义思想，和一般小资产阶级分子所常有的主观主义和个人主义的不稳定的倾向，显然是不能同日而语的。胡风这种思想的危害作用，不仅是由于它在文艺领域上曾经造成了一系列的混乱和错误，更重要的是由于它在“马克思主义”的伪装下，利用青年人追求真理的热望和缺乏社会斗争经验，在他们中间散布了唯心主义的观点，引诱他们对于革命斗争、对于人民群众、对于党采取错误的甚至对立的看法，因而损害了革命的利益。正因为这样，彻底批判胡风的反马克思主义思想，不但是文艺界，而且是整个思想战线当前的重要任务之一。

（原载1955年3月20日《人民日报》）

为什么要学点文学

又红又专，这是党向我们所有干部和知识分子提出的一个努力的目标。除此而外，党还要求一些担负领导工作的干部，多学一些各方面的知识，如自然科学、技术科学、哲学、政治经济学、历史、法学、文学、文法、逻辑和外国语等。这是很必要的。当然，这不是说，每个担任领导工作的人都要精通上述各门学问；而是说，这些知识，大家都要懂得一些。这里也包括着专与博的关系。专与博也是对立的统一。凡是具有专门知识的人，总应该具有广博的一般知识基础。对于一个马克思主义的专门家来说，尤应如此。我们许多干部，过去没有受过系统的学校教育，现在就应当补补课。这不仅仅为了工作上的需要，并且也是为了提高个人的思想水平和文化修养。

要学点文学，也是为此。文学不仅是一种知识，而且是我们精神生活中一种重要的营养。它可以使我们扩大眼界，开拓胸襟，提高我们的想象力，启发我们的智慧。社会主义的文学尤其能够鼓舞我们的社会主义的创造和劳动热情。它是整个革命事业中不可缺乏的一部分。

“作为观念形态的文艺作品，都是一定的社会生活在人类头脑中的反映的产物”，而且是通过艺术形象来反映的。这就是文学和科学不同之处。从文学作品中，我们能够活生生地看到过去的社会生活和人物形象，看到当前各方面的人民生活状态。文学的艺术力量就在于它能够把我们带到已经一去不复返的古代生活中去，带到现代生活中我们所不熟悉的各个领域中去，使我们仿佛身历其境。所以文学是被称做现实的再现。在这点上，它比历史的记述和新闻的报导更能给我们以生动、深刻的印象和强大的感染力量。譬如我们看了《红楼梦》，仿佛自己置身于大观园中，非常具体地了解当时贵族阶级的生活和社会关系；看了《水浒传》，使我们亲切地感受到当时起义农民的性格和斗争情况。我国最早的文学作品《诗经》，反映了我国奴隶社会时代的人民生活风貌，它不但成为我国文学宝库中重要的财富，也是历史学家研究当时社会的主要资料。司马迁用文学笔法写下一部《史记》，创造出一系列的历史人物形象，也同样成为我国文学史上和历史学上不朽的著作。在外国也是一样，例如恩格斯认为巴尔扎克在他的小说集《人间喜剧》里，“给予了我们一部法国‘社会’的卓越的现实主义历史”。列宁则称赞托尔斯泰是“俄国革命的镜子”。所谓“镜子”就是说，它不但反映了当时的社会生活情况，并且也反映出了“革命某些本质方面来”。至于现代的社会主义文学则更是自觉地反映了我们这个时代的斗争和其本质，因而也更具有直接教育的意义。

一个伟大的文学家，同时总是一个思想家。尽管古代的一些作家，并不完全是唯物主义者，但是他们既然是现实主义者，他们思想中就不能不具有唯物主义的成分，因而他们能够从艺术描写中反映出一定的客观真理。善于阅读文学作品的人，能够从他们所创造的杰出形象中间和优美的文学语言中间得到不少有益的启发，并且能够把它们引用在我们日常工作中间，成为非常生动有效的教育材料。譬如现在“大跃进”中，大家都在引喻愚公移山的故事，这就是《列子》中的一则寓言。前几年在肃反运动中，许多人都读过《聊斋志异》中的《画皮》，这本来是则讲鬼怪的故事，却启发了我们对于披着革命外衣的反革命分子应有的警惕。前几天，《人民日报》一篇社论中，讲到知识分子思想改造问题时说，知识分子“必须有孙悟空跳到老君炉去受锻炼的决心，让群众双反运动的火焰把自己烧四十九天”。这又是借用《西游记》里的故事。这些引喻都十分生动有力，引人深思，印象深刻，不容易使人忘记。在马克思主义的经典著作中，我们也常常读到这类生动的引喻。

文学之所以具有这样的作用，就是因为文艺作品中反映出来的生活，要“比普通的实际生活更高，更强烈，更有集中性，更典型，更理想，因此就更带普遍性”。凡是愈有普遍性的东西，也就愈容易被人们所接受和理解。人们能够从它们中间，不断地获得新的意义。

文学的另一个重要作用，就是它能够丰富我们的精神生活。我们革命干部应该是具有宽广的胸怀，丰富的幻想和远大的理想的人，对于生活要有高度的热情和乐趣，而不是呆呆板板，整天埋头于事务工作中的人。列宁说过：一个共产主义者应该善于梦想。这句话对于我们很重要。这也就是说，我们要有一种现实主义与浪漫主义相结合的精神。一个马克思主义者应该既要有实事求是的精神，又要有善于幻想，善于创造的本领。在这方面，多读一些文学作品是很有帮助的。

我们读过毛泽东同志的十八首诗词，感到作者的气魄何等雄伟，胸襟何等宽宏，想象力何等丰富。像不久前发表的《蝶恋花》一词，那种幻想又是何等美丽。这样的诗词，不是具有高度的共产主义修养的人是写不出来的。这可以说是社会主义时代文学中现实主义与浪漫主义精神相结合的典范。

任何时代的伟大文学家都是想象力很强的人。他们不但对现实有深刻的认识，并且也一定有他们的理想的追求。高尔基说过，"优秀的艺术家，现实主义和浪漫主义是常常结合在一起的。"尽管时代不同，作品所反映的内容不同，但是阅读这些作品，却仍然使我们感到心境开阔，精神爽朗，激起我们对于生活的热爱。这就是艺术的美对于我们生活所发生的作用。一个马克思主义者应该是具有高度审美能力的人，因为艺术的"最深的根源，应该是出自广大劳动群众的最底层"(列宁)。而只有为劳动群众谋利益的人，才更能理解它和欣赏它。我们回顾从马克思以来，每个时代的共产主义运动的导师，可以说毫无例外都是文学修养极深的人。马克思、恩格斯都十分喜爱莎士比亚、席勒、海涅、巴尔扎克等人的作品，他们对这些作家作了十分深刻的评价。列宁研究了许多俄国和欧洲的作家，只就托尔斯泰一人，他即写下了七篇论文。他对高尔基和马雅可夫斯基的创作活动给予了热烈的支持和关怀。斯大林对于当今时代的作家，也作了同样的研究和帮助。由于他们对文学的深邃理解，因而也就在理论上奠定了马克思主义美学的基础。毛泽东同志则不但是个文学的爱好者，并且是现代杰出的诗人。这些事实正好说明了只有工人阶级才是真正重视文学艺术的；能够用正确的观点去欣赏和评价文学艺术的；文学艺术也只有在社会主义社会中才能够获得高度的繁荣。也由于这样，我们的干部就更应该学点文学以提高我们在这方面的修养。

至于学些什么和怎样学，我想可以根据个人爱好，自己去选择，去决定。不一定要有什么规程。学文学主要当然是读作品，但担负领导工作的人，也可以学一点理论。如果《新观察》、《文艺报》等刊物，能够提供一些书目，那当然是很好的事，但也只能作为一种选择的参考。

（原载 1958 年 4 月 20 日《文汇报》）

谈短篇小说

一

近年来,我国短篇小说有了很大的进展。但是这种进展似乎没有像长篇小说那样受到普遍的注意和重视。这大概和读者中间一种喜欢“大部头”的流行观念有关,也和刊物上对短篇评论不够有关。本来文学的价值并不在形式的大小。我们常常说:“长篇巨著”,其实巨著不一定是长篇。鲁迅的《狂人日记》不到七千字,《阿Q正传》也不过两万字,然而却都是现代中国文学中最有价值的巨著。为了促进百花齐放,我觉得目前鼓励一下短篇小说的创作是很必要的。因为现在确实有一些青年作者醉心于长篇创作,而不愿写短篇。这不是正常的现象。总政宣传部召开这样一次部队短篇小说创作座谈会,确是一件很有意义的事情。

我不能在这里来分析十年来我国短篇小说的发展,不过可以举几个例子来作些说明。我们记得建国初期,大概是一九五一年左右,《人民日报》上推荐过两篇短篇小说:马烽的《结婚》和谷峪的《新事新办》,当时很引起注意。我们现在再来读这两篇作品时，大家也许觉得不够满足了。这也表示我们的欣赏水平是在提高。当然，我不是说《结婚》和《新事新办》就代表建国初期的短篇小说的水平，我只是想就这两位作家的创作成长过程，来回顾一下我们短篇小说的发展。例如马烽去年发表的《三年早知道》和他的《结婚》相比，我们显然可以看到作者经过几年的磨炼是怎样地成熟了。当然不止马烽一个人如此，许许多多新作家都在这十年中成长起来了。这是很可喜的现象。当时《人民日报》推荐这两篇作品，还有一个原因，是为了唤起作家去注视和描写解放后的新事物和新人物。当时这样的作品还不很多，提起注意是十分必要的。而现在我们作家中描写现代生活中的新事物已经成为普遍的倾向了。就《解放军文艺》最近所编的短篇小说选集《台湾来的渔船》来说，就可以看到是怎样丰富多彩地描写了现代革命和建设中的各种生活和人物。所以无论从内容和艺术形式上说，我们的短篇小说的水平是提高了。我们应当充分估计这种进步，虽然决不能因此自满。

一九五四年《人民日报》又推荐了另一个短篇，就是李准的《不能走那条路》。这篇小说引起读者广泛的欢迎，因为它真实地反映了当时农村中社会主义和资本主义两条道路的斗争。这是当时社会生活中一个普遍被关心的新问题。在党宣布了社会主义过渡时期的总路线以后，农村中的阶级形势正在起着新的变化，作者及时地抓住了生活中本质的东西，通过人物的心理状态，描写了这个斗争。从艺术上说，这篇作品比《结婚》和《新事新办》又进了一步，能够更深入地反映出社会现象的本质，因而使作品具有更典型的意义和更普遍的教育作用。选这些例子，是为了使我们多少看到十年来短篇小说发展的一些痕迹。……我觉得这两年来短篇小说的内容和形式都呈现出一些新的特点，而且涌现出一批新的作者，其中特别值得注意的，是一些优秀的工人和农民的短篇小说作者。

这些特色是什么呢？首先是，我们的作家更好地注意到对于革命英雄人物的精神面貌的描绘，使我们作品带来了明亮的色彩，强烈的感情和革命浪漫主义的精神。像杜鹏程、王愿坚、王汶石、胡万春一些作品中间，以及收集在《台湾来的渔船》中的各位的作品中间，都表现了这个共同特色。此外从一些老干部写的革命回忆录发展成为短篇小说的，如同志们所提到的《潘虎》《山中历险记》等等，给予读者以强烈的感染力量，也同样由于这个原因。这些作品中的英雄人物不是干巴巴的概念的化装，而是有血有肉，从生活中塑造出来的形象。从一些写得较好的作品中，可以分明看出作者是在生活中经受过深刻的感受。……当然在大量短篇小说中间，概念化的作品也还有，但这种倾向正在被克服着。我们目前正在提倡革命现实主义与革命浪漫主义相结合的方法，要求作家不但应该深刻地去认识现实，反映现实，并且应当具有伟大的革命理想，用这种理想去照耀现实，描写出比现实生活更高、更典型、更理想的形象。建立于现实生活基础上的革命理想主义，正是使我们作品具有那种鲜明的英雄主义色彩的原因。我们的创作正在朝这个方向努力，这一点是首先要肯定的。

其次，在短篇小说的形式上，也有显著的改进，从冗长臃肿趋向于精炼简洁。曾经有过一个时候，短篇小说愈写愈长，动辄两三万字，而内容却很单薄。看这样的短篇，实在叫人昏睡。近两年来,这个风气有很大改变。我看了各位的作品,一般都在五六千字左右,相当注意语言的精炼,具有一种刚健清新之感。这是文风上很大的进步。当然,我并不是说写得短就一定好,但文学的语言总必须注意单纯、正确、明了、简约,这是高尔基、鲁迅等认为使用小说语言时必须注意之处。

近两年来,短篇小说的发展,是和文艺界两条道路斗争的伟大胜利,和作家的深入生活分不开的。我们应该珍视这种成绩,从这里去吸取经验。但决不能满足于这些进步,尤其不能因为写出几篇成功的作品而骄傲起来。和过去相比,我们作品的水平是提高了,但是从群众或我们自己的要求来说,我们的水平还是不高的。因此提高作品的质量,是我们当前一个重大的问题。我们现在有些短篇小说虽然写得不坏,但常常挖掘得不够深,看起来还有点像速写,当然速写也可以写出不朽的杰作,像鲁迅的《一件小事》就是。但是既然叫做短篇小说,就要求比速写立意更高,挖掘更深,典型性更强。严格说来,写好短篇小说是并不容易的事情。它要用最精炼的笔墨写出极丰富的内容。这需要有高度的观察能力和概括能力,有时比写长篇还难。自然,我们不是向同志们作过苛的要求。提高质量必须从现有的水平出发,好高骛远和安于现状都是要不得的,但必须踏踏实实作艰苦的努力。这不仅需要不断提高我们的政治修养,加强我们的生活锻炼,还要提高我们的文化修养和艺术技巧的修养。只讲技巧,不讲思想当然是错误的,但只有思想没有技巧,也无法表达你的思想。技巧并不等于小说作法之类,而是作者对于复杂生活现象的艺术概括和表现能力,这和作者的思想是分不开的。毛主席要作家在火热的斗争中去“观察、体验、研究、分析一切人，一切阶级，一切群众，一切生动的生活形式和斗争形式，一切文学和艺术的原始材料”，同时还要求作家能够创造出比实际生活“更高，更强烈，更有集中性，更典型，更理想”的艺术作品。要做到这五个“更”，就非要有更强的艺术的概括和表现的能力不行。所以决不要讳言技巧，轻视技巧。而应该下苦功去钻研。我们应当以政治为帅，使生活锻炼、文化学习和艺术技巧修养很好地结合起来，从而不断提高我们作品的政治水平和艺术水平。

二

短篇小说，作为一种独立的文学形式，是有它自己的特点和作用。鲁迅在《〈近代世界短篇小说集〉小引》中谈到长篇小说与短篇小说的关系时说：“巨细高低，相依为命。”又说，“譬如身入大伽蓝中，但见全体非常宏丽，眩人眼睛，令观者心神飞越，而细看一雕阑一画础，虽然细小，所得却更为分明，再以此推及全体，感受遂愈加切实，因此那些终于为人所注重了。”这是说得很真切的。短篇小说的特点，就在于从生活的片断的描写，使读者能以此推及全体，好像植物学家从一些树木的横断面，可以去研究森林一样。例如《阿Q正传》虽然只写了未庄一个村子的生活和阿Q等几个人物，却是辛亥革命时代中国的一面历史镜子，它不但指出辛亥革命失败的原因，批判了资产阶级革命的妥协性，并且提出了中国革命的一个根本问题，即农民问题。鲁迅是集中一点，深掘下去，从一点显示出全面，显示出历史。自然，这是不容易达到的高度，需要有高度的思想和艺术能力，但却足以使我们了解短篇小说的特点和作用。有人说，现在是伟大的时代，非长篇不足以充分表现，又有人说，短篇小说只能写小题材，不能写大题材，事实并不尽然。长篇小说固然能够更全面地写出错综复杂的生活面貌和事物的历史进程，但短篇小说却何尝不可能从一个片断一个局部去反映出伟大的时代精神，也未始不能写出事物的历史发展。例如《台湾来的渔船》这本集子里那篇《央金》，写一个藏族姑娘的生活变化和觉醒过程；那篇《同心结》写朝鲜一家劳动人民祖孙三代的苦难与斗争，虽然只几千字，却相当动人。这样的题材，如果硬要拉成长篇，恐怕反而失败。当然硬要把长篇压成短篇也不是办法。题材和形式是要看作者如何处理，并不能用大小来分。有些同志到工厂、农村、部队中去生活，搜集了一大堆庞杂的材料，企图把这些材料都写进他的作品中去，因而觉得非写长篇不可。这种方法，我看多半要失败的。不经过作家的消化酝酿，材料不可能变成自己的东西，也不可能写出艺术作品。即使写长篇小说，也同样要精炼，也决无将什么材料都硬塞进去之理。在座的王愿坚同志掌握的我国大革命失败后苏维埃时代的材料不少，他就没有写长篇，而只写短篇，还不就是个例子吗？总之长篇小说和短篇小说，各有其特点，各有其作用，不要从形式上去分重轻。

短篇小说情节简单，篇幅不多，更需要集中刻画，高度概括。从这方面说，它有时比长篇更难，但是究竟局面不大，人物不多，较长篇容易驾驭。集中刻画得好，人物也较容易突出。比如赵树理短篇中的人物小二黑、李有才等等，要比他长篇《李家庄的变迁》中的铁锁写得更突出完整。铁锁写到后半部,性格就弱了。老作家尚且如此,何况初写作的青年作者。所以,对青年作者来说,我以为尤其应该从多写短篇小说以至速写、报告入手。它描写的范围既小,可以训练自己更集中地去观察生活和人物,更深入地去挖掘生活的内容,更精简明确地去表现生活,尤其是描写人物。对于提高我们的艺术概括能力和表现技巧是更有益处的。事实上,许多老作家都是从写短篇开始的。"五四"以来的新文艺中,短篇小说要占一个极重要的位置。

下面我想谈谈短篇小说写作中的几个问题,虽然这些问题也并不限于短篇小说,但在短篇小说写作中是更应注意的。

第一,是人物创造问题。创造人物并不是创作的最后目的,但却是最主要的手段。毛泽东同志说:"革命的文艺,应当根据实际生活创造出各种各样的人物来,帮助群众推动历史的前进。"帮助群众推动历史前进,是革命文艺的最后目的,而达到这目的的主要手段,则是根据实际生活,创造出各种各样的人物来。我们读过很多小说,不论长篇或短篇,留给我们印象最深的,往往就是人物的性格、风貌、心理的特征。我们中间很少有人能够把《红楼梦》的故事情节全部背叙出来,但是林黛玉、贾宝玉、王熙凤等许多人的形象,却在我们心目中栩栩如生。你们读过鲁迅的作品,大都熟悉阿Q是怎样,祥林嫂是怎样,孔乙己是怎样,即使你们对当时生活并不那么熟悉,但完全不感到隔膜,犹如读巴尔扎克的小说,虽然生活、时代不同,却能够充分理解其人物的性格。艺术的伟大魅力,即在于此。特别在短篇小说中,写人物尤其重要。鲁迅所谓"看一雕阑一画础，虽然细小，所得却更为分明”，大概就是指短篇小说不能不更着力去刻画人物性格，因而也就从人物性格中更分明地看到社会。近年来的优秀短篇小说中，固然写出了一些人物，有的也很成功，但整个来说，能够令人难忘的艺术形象，还是不多。许多描写英雄人物的小说，多半还是由于英雄的故事感动我们。如果能从这些英勇的生活斗争中间，创造出更突出的典型人物，那么我们的作品水平就会更提高一步。谈到提高质量，我以为这是一个很重要的问题。

茅盾同志在《解放军文艺》上评论《潘虎》一篇文章中，提到《左传》《史记》。《左传》《史记》本来是记叙和评述历史的作品，但却具有很高的文学价值，其原因就在它把人物写活了。尤其是《史记》，写活了不少历史人物。在戏曲中许多人物形象，像项羽、荆轲、豫让、韩信、聂嫈、廉颇、蔺相如等等，可以说都是从《史记》来的。这些都是封建时代的英雄人物，各有其时代的特征和鲜明的个性。很好地表现了现实主义与浪漫主义的结合。《史记》中，特别是其中的《列传》，可以说是我国短篇小说的发轫。我觉得大家可以好好读一读。茅盾同志给《潘虎》这篇小说以很高的评价。《潘虎》确是一篇杰出的短篇。笔墨不多，却活生生地写出了三十年代一个从自发到自觉的革命农民形象。潘虎的性格是概括了当时要求参加革命的农民的特征，他迫切地要找红军，又不知红军在哪里，于是自己挂块红旗就干起来了。这在当时是很典型的。而这种农民的阶级特征又通过潘虎这个人的独特的鲜明个性而表现出来。他顽强、豪爽、泼辣而又保持一些落后和天真的幼稚观念。例如他相信卜卦，他认为农民替地主当长工就是罪恶。

他很粗鲁,他一发现来找他的人是真的红军干部,就无条件地请他来领导自己。这种爽快粗鲁的性格,使我们想起李逵、鲁智深,想起了夏伯阳,然而他们又不一样。这是一个令人感动的典型性格,从这个典型身上,反映出第一次国内战争时期中国农民的自发斗争如何终于汇合到工人阶级的周围,形成了星火燎原之势。这篇作品是老干部邓洪同志口述的革命故事,经过别的同志整理的。它之所以成功,我看是由于口述者对当时生活极其熟悉,革命经验丰富,而这个故事又在他心里酝酿几十年,当然就成熟了。从人物性格描写上,显然可以看出是经过加工和提高的(在这点上整理的人也有功劳)。作品突出地描写了他卜卦、打长工等这些落后幼稚行动,然而不但不损害他的英雄形象,反而更增强了他虎虎有生气的英雄性格。因为这些并不是他品质的缺点,恰好说明他天真之处。如果以为这些是缺点而把它们删掉,那就使作品大为失色了。创造人物要抓住社会本质的特征,又通过具体的独特个性的描写。在这篇小说中是做到了。

这里也就联系到同志们所谈的真人真事问题。这篇小说所写的确实是真人真事,但应该说是在真人真事的基础上提高了的,典型化了的。作家写人物,大抵总有模特儿做骨干。作者可以用一个模特儿做骨干,也可以用几个模特儿凑起来。鲁迅是赞成后一种方法的,但他也并不反对用一个人做模特儿。不管是哪种方法,都需要经过概括、集中和典型化的过程,正如毛泽东同志所说:“文艺就把这种日常的现象集中起来,把其中的矛盾和斗争典型化,造成文学作品或艺术作品。”因此在创作过程中,总有所增删、改造和生发。照现实一模一样抄写，那就不叫创作了。其次总要熟悉，所谓熟悉并不仅是熟悉所描写的这一个人这一件事，而是熟悉这一类人这一类事。只熟悉一个农民而不熟悉许多农民，那还是写不好人物的。艺术的真实性首先要通过作者对于生活的观察、体验、分析、研究，然后才能表现，不能全靠事实。鲁迅曾经说："幻灭之来，多不在假中见真，而在真中见假。"又说"……要使读者信一切所写为事实，靠事实来取得真实性，所以一与事实相左，那真实性也随即灭亡。如果他先意识到这一切是创作，即是他个人的造作，便自然没有一切挂碍了"(《三闲集·怎么写》)。同志们提到，有些真实的故事、人物听起来很生动，但写出来却索然无味。这种情况是常有的，其原因我想就是并没有真正熟悉，并没有经过酝酿、研究，抓住内容的本质，这就会造成真中见假。反之有些虚构的人物故事，甚至是幻想的东西，由于是从现实生活的观察体验中凝聚而成，却使读者感到极其可信。所谓艺术的真实，就是指这个意思。

关于创造人物问题，我还想介绍鲁迅的两条经验：一条是："要极省俭地画出一个人的特点，最好画他的眼睛。我以为这话是极对的，倘若画了全副的头发，即使细得逼真，也毫无意思。"另一条是："中国旧戏上，没有背景，新年卖给孩子看的花纸上，只有主要的几个人，……我深信对于我的目的，这方法是适宜的，所以我不去描写风月，对话也决不说到一大篇。"(《南腔北调集·我怎么做起小说来》)

这两条经验是说：要描写人物性格的特征，要集中写人，尽量减少枝叶，不要废话。

同志们提到新英雄人物的创造问题，这是我们创作上一个重要的课题。有人说英雄人物容易写成千篇一律，不如反面人物好写。我看这话并没有什么根据。我国古典文学中最多的杰出形象是英雄人物，反面人物数不出好多，当代小说中突出的形象，也极大多数是正面人物。说写不好，大概还是由于不熟悉。但是有一点我想是值得注意的，就是写英雄人物时，不要先在自己脑子里把英雄人物不同凡俗似的高高供奉起来。英雄人物也是一个普通劳动者，在斗争中生活中显出其为英雄，而不是先做好了英雄然后才去斗争，这样的英雄大概是没有的。现在有些作品写英雄人物，常常把他们从日常生活中孤立出来，好像英雄人物就是一天到晚在斗争，不食人间烟火似的。这样当然就写不好了。反过来，既然是英雄人物，当然就要写出他英雄的特色。现在有些不恰当的批评，一方面不许英雄身上有任何一些缺陷，一方面又滥用个人英雄主义、个人突出的名义去责备一些英雄行为。前些时候，有人批评苏联影片《共产党员》，就是持此理由，这种批评是叫人啼笑皆非、有害无益的。在对待这种粗暴的批评时，作家应有沉着的勇气。总之写英雄人物和写任何人物一样，必须从现实生活出发，而不能从概念出发。这一点是主要的。

第二，是题材问题。关于题材，我以为第一要熟悉，第二要广泛，第三要处理恰当。

写你所熟悉的。这是高尔基劝导青年作者的一句名言。也是创作的一条规律。这里要弄清“写你所熟悉的”和“熟悉你所未熟悉的”这两者的关系。如果你只愿写你熟悉的东西，而不经常去熟悉你所不熟悉的新生活，那么你的创作源泉就会枯竭，会使你脱离生活和群众；而即使写你熟悉的题材，你仍然得从生活中去不断补充新的东西，所以与群众结合，经常不断去熟悉生活，是任何作家所不可少的。但是如果你对新的生活尚未熟悉，就急急忙忙想写出来，这也不免要遭到失败。据说某个地区，有二十八个作家同时去抢题材。题材能抢，已是奇谈，而何况二十八个人同时去抢。显然这二十八个人并不都是熟悉这个地区的生活的。题材只有在熟悉生活之后，才逐渐形成，怎么能够先有题材然后去熟悉生活呢？自然这是特殊的例子。但是有些人把反映现实，配合任务，理解得过于简单，以为只有写当前的事物，才算反映现实，配合任务，因而放弃其熟悉的东西而硬要去写他所尚未熟悉的东西，其结果往往欲速则不达。作家主要应该去描写现代生活，配合一定历史时期的政治任务，这是必须肯定的。但现代生活并不等于当年当月的生活，配合任务更不等于图解政策。艺术服务于政治，是个广泛的概念，不要把它狭隘化。当然，短篇小说比起长篇小说来更便于迅速反映现实，比如一个作家对农村生活本来就有累积的经验，那么经过他较短时期的观察体验，他还是可以成功地写出反映当前人民公社新生活的短篇小说。但总之必须熟悉生活，否则宁可先写些速写、报告（当然，速写、报告也需要对生活有一定程度的熟悉和了解）。

鲁迅的《二心集》中，有篇《关于小说题材的通信》，是答复沙汀和艾芜同志的询问的。他说："现在能写什么，就写什么，不必趋时，自然更不必硬造一个突变式的革命英雄，自称'革命文学'；但也不可苟安于这一点，没有改革，以致沉没了自己——也就是消灭了对于时代的助力和贡献。"也是说明作家既要写你所熟悉的，又要去熟悉你所未熟悉的新的生活。

其次，题材要广泛，要多样化。我们国家的生活是极其丰富多彩的，这些生活应该充分地在文学上得到反映。当然，和解放前的作品来比较，现在作品中所反映的生活范围是扩大得很多了。但从现实生活的发展来说，我们的取材范围，还是比较狭窄。不久以前，曾经有种理论，主张写所谓“尖端题材”，这是不正确的。在我们生活中，当然有重要的和次要的事物，我们的文学应该去反映出这伟大时代更主要更本质的东西，但艺术的反映，并不是那么简单地直接决定于题材本身。从一个平凡的事件中，可以写出很伟大的东西，可以深刻地反映出社会生活的本质。《毁灭》不过写那么一支很小的游击队，然而是伟大的作品。《小二黑结婚》《李有才板话》都不是什么“尖端题材”，却是有重要意义的作品。重要的斗争、重要的建设应该有人去描写，但只是从题材上去局限，是不应该的。前面说过的二十八人去抢一个题材即恐怕就是受这种理论的影响。而且所谓“尖端”终究是少数，如果大家都去写这少数的东西，文学上又怎样能够反映出丰富多彩的生活呢？怎样能表现出百花齐放呢？百花齐放、百家争鸣是党的文艺方针，它要求题材、形式风格的多样化。陆定一同志在1956年所作的“百花齐放、百家争鸣”的报告中说得很明白：“题材问题，党从未加以限制。只许写工农兵题材，只许写新社会，只许写新人物等等，这种限制是不对的。……文艺题材应该非常宽广。在文艺作品里出现的，不但可以有世界上存在着的和历史上存在过的东西，也可以有天上的仙人、会说话的禽兽等等世界上所没有的东西。文艺作品可以写正面人物和新社会，也可以写反面人物和旧社会，而且，没有旧社会就难以衬托出新社会，没有反面人物也难以衬托出正面人物。因此，关于题材问题的清规戒律，只会把文艺工作窒息，使公式主义和低级趣味发展起来，是有害无益的。”这一段话很重要，但有些人并没有很好去体会，某些清规戒律仍然在影响着作家，使有些作家感到支绌，这对于贯彻执行百花齐放、百家争鸣的方针是不利的。

当然，这并不是说要提倡无目的地去写。我们的目的是鲜明的，就是为工农兵服务，但这并不等于只许写工农兵，尤其不等于只许写工农兵中的“尖端题材”。重要的是作家要有正确的立场和观点。我在上面所引鲁迅那篇通信中也说：“如果是战斗的无产者，只要所写的是可以成为艺术品的东西，那就无论他所描写的是什么事情，所使用的是什么材料，对于现代以及将来一定是有贡献的意义的。为什么呢？因为作者本身便是一个战斗者。”

部队作家，主要生活在部队中间，他们所熟悉和所描写的对象自然也主要是部队生活。但我们的部队是人民的部队，是和群众密切联系着的，我们的部队同志也需要了解部队以外的生活，所以我以为部队作家固然应该多写部队生活，但也不局限在部队生活，应该更广泛些。从各位的作品中，看来已经注意到这一点。而且即使写部队生活，也必须了解更多方面的生活。我们的战士绝大部分是农村来的，因此如果不了解农民和农村生活，写战士也不容易写得好。

关于题材的处理，鲁迅讲过“选材要严，开掘要深”。这八个字对于我们很重要。这也是在《关于小说题材的通信》里说的。他还说：“不可将一点琐屑的没有意思的事故，便填成一篇，以创作丰富自乐。这样写去，到一个时候，我料想必将觉得写完。”

作者在长期观察生活人物中间，不断地累积着许多素材，逐渐从这里形成题材，这中间是要经过比较、选择、改造、生发的酝酿过程。所谓“选材要严”，我想是应该选择你所更熟悉的和你感到更有意义的东西，从而删去其没有意义的枝节的东西，补充足以使你的形象更加突出的东西，所以抓到一点零星材料就写，或者被大堆庞杂的材料所压倒，都是容易失败的。

关于“开掘要深”，就更要下功夫，要写好作品，这一步决不可少，对于写短篇小说，尤其重要。一个人物，一件事情的意义，有时并不是一下就认识透的。这需要有深入的观察、体验、分析、研究，需要有自己的见解和感受。写作品有点像做母亲的十月怀胎，人物形象和故事的意义总是在孕育过程中逐渐明确起来。创作是既愉快又痛苦的过程，在这过程中作者和其人物同命运，同欢乐，同悲苦，而最后感到非写出来不可，这时大概是成熟了。这种创作的艰苦和愉快，同志们大概是经历过的。

从各位的作品来看，选材、剪裁等等都比过去有很大进步。但开掘得深，还需要作更多的努力。这要求提高我们的政治思想水平和文化修养。除了深入生活以外，多读书是很重要的。

小说的情节也是个重要的问题，情节是为了表现人物性格和故事的发展过程，也即是毛泽东同志所说的把日常现象中的矛盾和斗争集中起来，加以典型化。所以不要庸俗地去理解情节的意义。现在有些作品孤立地去追求情节，或者借情节的惊险或巧合来取悦读者，这种倾向是不好的。

第三，关于语言问题，我不想多谈了。语言是个极重要的问题。高尔基说："文学的根本材料，是语言……"语言要求正确、鲜明和生动。在短篇小说中，尤其要注意简约。高尔基认为使艺术作品中有教育说服的力量，必须尽可能使主人公多行动，少说话。这和鲁迅所说"对话决不说到一大篇"，意思是一样的。一个人在写作时候，热情很高，总是想多写一些。但写完后，自己作为一个读者来看的时候，就会觉得可以删去一些不必要的话了。鲁迅写完作品以后，要在抽屉里搁上几天，再找出来看，加以删改，这个经验是很好的。高尔基、鲁迅、契诃夫的短篇小说，在语言上所达到的高度精练应该为我们很好学习。在我国古典作品中，这方面的经验尤其宝贵。我们除了学习劳动群众的语言以外，多读一些这类作品是很有益处的。

鲁迅在《答〈北斗〉杂志社问》中讲了八点关于写小说的意见，其中除了要作家只看外国作品和外国评论这二条和目前情况不完全适合外，其余几点都是极有用的。现在我就介绍他这几点意见来结束我的讲话吧。这几点意见是：

一，留心各样的事情，多看看，不看到一点就写。

二，写不出的时候不硬写。

三，模特儿不用一个一定的人，看得多了，凑合起来的。

四，写完后至少看两遍，竭力将可有可无的字、句、段删去，毫不可惜。宁可将可作小说的材料缩成 sketch，决不将 sketch 材料拉成小说。

…………

六，不生造除自己之外，谁也不懂的形容词之类。

七，不相信“小说作法”之类的话。

…………

（原载 1959 年《解放军文艺》第 6 期）

文学十年历程

一　十年来文学巨大的变化和发展

在全国人民欢欣鼓舞庆祝伟大的建国十周年的日子里，让我们回顾一下十年来我国文学的发展，我们非常高兴地看到，我国年轻的社会主义文学在党和人民哺育之下迅速地成长和壮大起来了！它虽然还年轻，可是多么茁壮、矫健，多么朝气蓬勃！它是我国社会主义时代劳动人民自己的崭新的文学。

这年轻的社会主义文学是继承过去三十年革命民主主义文学而发展过来的。我国革命民主主义文学，一开始就由无产阶级所领导，因此在当时的文学中，就已经包含着社会主义思想的主导因素。三十年来党领导下的革命文学运动的丰富经验、伟大的鲁迅的传统、国际社会主义文学的影响以及在那个阶段中就逐渐形成的无产阶级文学队伍，都为现阶段的社会主义文学准备了充分的条件；特别是一九四二年毛泽东同志在延安文艺座谈会上的讲话，为我国社会主义文艺奠定了卓越的理论基础，指出了为工农兵服务的实践方向。社会主义文学在前一阶段的末期中已经孕育成熟了，当革命一进入社会主义阶段，它就立刻以一种生气勃勃的姿态，显示出强大的生命力量。

十年来我国文学，无论从内容和形式上，从文学运动的规模上，从文学对于人民群众所产生的影响和作用上，都有了极其巨大的变化；其进步的速度是超过以前的三十年。促使这种变化和发展的，首先当然是我国的经济基础和人民生活发生了巨大的根本的变化。十年来，我们国家从一个古老的半封建半殖民地的国家变成了世界上强大的社会主义国家；在不断的革命中，取得了土地改革、民主改革、抗美援朝、三反五反、三大改造的伟大胜利；超额完成了第一个五年建设计划，并争取在今年年底完成第二个五年计划的主要指标；在反右整风的胜利基础上，出现了一九五八年以来工农业生产大跃进和农村人民公社的伟大运动。这两年来工农业生产发展的速度，打破了人类历史上的纪录；人民的思想觉悟空前提高，这一切充分证明了党的社会主义建设总路线的正确性和劳动人民伟大的创造力量。新的现实赋予文学以新的任务、新的内容与形式，因而在文学事业上也展开了极其广阔的天地，出现了从来没有过的繁荣景象；特别在去年来全国汹涌澎湃的大跃进形势推动下，文学事业也有了更迅速的发展、提高和革新。目前我们的任务，正是在这个大跃进的基础上，争取更大更好的继续跃进。在这个时候，回顾一下过去十年来我国文学的发展状况，以吸取经验，是有必要的。

和群众最广泛地联系的文学

社会主义文学，正如列宁所说的，是真正自由的、和无产阶级公开联系着的文学，是替千千万万劳动人民服务的文学。我们的文学就是按照列宁的原则，坚决地贯彻执行毛泽东同志所指示的为工农兵服务的方向。尽管资产阶级为艺术而艺术的老爷们怎样讨厌这个口号，可是它却促使我们文学和劳动人民的联系达到从未有过的广泛的程度。我们的文学以艺术的真实形象去反映劳动人民的生活和精神面貌、他们的理想与愿望，从而提高他们的觉悟；我们的文学把劳动者放在最突出的主人公的地位，所以受到他们热烈的欢迎，成为他们精神生活中不可缺少的一部分。劳动群众不但接受了文学，并且直接参加了文学创造的事业。我们除了专业作家的创作活动以外，还有广泛的群众业余创作活动，在普及与提高相结合的方针下，展开了一个波澜壮阔的文化革命高潮。我们的作家和诗人不再是长年躲在书斋里的文人学士，而是投身在火热斗争中与劳动群众密切结合的战士。他们长期地在生活、劳动、斗争、学习中经历了脱胎换骨的锻炼，大大提高了自己的思想水平，扩大了生活的视野。十年来，知识分子与劳动人民的关系发生了极其深刻的变化。在十年前，除解放区以外，我们大多数作家是连和工农兵群众接触的自由都没有的。文学事业与劳动群众的广泛联系，作家与劳动人民的密切结合，应该看作是十年来文学事业上的根本变化和基本成绩。这是决定文学繁荣和进步的关键。

十年来，我们出版的新文学读物，从一九五〇年的 156 种增加到一九五八年的 2600 种，为一九五〇年的 16.66 倍；发行数从一九五〇年的 2,147,700 册增加到一九五八年的 39,364,094册，为一九五〇年的 18.51 倍。十年来出版的文学书籍（古典作品及地方出版的群众创作在外）达 12,000 余种（据版本图书馆的全国新书目录的统计）。全国省市以上的文学刊物，从一九四九年的 18 种，增加到一九五九年的 86 种，增加近五倍（据中国作家协会资料室的统计）。一些优秀作品的年销数，从解放初期的几万册，增加到近两年来的一百几十万册或几十万册，而在解放以前，则至多每种能销行几千册。这些数字都说明文学事业与群众的关系是怎样扩展了。与此同时，全国解放以前曾大量充斥在书肆中的那些毒害人民的封建主义、帝国主义和资产阶级的反动文学和黄色文学，早就被读者所抛弃，为社会主义的革命文学作品所代替了。由于这样，文学队伍也有很大的扩充。一九五〇年，全国文协的会员只有 401 人，而现在中国作家协会的总会及地方分会的会员作家，一共有 3,136 人。全国作家协会的分会从一九五〇年的 6 个增加到一九五九年的 23 个。全国文学研究机构从 1 所增加到 9 所。这支队伍不但数量上扩大了，质量也有了改变和提高。在文学队伍不断扩大的过程中，出现了两种新的强大力量：一种是有才能的知识分子新作家和工农作家，他们中间有些人，像杜鹏程、梁斌、王汶石、胡可、闻捷、李准、曲波、杨沫、玛拉沁夫、未央、孙峻青、王愿坚、冯德英等等和工农作家中的王老九、康朗甩、胡万春、万国儒、冯金堂、刘勇、申跃中等等已经成为全国闻名的作家。他们中间很大部分都是青年作家，毫无疑问，这种新生力量将愈来愈多地涌现，成为老作家的接班人。另一种人是政治、经济、军事各个战线上久经锻炼的老干部作家。他们丰富的生活和斗争经验、长期的政治文化修养，刺激了他们的创作欲望，利用业余时间写出了大批的散文、诗歌和革命回忆录。像李六如、邓洪、杨尚奎、陈农菲等等，他们的有些作品已经达到相当高的艺术水平。而在这些新的力量以外，文学队伍的后备军也迅速地扩大了。全国工厂、农村、部队中间，大学生和青年知识分子中间，建立了大量的文学小组或创作小组，热情地参加了文学活动。老作家的锻炼、改造与提高和工、农、知识分子中新生力量的涌现，使我们可能在较短时期中建立起一支真正工人阶级的强大文学队伍。

社会主义现实主义的发展

数量的发展只能说明一面，更主要的当然是文学质量的提高。十年来，我国许多作品在反映社会生活和时代精神的广度和深度方面、在人物形象的创造方面、在语言和风格方面，都可以看出显著的进步。社会主义现实主义文学在我国逐渐成熟了。

文学所反映的生活范围有了很大的扩展。社会关系与人民生活的巨大变化，自然引起人们思想、意识、心理状态的深刻而复杂的变化。这十年是我国生产空前发展的十年，也是人民思想觉悟空前高涨的十年。这一切提供文学以极其丰富多样的主题与题材，扩大了创作的源泉。像描写工业建设与工人生活、少数民族与边远地区生活的作品，在解放前是绝无仅有的，解放初期也还是为数极少的，而现在我们已经有了不少的这类作品。此外如儿童文学、电影文学创作、曲艺创作、政论杂文也有了很大的发展。我们的文学不但要迅速地反映现代生活的各方面(这是主要的,而在作品数量上也是最多的),而且还要求作家去描写民主革命时期党领导下的英勇艰苦的革命斗争过程。第一、二次国内革命战争和解放战争是中国人民一部惊天地、泣鬼神的史诗,这些斗争在反动统治时期的国民党统治区域,几乎是不可能被反映到文学作品中间来的。现在我们却需要去补足文学史上这段空白,使我们人民能够历史地去认识革命过程和当前现实的联系,从那些可歌可泣的斗争的感召中获得对社会主义建设的更大信心和热情。许多老干部作家在这方面做出了不少的成绩。

然而,不论是现代生活或过去革命斗争以及其他历史题材的描写,绝大多数作品所表现的思想感情是和当前的革命情绪紧密地相联系的,充满了革命英雄主义的色彩的。革命英雄主义——这是十年来我国文学上一个主要的基调,和过去三十年间的作品更着重于对反动统治压迫的暴露、批判和抗议,显然是有所不同了。那个时期文学中所创造的形象,更多的是受迫害与反抗迫害的农民、城市贫民与知识分子的形象或地主、资产阶级的反面人物,而现在我们作品占主要地位的,则是那些光辉灿烂的革命英雄形象和正面人物了。被读者所热烈欢迎的,也是这些英雄形象。在这里,如《保卫延安》中的周大勇、王老虎,《红旗谱》中的朱老忠,《铜墙铁壁》中的石得富,《红日》中的沈振新,《万水千山》中的李有国,《红色风暴》中的施洋和林祥谦,《林海雪原》中的杨子荣,《上甘岭》中的张忠发,都已经成为群众极熟悉的人物了。杨朔的《洗兵马》、刘白羽的《火光在前》、马加的《开不败的花朵》、顾宝璋等的剧本《东进序曲》、叶元的电影剧本《林则徐》、李准的电影剧本《老兵新传》以及最近描写大跃进的剧本《烈火红心》《降龙伏虎》，都成功地描写了人民的英雄斗争和英雄人物。诗歌和散文中间，这种革命英雄主义的色彩尤其显著。近几年来诗人们写下了相当动人的英雄叙事诗和富于革命浪漫主义精神的抒情诗，如李季的《杨高传》、田间的《赶车传》、闻捷的《动荡的年代》等长叙事诗和郭沫若、陈毅、臧克家、冯至、肖三、贺敬之、郭小川、戈壁舟、阮章竞、未央等的抒情诗。散文方面，魏巍的有一些作品是具有高度水平，产生了巨大艺术效果的。刘白羽、巴金、冰心、菡子、李若冰、华山、碧野、何为等都写下不少激情洋溢、诗意饱满的篇章。革命回忆录是一种新的文学样式，固然是史实的记录，但其中有不少人物形象经过了作者的艺术加工，已经达到了典型化的高度，像邓洪的《潘虎》就是一个杰出的例子。

这种趋势是很自然的，因为我们的时代是一个英雄的时代，在文学上就要求有高昂的声音和明亮的色彩，要求有强烈的革命浪漫主义的精神。这种浪漫主义不是超脱现实生活的幻想或空洞的吼叫，而恰好是从现实生活斗争的深处所激发出来的工人阶级崇高感情。在一些较优秀的作品中，这些英雄形象不是孤立于群众之上、日常生活之外，而总是和群众生活紧密联系的，不是概念的化身，而是具有鲜明的性格和个性的；他们大多数都是普通的劳动者，普通的战士、干部。在这些作品中，我们可以看到，英雄性格的描绘总是通过社会生活的矛盾斗争，从行动中发展，通过其内心活动被表现出来的。

因此，资产阶级所谓“千篇一律”的攻击是没有根据的。《红旗谱》中所创造的一系列农民形象就足以说明这种情况。作者从几十年来的中国农村重重苦难和前仆后继的农民革命斗争过程中，从农民自发到自觉的过程中，从无产阶级先锋队深入农村与农民群众相汇合，从而领导了农村革命斗争的曲折过程中，深刻地描绘出中国贫苦农民的坚韧、强毅、朴直和善良的灵魂和性格。这些农民的心地是多么纯朴、忠厚，而他们的骨头又是多么坚硬。在他们的痛苦、愤怒、悲叹、仇恨的交织中和跌倒又站起来的顽强奋斗中，写出了他们那种斗争的韧性，他们的希望、欢乐和梦想。作者对于各种人物心理的描写是鞭辟入里的。每个人都有其自己独特的鲜明的个性。像朱老忠这样人物，从单枪匹马去报仇雪恨的英雄行为中，终于走向集体主义的英雄主义，成为共产党员。他的性格是在典型环境中发展的，因而达到了高度的典型性。这部小说可以说是比较全面地概括了整个民主革命时期的中国农民生活与斗争，在艺术上达到相当深度与高度的作品。

我们的一些优秀作家，始终坚持着现实主义的原则，从社会的矛盾发展中去认识现实，反映现实，创造出典型人物。毛泽东同志关于正确处理人民内部矛盾的学说，更在理论上提高了作家们的认识。因此，创造新英雄人物问题和表现人民内部矛盾问题便成为文学家经常讨论的题目。在许多作品中，显得更为突出的，是对于农村生活变化中各种新旧意识矛盾的描写。这也是很自然的。我国农村人口有五亿多，而十年来从土地改革，经过劳动互助、合作化高潮而发展到了人民公社的普遍建立；从个体经济占绝对优势到集体经济占绝对优势的状态；从消灭封建剥削残余到消灭资本主义残余的斗争；几乎是几个世纪的变化，在我国只短短十年间就实现了。这种迅速急剧的变化，必然突出地要求在文学上得到反映。在这里我们看到了赵树理的《三里湾》，看到了柳青的《创业史》第一部，看到了周立波的《山乡巨变》，看到了王汶石的小说集《风雪之夜》，马烽的《三年早知道》，沙汀的《过渡》，孙犁的《铁木前传》，李准的《不能走那条路》，刘澍德的《桥》等等。在这些作品中，大都深刻地反映了富农和富裕中农想走资本主义道路的思想，极大多数的贫雇农下中农想走社会主义道路的思想以及一部分摇摆的中农意识相互之间的复杂斗争，城乡关系和工农联盟关系的发展状况，以及这一切在人们意识、心理上，在日常生活上形形色色的反映——旧的私有意识在被克服，新的道德观念在形成，新的农民在成长。这确是一幅丰富多彩的生活图画，而作家们就在这种丰富的生活基础上，创造出各个阶层正面的、反面的、老一辈的、新一辈的典型人物。这里我们看到了常有理、糊涂涂、亭面糊、梁三老汉、梁生宝、大木匠、张腊月等一系列典型人物。作家不但描写了生活中的矛盾，而且提出了他们对于社会生活的评价。这些形象，无论从思想和艺术上，一般说来都比十年前的作品达到更高的成就。当然，这不仅是描写农村生活的小说如此，在描写其他生活方面的小说或其他文学样式的作品中，也获得同样的成就。如艾芜的《百炼成钢》、杜鹏程的《在和平的日子里》、曹禺的《明朗的天》、老舍的《全家福》、夏衍的《考验》、周而复的《上海的早晨》、杨沫的《青春之歌》等，都是从各种社会生活的尖锐矛盾中创造出各色各样的典型人物和生动形象。儿童文学方面则有张天翼、严文井等人的作品。这些事实说明了十年来我国文学上的现实主义是愈来愈成熟了。

现实生活的丰富多彩，时代革命精神的高扬，文学与群众生活的密切结合，艺术方法的趋向成熟，因而也促进了文学上风格向多样化、民族化、群众化方向更健康的发展。一九五七年毛泽东同志十九首诗词的发表给予文学界以极大的鼓舞。毛泽东同志的诗词的那种不可企及的气势磅礴、雄伟豪迈的革命风格，不仅为诗歌界也为整个文学界树立了卓越的典范。去年来民歌的高潮，又为新诗歌开拓了广阔的道路。诗人们热情地在探索、追求、创造新的风格，新的形式，并在理论上展开了热烈的百家争鸣。郭沫若的《蔡文姬》的那种清新鲜明的风格和浓烈的民族色彩，为近年来话剧界放一异彩，田汉的《关汉卿》也表现了独特的民族风格。这两个剧本的最大特色，就是作者的个性在作品中得到突出的表现。小说的风格也在发展，即如十年来出现的新作家，像杜鹏程、梁斌、王汶石等，也都已经形成了各人独特的风格。文学的民族风格、民族形式、艺术技巧、艺术个性，被作家们所普遍重视了。资产阶级说社会主义文学不尊重个性，是胡说八道。事实是，革命文学的个性只有在社会主义文学的党性原则下，在作家与人民生活密切结合中才能得到最健康的发展，因而它是最自由的、具有多样风格的文学，而那些脱离现实生活，以虚伪的形象或千奇百怪的形式去创作的现代主义者、形式主义者和高呼“创作自由”的修正主义者，则恰恰是走向风格的没落和个性的毁灭。

十年来，在理论批评方面和古典遗产的研究方面，也作出了卓越的成绩，进行了对资产阶级反动文学思想一系列的斗争，展开了各种文学理论问题的百家争鸣，如周扬的《文艺战线上的一场大辩论》，总结了两条道路的斗争经验；茅盾的《夜读偶记》以及其他作家的一些研究著作，都是有科学价值的作品。

由于现实主义的发展和反映时代革命精神的要求，在文学上提出了革命的现实主义与革命的浪漫主义相结合的问题。在这大跃进的日子里，劳动人民不仅要求文学深刻地表现出他们生活的真实，并且要求表现出鼓舞他们前进的理想和激情。在我们的时代，现实与理想是相结合着发展的，理想建立于现实基础之上，而又引导现实前进。因此，一个革命的现实主义者也必然是一个革命的理想主义者。在文学上提出这个问题，是为了更好地去探讨和阐明社会主义现实主义方法中现实主义与浪漫主义的相互关系。社会主义现实主义是社会主义文学的基本方法，这是必须肯定的。它继承着古典文学中一切优良传统而予以革新和创造。所以革命浪漫主义应该是社会主义现实主义的组成部分也是早肯定了的。我国古典文学中，具有悠久和丰富的积极浪漫主义的传统，而它又常常是和现实主义相辅相成，互相吸收的。如何继承我国古典文学中这些传统，学习国际社会主义文学的经验，使我们的社会主义现实主义文学具有鲜明的民族色彩，并且能够更好地做到毛泽东同志所指出的，“文艺作品中反映出来的生活却可以而且应该比普通的实际生活更高，更强烈，更有集中性，更典型，更理想，因此就更带普遍性”的要求，这正是我们目前提高艺术质量的重要任务。自然，这需要经过不断的创作实践和科学研究而予以阐明。但是绝不能错误地理解，以为提出这个问题是和社会主义现实主义有什么矛盾或不一致的地方。这样理解是不妥当的。社会主义现实主义的风格、形式、体裁和表现手法是多种多样的，是在结合着各个民族的文学实践而发展着的，然而却必须是牢固地建立在马克思列宁主义的美学基础之上。因此在提出这个问题的同时，我们必须防止和反对那种超脱现实的虚伪的浪漫主义和缺乏理想的爬行的现实主义。这些倾向都是和社会主义现实主义的原则相违背的。

……

群众创作运动的高涨

在十年来文学发展中应该占一个重要位置的，是劳动群众的业余创作活动。第一次全国文代大会上，周恩来同志就告诉过我们："必须重视新文艺在普及方面的生长和成就，即使是一些小的生长，小的成就。"经过这十年，在这方面应该说是有了迅速的生长和巨大的成就了。特别去年来全国空前高涨的民歌运动和群众创作活动。真如高尔基所说的，"燃烧成猛烈而令人欢乐的大火"，而促使燃烧的高温，则是全国人民无比炽烈的劳动创造热情。在这种热情鼓舞下，在人民文化生活日益普及的条件下，必然刺激了广大群众想用自己的语言和想象来表达其难以遏止的感情的欲望。尽管他们还不能立刻掌握熟练的文学技巧，但他们那种从劳动中产生的真实思想感情、那种刚健清新的风格和语言、丰富的智慧和才能，无疑是具有旺盛的艺术生命的。文学的普及工作和群众创作运动的高涨为整个文学艺术的提高奠定了广阔的基础。它是社会主义文化革命的一部分。我们必须从这个意义上，充分估计它的伟大成绩和在文学发展中的地位与前途。

从十年来群众创作运动中，可以看到它发展的一些规律。它总是在生产与革命斗争中高涨起来，总是继承着我国悠久的民间文学的传统和在提高的指导下发展的。例如在抗美援朝中，志愿军里就掀起过一个广泛的战士诗歌运动，在历次增产节约运动中，各地工矿就开展了工人文艺竞赛运动，在土改、合作化特别是去年人民公社运动中，全国农村中就出现规模壮阔的民歌运动。去年来全国民歌的高潮，是我国现代文学史上一件大事，远非汉魏乐府所能比拟。去年民歌的数量是无法统计的，但从民间文学研究会的不完全统计中所看到的，由省市以上的出版机构所编印的民歌选集就近八百种，即就其中再加以严格精选，其收获之丰盛也是旷古未有。从这些新民歌中间，显然可以看到，我国几千年来连绵不断的民间歌谣传统，经过十年来的努力，是在新的基础上空前地发展了，并且在形式风格方面进行了大胆的革新和创造。这些民歌所具有的艺术特色——形象的鲜明，音节的整齐、响亮，色彩的明朗，语言的精炼生动，大大丰富了我们的新诗歌，并且成为发展新诗的基础之一。新民歌的形式和风格决不是单调的，而是多样化的。在民歌之外，工人、农民、战士还写下了无数的新诗、短篇小说、剧本、曲艺等多种样式的文学作品。近两年来的一些较优秀的新诗和短篇小说中间，就有不少是工人、农民作家写出来的。

许多工厂、人民公社、部队正在展开工厂史、公社史、部队史的编写工作。这是一种新的尝试,由工农兵群众和知识分子结合的一种集体创作。这个工作虽然还在开始阶段,但已经出现一些很好的成果,如已经出版的《安源矿史》《万里长江》(工厂史)、四川新繁县新民人民公社史《绿树成荫》《麦田人民公社史》等等。我们的劳动人民不但有了自己创作的诗,并且有了自己创作的史了。

一张白纸可以写最新最美的文字,画最新最美的图画。这确是至理名言。从十年来群众创作中,证明了劳动人民不仅在生产上,并且也在艺术创造上蕴藏着无穷的精力与才能。我们的任务则是以满腔热情,积极地、合理地引导和帮助他们,研究和总结他们的经验,在继续扩大普及的基础上积极提高。对待群众创作运动,既不容许贵族老爷式的轻视态度或向他们泼冷水,也不能违背群众的需要与自愿的原则提出过急过高的要求,以致妨碍他们的生产。在今后继续展开群众创作运动中,我们必须坚持这个原则。

我国历史上第一次多民族文学的共同繁荣

我国是一个多民族的国家,许多兄弟民族都有其自己的文化传统,但在过去反动阶级的大汉族主义统治下,各兄弟民族在政治、经济、文化上是没有平等地位的,因而在文学上也是没有平等地位的。过去一些汉人所著的文学史中就没有兄弟民族文学的篇幅。中华人民共和国建立以后,彻底废除了我国历史上民族压迫制度,各民族进入了平等、团结合作的新时代,成为一个统一的社会主义大家庭,在文学上也第一次出现多民族文学的共同发展与繁荣。有些少数民族,过去没有文字的，也制定了自己的文字，出版了自己的书籍和报纸，而那些具有悠久文学传统的兄弟民族，如蒙族、藏族、回族、维吾尔族、哈萨克族、乌兹别克族、朝鲜族和西南各少数民族，则无论在整理文学遗产上或新创作上，都取得了巨大的成就。

十年来，蒙族人民整理编印了各种民间歌谣和古典遗产，其中如《嘎达梅林》就是一部著名的英雄史诗。尤其值得提到的，是他们发现了古代伟大史诗《格斯尔的故事》的下六卷的手抄本（共十三卷，前七卷在一七一六年曾在北京以蒙文出版过）。这是蒙族人民对于祖国文学也是对世界古典文学一大贡献。新创作方面，有诗人纳·赛音朝克图的诗集《我们的雄壮呼声》、长诗《狂欢之夜》、小说《春天的太阳升自北京》，玛拉沁夫的小说《在茫茫的草原上》、电影文学剧本《钢城曙光》，超克图纳仁的剧本《金鹰》，扎拉嘎胡的小说《春到草原》、安柯钦夫的短篇小说集《草原之夜》、朋斯克的小说《金色兴安岭》，和著名民间诗人毛依罕的长诗等等。

在维吾尔族的文学中，我们看到了革命诗人黎·穆特里夫的遗作诗集和诗剧的出版，当代诗人艾里哈木的《希望的波浪》；哈萨克族则整理、出版了革命领袖哈尔曼·阿克提狱中诗集《游牧之歌》，当代诗人布哈拉的《汉族姑娘》以及许多短篇小说和诗歌；乌兹别克族也产生了不少新的作品。话剧剧本和电影文学剧本方面，则有王玉胡和尤·赫捷耶夫（维吾尔族）合写的《绿洲凯歌》、刘肖芜和阿和台木（维吾尔族）合写的《远方星火》等。

藏族文学被译成汉文的，有古代民间传说《泽玛姬》《草原红花》和当代诗人阿旺洛桑的《金桥玉带》、饶阶巴桑的《母亲》

和大量的抒情诗歌。回族的《歌唱英雄白彦虎》和藏族的《格萨尔王传》,是最近整理出的优秀叙事诗。延边的朝鲜族的作家如李弘奎、李旭、李根全、任镐等,都创作了不少新的诗歌、小说和剧本。

值得注意的,是文化比较落后的西南各少数民族,这十年中在整理遗产工作上取得了卓越的成绩。撒尼人的《阿诗玛》和壮族的《百鸟衣》是众口交颂的优美诗篇,现在正进一步地整理、加工,此外经过整理后改编的白族的《望夫云》,傣族的《召树屯和兰吾罗娜》,都是优秀的作品。新创作方面,如傣族著名歌手康朗甩的《从森林眺望北京》,彝族作家李乔的长篇小说《欢笑的金沙江》,壮族作家陆地的小说《美丽的南方》,侗族诗人苗延秀的诗作,都是近年来的收获。

十年来各兄弟民族的民歌也取得了巨大的丰收。各民族的民歌都显示其自己独特的风格,有些是比汉族民歌更加鲜艳丰满,而在这些大量民歌中间,普遍地反映了各族人民一种共同的心情——对于人民伟大领袖毛主席和中国共产党的歌颂,对于社会主义大家庭中各民族团结合作的庆幸与喜悦。

民族文学整理研究工作,也取得很大成绩。中国民间文学研究会和中国科学院都作了不少工作。值得特别提到的,是云南、贵州、广西等作家协会分会组织了大批知识青年,深入各地少数民族,结合当地群众,搜集资料,编辑了各民族自己的文学史料和民歌、故事等选集。通过群众路线,发掘民族文学的宝藏,是一项很好的经验。

目前各兄弟民族文学在全国文学战线上已经取得重要的地位。但是由于翻译人才的不足,互相交流的工作还做得很不够。这需要我们彼此支援，大力培养翻译研究人才，促进各民族间文学竞赛，互相学习，互相交流经验，从而更丰富各民族文学的内容与形式，促进我国社会主义文学更迅速更全面的繁荣。

十年来我国文学的成绩是十分伟大的，发展是异常迅速的。这是马克思列宁主义在我国思想战线上的伟大胜利，是劳动人民在文化革命与建设中的伟大胜利。这些胜利和成就，首先应归功于党的领导，归功于伟大的毛泽东文艺思想和党的百花齐放、百家争鸣的政策方针的贯彻执行。在马克思列宁主义思想的共同基础上，我国的文学工作者取得了空前的团结，大家鼓足干劲，力争上游，为社会主义建设贡献出自己的才能与精力。但自然这不是说，我们可以满足于我们已有的成绩。任何时候，这种自满是不允许的。和过去相比较，我们的成绩是很大的。但从国家建设与人民的要求来说，我们作品的数量和质量还远不能适应需要，生活中有许多生动活泼的事物还没有充分地深刻地被反映到作品中来，我们有些作品和批评中间、刊物和组织工作中间还存在很多粗糙简单现象，我们的理论批评工作还没有建立健全起来，我们的作家队伍还是太小。我们不要隐瞒而要正视这些缺点，欢迎对这些缺点的善意批评。马克思主义者从来不隐瞒自己的缺点，而是用一切的努力去克服它。因此积极提高我们文学的质量，扩大普及的基础，加强作家的政治文化修养和艺术技巧的锻炼，奋勇前进，写出更多更好的作品，争取更大更好的跃进，便是我们当前迫切的任务。

二 我们取得了一些什么经验

肯定成绩是必要的，但更重要的是从这些成就中间去吸收经验，找寻规律。这需要根据大量作品和材料，作进一步的科学分析，这里只是初步地简单地提出一些个人的意见。

没有思想斗争，文学不能前进

十年来，我国文学经历过一系列的尖锐思想斗争。这些思想斗争是我国社会主义革命阶段中阶级斗争在意识形态上的反映。阶级斗争存在一天，这种思想斗争就一天不能避免。有一些人很厌倦这些斗争，听见“斗争”字样就害怕，他们总想过一些平平静静的日子，以为那样才会产生出好作品。其实这是怯弱的知识分子的空想，革命的文学从来不是温室里培育出来的花卉，而是在风霜中、革命斗争的风雨中锻炼成长的。历史上凡是文学繁荣的时期，也往往是思想斗争活跃的时期；古今中外，都是如此。尽管时代不同，斗争的内容与形式有所不同，但却可以看出，这是一条历史的规律。有人说，共产党的哲学就是斗争的哲学，一点不错，因为这个哲学正是科学地反映了历史发展规律的哲学。

十年来我国文学上的一系列的斗争，概括起来说，就是文学上资产阶级与无产阶级两条道路的斗争。它像一条红线贯穿着我国社会主义文学的历史。这些斗争的性质，有属于人民外部的敌我矛盾的，也有属于人民内部矛盾的，但都是阶级斗争在文学上的反映。

一九五一年对电影《武训传》的批判是开国后文艺界第一次重大的思想斗争。它的实质是资产阶级的改良主义、投降主义与无产阶级的革命主义的斗争。这部影片描写了清代一个无聊的乞丐，想兴办“义学”，宣传封建文化来取得自己的地位。而作者却对这个奴颜婢膝的人物予以热烈的歌颂，并且以当时农民革命的失败作为题材的反衬。这显然是严重地歪曲历史现实的作品，而更严重的则是当时有些报刊和作家居然对这部作品盲目颂扬，有些党员作家也丧失政治嗅觉和批判能力。因此当年五月二十日《人民日报》的社论，便提出了严正的批评，指出：“承认或者容忍这种歌颂，就是承认或者容忍污蔑农民革命斗争，污蔑中国历史，污蔑中国民族的反动宣传，就是把反动宣传认为正当的宣传。”这显然是一个文艺为谁服务的根本原则问题。不解决这个问题，社会主义文艺就会迷失方向。《武训传》批判以后，全国文艺界进行了一次普遍的整风学习，明确了作家的立场态度与创作的关系。

一九五四年底，又展开了对俞平伯的《红楼梦》研究中唯心主义观点的斗争。这看来似乎只是一个对古典作品评价的问题，但实质上却是一场唯心主义与唯物主义的大斗争。我们知道，解放初期，唯心主义思想不仅在古典文学研究的领域内，并且在其他社会科学和文学领域内，还发生着相当大的影响，而这种思想又是和帝国主义与中国大资产阶级的代言人胡适的思想有联系的。俞平伯在《红楼梦》研究中的错误观点，即由此而来。因此，随着对俞平伯的批判，就在整个科学界、文学界中展开了对胡适的哲学、历史学、社会学和文学思想的全面批判，经过这场斗争，铲除了几十年来胡适思想的老根，在文学界、科学界，明辨了是非，划清了唯心主义与唯物主义的界限，树立了马克思列宁主义在学术思想上的领导地位。

人们也许要问，对一个剧作家，一个研究工作者工作中的错误，为什么要进行这样大张旗鼓的批评呢？这是很明白的。无论《武训传》或《红楼梦》研究中的错误思想，都不是一个人或几个人的事情，而是反映了解放初期相当一部分知识分子的思想，它是有代表性、普遍性的，它的错误又是根本原则性的，这就和学术上一般的理论问题有所不同了。对待这种违反人民利益的原则性问题，无产阶级是绝不调和的，展开这样大规模的批判，是完全必要的。但是对于犯错误的同志，我们却是一贯采取团结—批评—团结的方针和批评与自我批评的方法，因此，经过批评以后，这两位作家，改正了自己的错误，心境愉快地和大家合作得更好，作出了一些对人民有益的工作。

……

在和一切资产阶级反动倾向斗争的过程中，我们也和简单、粗暴的教条主义倾向作斗争。党在文艺上向来是坚持两条战线的斗争的，但这十年中，斗争的主要方面是资产阶级反动思想，因为它是主要的危险。……粗暴批评，实质上是以“左”的姿态来达到右的目的，仍然是种资产阶级的思想表现。

从上述这些思想斗争中，告诉了我们一些什么经验呢？首先，它使我们认识了意识形态上的阶级斗争，是要比经济战线上的阶级斗争更长期、更顽强、更曲折。当无产阶级已经取得政权，经济的体制已经改变了，但意识形态上谁战胜谁的问题，还需要更多时间才能解决。人们头脑中的资产阶级意识不是立刻能改变过来的，大部分知识分子是愿意接受马克思列宁主义的，而另一些资产阶级知识分子，包括共产党内的阶级异己分子，则总要顽强地表现自己，要求人们按照他们的面貌去改造世界，改造党。……因此，我们必须充分认识对资产阶级思想斗争的长期性、顽强性和复杂性，不能过低地估计他们的危害性，不能以为从此就可高枕无忧了。这样想法是会麻痹自己的。其次，文学艺术总是最敏锐的阶级器官，是时代的风雨表，这就是为什么十年来文学艺术界的思想斗争，比较其他文化部门更为尖锐的原因。从反右派斗争的经验中，使我们深刻地认识到，知识分子的资产阶级思想的根源是他们的个人主义。资产阶级文学给予人们长期影响的也是这种个人主义。作家如果脱离人民，他的职业是最容易滋长这种个人主义的。文学上个人主义与集体主义的斗争是现代文学中一个重大问题。这个问题不能说已经完全解决了，还需要作相当长期的斗争。马克思主义的文学只有通过这些斗争，才能证明它的正确性、真实性，才能从斗争中建设起来。正如毛泽东同志指出过的，“正确的东西总是在同错误的东西作斗争的过程中发展起来的。真的、善的、美的东西总是在同假的、恶的、丑的东西相比较而存在，相斗争而发展的。当着某一种错误的东西被人类普遍地抛弃，某一种真理被人类普遍地接受的时候，更加新的真理又在同新的错误意见作斗争。这种斗争永远不会完结。这是真理发展的规律，当然也是马克思主义发展的规律。”(《关于正确处理人民内部矛盾的问题》)十年来文学上的斗争，也就为我们证明文学发展的这条规律：没有思想斗争，文学不能前进。有破必须有立，立的工作是艰苦的，但没有破就没有立，只有在破中去求立。这是客观规律，也是基本经验之一。

有些“好心肠”的先生们，觉得这种猛烈的思想斗争是否会妨碍像文学创作那样细致的工作呢？是否会妨碍创作自由或创作情绪呢？他们说，辩论会上是产生不出作品的。是的，辩论会上确实产生不出作品，但逃避这些斗争就能产生出作品吗？我们应当告诉这些先生们，你们颇有些像契诃夫的“套中人”了，而套中人则确实是写不出作品的。事实并不如你们所想象。在批判《武训传》后，党号召作家深入生活，因而在一九五二年以后，就出现了一批新的作品。再往前看，鲁迅、瞿秋白等人的一生创作，尤其是他们那闪闪发光的杂文，不就是在尖锐的思想斗争中产生出来的吗？那么究竟是妨碍了还是促进了文学这种细致的创作呢？说到创作自由，是的，对于那种反革命、反人民的创作自由，人民不但要妨碍它，而且不容许它，只有这样才能有利于为人民的创作自由，才能真正贯彻百花齐放、百家争鸣的方针。对于资产阶级个人主义、虚无主义、悲观颓废等等创作情绪，正如毛泽东同志说的，马克思主义是“应该彻底地破坏它们，而在破坏的同时，就可以建设起新东西来”。为什么经过这些斗争以后，作家们的创作情绪那么空前高涨呢？新作品那么多呢？这一切事实，不是值得深思之吗？

孟夫子曾经说过，“余岂好辩哉，余不得已也。”可见孟夫子是不厌倦斗争的。厌倦斗争，可以说是一种脱离实际的右倾情绪。革命是不断前进的，文学总是按照历史规律而发展。如何掌握规律，引导我们文学正确地前进，这是我们头等重要的任务。

作家与群众结合是实践社会主义现实主义的基础

从十年来我国所产生的一些优秀作品中，我们可以看到一个事实，就是写下这些作品的绝大部分作家都是相当长期地生活在劳动群众中间，积累了丰富的生活经验的；在每一次思想斗争中，他们的立场是十分坚定的。从十年来出现的一些优秀的新作家中，也可以看到同样的情况，他们的生活经验往往更超过于他们的文化修养。而另一方面，那些犯错误的，在政治上、道德上、艺术上堕落的人，或者小有才华而昙花一现即枯萎了的作家，则绝大部分是脱离群众脱离生活的人。这个对照是十分鲜明的。这些事实有力地证明了党历来所强调的作家与群众相结合的方针的正确性。

为什么要那样强调这个问题呢？因为文学创作的第一位工作，便是熟悉人，了解人。对于我们来说，就是熟悉和了解劳动人民。我们的无产阶级文学，由于无产阶级出身的作家还不多，主要还得依靠非无产阶级出身的作家，来充当无产阶级的代言人。对于他们来说，就比过去资产阶级作家主要描写其本阶级生活要困难得多了。他们不但在思想情感上要和劳动人民打成一片，并且要熟悉和理解他们的生活、性格和心理，要熟悉他们的语言。作家从一个阶级到另一个阶级的变化需要一个相当长期的过程。这里包括着作家自我思想改造问题，新的生活经验积累问题，以及观察、体验、分析、研究和表现能力的提高问题。才能、技巧等等只有在生活源泉的不断汲取中才能发挥其作用。譬如创造典型，如果没有深厚的生活经验和深刻地熟悉人，了解人，那是不可能成功的。党强调作家和工农兵群众相结合，就是要帮助作家彻底解决世界观，丰富生活经验和提高艺术方法，我认为作家与群众结合是毛泽东同志的群众路线在文学上的表现。它是实践社会主义现实主义的基础。

自然，这不是说，作家只要到生活中去就能保证写出好作品，好像把原料放入机器中就能生产出成品一样。这样想法是太简单了。创作是复杂的精神劳动。它要通过实践、认识和表现的过程。所以要长期地，无条件地，全心全意地投入群众火热的斗争，要学会观察、体验、分析、研究生活与人物的本领，要和群众交心，要掌握一定的文化修养和艺术技巧。作家的政治修养、生活经验、技巧修养这三者是不可分的，而实践和认识能力则是它们的基础。作家对于生活现象和周围的人物，不仅要熟悉，而且要理解，要能够做出正确的评价，对于生活要有远大的理想；对于群众斗争要有主人翁的责任感，这就需要不断提高作家的思想水平和道德品质。有些作家只是抱着搜集材料的心境到生活中，好像到森林中去找蘑菇似的；有些作家虽然下去了很久，但对群众斗争缺乏责任感或对生活深入的理解和评价能力不够，因而也就不容易有较大的成就。

在我们文学中，一个重要问题，就是政治与艺术的统一问题。解决这个问题的主要关键，我认为首先就在作家与群众相结合。什么是政治呢？毛泽东同志说过："我们所说的文艺服从于政治，这政治是指阶级的政治、群众的政治，不是所谓少数政治家的政治。政治，不论革命的和反革命的，都是阶级对阶级的斗争，不是少数个人的行为。革命的思想斗争与艺术斗争，必须服从于政治的斗争，因为只有经过政治，阶级和群众的需要才能集中地表现出来。”“正因为这样，我们的文艺的政治性和真实性才能够完全一致。”政治不是抽象的概念，而是群众实际生活中的思想、感情、意见、需要的集中表现，艺术的任务则是要用形象的方法集中地、概括地去表现它们。这样才使我们的作品有高度的政治性和高度的真实性。所谓写真实，这才是真正的真实。人们常常批评公式化、概念化。有一种奇怪的论调，说什么公式化概念化的原因是因为政治太多了。这是连政治的概念都不曾懂得。应该反过来说，还是由于政治太少了，也即是对群众的意志、生活和需要懂得太少了。公式化概念化的现象，首先是由于作家缺乏政治，对生活和人不熟悉，因而只好以概念加形象，把政治作为一种抽象的东西从人物的外部贴上去。建国初期，这种倾向比较普遍，就是因为作家还来不及熟悉新的生活、新的人。

自然，生活是源泉，如何在生活基础上加工，这还需要有艺术的概括能力，需要有表现的技巧能力。提高技巧是十分重要的，然而技巧的提高也主要是建立在作家对于生活的深入观察与概括上，对于群众语言和性格的熟悉上，否则无米之炊，虽巧妇也无能为力。在思想性与艺术性的关系上，思想性总是主导的。

我们的文学，在政治倾向上是应该一致的，而在风格、形式、体裁手法上则是多种多样的。政治倾向的一致，是反映了大多数人民群众在革命要求与意志上的一致，风格、形式、体裁的多样化是反映了人民生活的多样化和艺术兴趣的自由发展。这是统一与多样的辩证关系，作家只有深入生活，与群众密切结合，才能运用自如地掌握这个关系，在艺术上达到广度、深度与高度的一致。

文学的普及与提高的结合，我以为主要关键也在于作家与群众的密切结合。《在延安文艺座谈会上的讲话》中关于普及与提高关系的论述，显然是以作家艺术家与群众的关系作为其前提的。很明白，一个作家如果不熟悉工农兵群众的思想、感情、生活、语言，他怎样能从人民普及的基础上去提高呢？又能用什么样的提高作品去指导普及呢？作家的指导群众是从用群众生活中提炼出来的思想感情，铸成生动的艺术形象，并且以和群众平等的态度去使群众信服，而不是去教训他们，因此，首先就应当和他们思想感情打成一片，熟悉他们的语言、习惯，这是和他们相结合的基本条件。自然，作家的主要任务是写出优秀的作品去影响群众，所以他们并不可能像文化教员那样去辅导群众，但是他们也必须经常注意群众的文艺生活，这样才能更好理解群众的需要和帮助他们。

作家深入生活的方式是多种多样的，也是要根据作家的需要和自愿的原则。各个作家有其自己的创作意图，有其认识生活的不同经验和方法。应当尊重作家的志愿，而不能死板去规定。在创作事业中，最不能机械地平均和标准化。有些作家提出固定于一个地区还是不固定于一个地区好的问题，这应该由作家自己来选择。但是作家需要一个经常的生活根据地，看来是必要的。许多作家的经验也证明这一点。我们的文学，不是追随生活现象，而是要正确地对生活进行评价，和看出其前景。作家需要有高度的思想和远大的眼光，但是作家认识的高度与广度，首先是决定于他投入生活的深度。

好像树根愈深，根须吸取营养的范围愈广，树和枝叶也愈高大茂盛。

作家与群众的密切结合，是说明了创作与生活源泉的关系。这是历史唯物论的观点，是文学上一条规律，也是十年来文学实践中所更加证实的基本经验之一。

百花齐放、百家争鸣、推陈出新是我国社会主义文学发展的基本途径

列宁在《党的组织和党的文学》中指出，文学事业，必须绝对保证个人创造性，保证个人爱好的广大的空间，思想和幻想、形式和内容的广大的空间，而同时它又是党的事业的一部分，必须服从于党的领导。这在资产阶级看来是互相矛盾的，而在我们看来则正是矛盾的统一。这也是前面说过的统一与多样的辩证关系。任何事物都是如此。毛泽东同志提出了“百花齐放、百家争鸣”，又提出了辨别香花毒草的六条标准，正是表明了这种关系。没有标准，就会形成是非不清的无政府主义，没有“百花齐放、百家争鸣”就会走向教条主义，妨碍文学艺术的自由发展。所以必须是结合的、统一的。正是这样，才划清了我们“百花齐放、百家争鸣”方针与资产阶级那种虚伪的自由主义（实际上是垄断主义）的根本的区别。我们的“百花齐放”是社会主义土壤上的百花齐放。社会主义文学的风格是多样的、自由的，这样就规定它必须保证作家之间的自由竞赛和自由地发挥其独创性，而这一切又必须以服务于社会主义的根本利益为前提。这是很自然的。

“百花齐放、百家争鸣”可以说是全部文学艺术历史发展的规律，而在我国目前又是适应于我国社会主义建设的要求，促进社会主义科学与文艺事业多、快、好、省地发展。我们的文学建设要求以更快的速度达到更高的水平，其基本途径就是“百花齐放、百家争鸣”的方针和推陈出新方针的贯彻执行。“百花齐放”不但要在当代作品中进行自由竞赛，而且还必须在传统的艺术基础上进行革新创造的竞赛。“百花齐放、推陈出新”，本来是对戏曲界提出来的方针，实践的结果大大发展和革新了我国多种多样的戏曲传统。这个经验是十分可贵的。我国有极其悠久和丰富的古典文学的传统，十年来在这方面做了不少工作，但如何更好地运用马克思主义的正确观点方法，继承发扬民族文学传统，还需要作更大的努力。新的文学艺术的创造总要继承自己民族的传统，吸收世界上历史上一切好的经验，加以革新创造，融会贯通，这是不易的真理，而在马克思列宁主义基础上，尤其能够发挥充分的创造性。马克思列宁主义找到了艺术发展的规律，因而赋予它以创造的最大的自由。人们常常谈到创作的个性和独创性。这种创作的个性和独创性将是怎样健康地发展呢？我以为正是由于在科学的马克思列宁主义思想基础上人们获得了对客观事物最广阔透彻的理解，突破了一切陈腐学说的束缚，解放了自己的思想，从广阔的人民生活中，从传统的经验中，从人类一切优秀的文化财富中，获得了比较、选择的自由和充分发挥的创造力量，才发展起来的。因此，个性的自由是在集体中间发展，独创性是在群众基础、传统基础上发扬。所以在作品的形式和内容上能够有最大的空间。百花齐放、百家争鸣、推陈出新的方针是促使我国文学艺术走向这样目标的基本途径。

一九五六年党提出这个“百花齐放、百家争鸣”的方针以来，在最近两年中，无论在文学、艺术、科学各个专业部门中，在群众创作与群众科学运动中，都显出了巨大的成绩。今年来，文学理论上的争鸣，尤其热烈，如关于诗歌形式问题，关于现实主义与浪漫主义问题，关于文学史问题，关于某些古典作品的评价问题的讨论；在这些讨论中，老专家和青年知识分子，都各抒己见，以平等的地位，诚挚的态度，进行反复辩论，这风气是健康的。我国人民从来没有过像现在这样发挥过高度的创造力。劳动人民有那样多的诗歌，那样多的科学技术发明和改革，人民的创造力是多么惊人啊！而继续促使这种创造力的迅速发展则有待于党的这个方针更进一步的贯彻执行。十年来文学中，这尤其是一个新的极其宝贵的经验，是促进今后文学发展的中心关键。

成绩和经验的取得，主要是由于党的领导。思想斗争、作家与群众结合、百花齐放、百家争鸣、推陈出新，都是党从实践中总结出来的政策方针。革命文学事业离开党的领导是不可思议的。为了更好地工作，首先尤其要坚持这一原则。

三　向新的高峰前进

这是祖国伟大的十年，而我们还有更伟大的将来。共产主义者是永远向前进的。我们的社会主义文学现在还年轻，然而它将迅速地变得更加强壮、更加成熟。我们现在的基础还不是很高，然而我们有决心要从现有基础上攀登世界文学的高峰。这是不容易的事情，要作极其艰苦的努力。历来文学史上的高峰，都要经过相当的准备时期而后出现。我们现在再不需要像前人那么长久的时间了，因为我们有了新的经济基础，新的社会制度，有了战无不胜的马克思列宁主义，有了中国共产党和人民伟大领袖毛泽东同志的领导。我们怀有百倍信心继续跃进，但绝不要把它看得轻而易举，力戒浮夸自满。我们应该鼓足干劲、力争上游，吸收过去的经验，克服存在的缺点，继续和一切资产阶级反动思想作斗争，和劳动人民紧密地结合，坚决贯彻党的百花齐放、百家争鸣和推陈出新的方针，继续扩大普及工作，勤修苦练，加强学习以提高艺术质量。我国社会主义文学的前途是无可限量的！

一九五九年九月十七日

（原载 1959 年《文艺报》第 18 期）

在大连“农村题材短篇小说创作座谈会”上的讲话

在我们这些年来的作品中，以农村的生活为题材的作品数量最大。作品成就较大的也都是农村题材，像《红旗谱》《创业史》《山乡巨变》《暴风骤雨》等等。短篇也是这样。搞《三年小说选》，中选的九十多篇，写农村的四十多篇，比较好的三四十篇，占一半以上。这情况很自然。五亿多农民，作家大部分从农村中来，生活经验比较丰富。另方面，农民问题在中国革命中间特别重要。毛主席说民主革命主要是农民问题，农民百分之八十团结起来革命就能成功。毛主席在《论人民民主专政》中说：“严重的问题是教育农民。”要把人口最多的农民的思想觉悟提高一步，这是社会主义建设重要的一个环节。这个客观现实一定要反映到作品中来。所以农村题材写得多是自然的。

这方面有很多经验，值得探讨一下。十几年来农村变化很大。人民公社的方向是正确的，是解决全民与集体唯一的道路，从集体化走向全民所有，这条道路肯定是正确的。以前还没有完全摸清楚这个规律，再加上有自然灾害，一个时期在农业上造成相当严重的挫折。一九五七年、一九五八年一直是增产的，一九五八年以后生产大幅度下降，农村矛盾就突出了。国家处在困难时期，非常时期，调整工农关系是最主要的问题，巩固工农联盟是社会主义建设的严重问题。有了六十条，情况比较好一些，但还是有困难。现在是全国团结起来，克服困难。作家们是关心这个问题的。大家也常常谈到庄稼问题。作家怎样来服务这个政治？因此，怎样描写农村题材，正确反映农村中的问题，是作家们的重大责任。由于农村发生了问题，也引起创作上的新问题。

三年来农村题材小说比重最大。一九五九年少一些，一九六〇年多些，一九六一年多些。侯金镜同志说一九六〇年、一九六一年，公社问题明确起来，写得多了。到今年又写得少了。情况还摸不大准。因此又写得少些了。怎样来认识这些新的问题，需要探讨一下。要谈创作，先要把农村问题、工农关系问题谈谈。这个问题恐怕是世界历史上还没有完全解决的。人民内部矛盾包括工业与农业的矛盾，这个问题是必然会发生的。自然灾害、工作缺点问题，使得这个矛盾突出了。即使没有后者，也会有这个问题。工业化要积累资金，要有劳动力、原料、土地等等。这些东西，在资本主义国家，是靠侵略别的弱小国家来解决；社会主义国家不行，因此存在这个矛盾。

马克思最早定了一个以农业为基础的原则。列宁很早死了，来不及解决这个问题。斯大林没有解决这个问题，因为他在理论上不承认工农业矛盾是人民内部矛盾。工业、农业这个剪刀差，供求问题，在一九五七年前我国情况是比较好的，但是，农业上升也赶不上工业上升，所以五年计划一宣布，矛盾看得就明显了。最早我们建设是抄人家。后来，毛主席就写了《关于正确处理人民内部矛盾的问题》。现在最主要矛盾是工农矛盾。一九五八年大跃进时候，工农业发生了剪刀差，一九五九年更大，所以今年要让一批工厂下马。去年下半年是有意识大幅度下降，以取得平衡。这个教训很大。这个教训换来了经验，毛主席提出农业为基础，工业为主导。提出农、轻、重，这是找到了一条规律，是列宁、斯大林都没有解决的，是政治经济学中重大的问题。这个很大的变化，对我们的认识很有帮助，集体的方向是不能动摇的。现在要摸索到集体化的规律，有规律就有办法，这个信心是有的。情况已弄清，规律已找到。所以周扬同志强调我们现在可以说已找到了这条光明大道。规律找到，还要进一步解决具体问题。文学的任务就是要在这时加强思想教育，这是非常重要的。集体与个人的统一问题，个人与集体意识的解决，这就是灵魂工程师的任务。社会主义教育是我们文学的根本任务。作品写人与人的关系，灵魂状态的变化。有小农思想，有集体个体观念，是有许多思想问题的，有不少群众在困难面前是丧气的。在变化中，人的意识问题出来了。比如偷窃、儿童的道德问题，都需要进行教育。西戎同志写的《赖大嫂》，在养猪问题上，就有许多想法。好心干坏事，也是普遍的。“五风”中有些是很坏的，但大部分也不是坏的。灵魂工程师要对人民进行社会主义教育，所以这个会很有必要，开会的目的就是这样。今天感到，农村题材最重要的是如何反映人民内部矛盾，把这作为最主要议题，以此为中心，围绕讨论创作问题，也不限得过死。反映内部矛盾不是今天才提出的，解放后一直有这个问题。刚解放，是翻身、反封建问题，《暴风骤雨》《活人塘》等等都是。到“过渡时期”，内部矛盾就突出了，成为主要的东西。《不能走那条路》就是一九五三年提出来的，这是内部矛盾，一九五三年后就成了中心问题。《三里湾》《山乡巨变》《创业史》《春种秋收》《桥》都是写的这个问题。我们已差不多有十年的经验了。《创业史》写得很好，从父子矛盾的统一，来概括了各种意识的斗争。党支书是一个蜕化分子。出现梁生宝这样的英雄人物，而把矛盾集中在梁三老汉身上，逐步解决集体化中的各种问题。《三里湾》里的范登高，爬得高，跌得重，改编成电影，却搞成了“花好月圆”。我们这些小说，一个是写了合作化过程，一个是新的农民。《山乡巨变》的邓秀梅也非常艰苦，是一家一家做工作的。这个教育作用是不小的。我们写的都比较多。这三年还是写了矛盾的。从这些矛盾反映出了大跃进。大跃进不能与浮夸混为一谈，从这三年来看，作家还是坚持了现实主义，追求浪漫主义，写刮“五风”还是少数。另外一方面，革命精神、新的道德观念写得也很充分。创造了各式各样的人物，这三年短篇还是有所发展的。另一方面，作品中接触到相互间的矛盾就比较少了。分析原因，公社化是一下子来的，议论比较少；合作化纠纷长，时间也长。那时也强调写革命精神。同时与简单化的理论批评也很有关系。写了矛盾就来指责，编辑部对《李双双小传》现在也还有人认为不能编选。这个变动很大，所以作家也有个认识过程。经济基础的变动反映在意识上的矛盾，写的就较少。一九六一年就写实事求是与浮夸对立，《实干家潘永福》《乡下奇人》

也是这一类。发表颇不容易，读者还来指责。《沙滩上》是侧面写的，《甸海春秋》也是如此。今年写得很少。《赖大嫂》写农村妇女的个体思想，有两种看法。《河北文学》发表了一篇老坚决与王大炮的斗争，这说明已出现了一些这类作品。总理说，人民内部矛盾是大量存在的，作家应该去写。有人以为写矛盾就是群众与群众的矛盾。我的理解，矛盾是广泛的，主要有工农业，有生产问题，有分配问题。作品要写人，写农民，也会遇到各种不同阶层的人的问题：有的不愿意养猪，有的愿意养；农民之间也有许多错综复杂的矛盾。总的讲，是个体经济的思想与集体主义思想、国家利益与个人利益之间的矛盾，这是主要的。官僚主义之类也是可以写的，但主要不是这些。如《赖大嫂》，就不是领导与被领导的问题。《老坚决外传》就写了领导与被领导的问题。一九五七年写的多，后来反过来怕写领导，又不敢碰。处理内部矛盾也有不同的态度，从右的修正主义来强调内部矛盾，就会把它夸大而致否定社会主义，认为无产阶级专政没有优越性等等。从“左”的方面来看则是否认这个矛盾，粉饰现实，回避矛盾，走向无冲突论。回避矛盾，不可能是现实主义。没有现实主义为基础，也谈不到浪漫主义。革命现实主义就不能不接触矛盾。粉饰、回避是写不好的。要写，首先是阶级分析，要有一个看法，从矛盾说明一个思想，这值得探讨，要从具体中去看，去解决，哪一些可以写，哪一些不可以写。有人认为什么都可以写，我看不一定。这与宣传党的政策有关。比如农村有些干部，蜕化成敌我矛盾，像恶霸似的，能不能写？划条线也很难，编辑也很难，可以讨论一下。总之，回避矛盾是不行的。写，是为了克服矛盾，是为了教育人民。为矛盾而写矛盾，也是不行的。

其次，环绕这个中心问题还有什么问题？主要是人物创作问题。作品是通过人物来表现的。近来的作品，写了各种人物，创造了很多的艺术形象。一九五四年前后，概念化的东西很多。最近几年，纯粹从概念出发的，还不太多。性格化比较突出，《张满贞》、《耕云记》里的气象员、《静静的产院》中的谭大婶，都各有个性。创造的人物绝大部分是先进人物：倔强的老头，生龙活虎的妇女，生气勃勃的青年。强调写先进人物、英雄人物是应该的。英雄人物是反映我们时代的精神的。但整个说来，反映中间状态的人物比较少。两头小，中间大；好的、坏的人都比较少，广大的各阶层是中间的，描写他们是很重要的。矛盾点往往集中在这些人身上。我觉得梁三老汉比梁生宝写得好。亭面糊这个人物给我印象很深，他们肯定是会进步的，但也有旧的东西。毛主席也说，要写各种各样的人物。分析一切人、一切阶级，这样就更丰满了，写得更丰满更深刻。只有把人物放在矛盾斗争中来写，不然性格不突出。比如林黛玉，如不把她放在爱情的矛盾中心，就不可能突出。所以，要研究人物与矛盾的关系。有些简单化的理解认为，似乎不是先进人物就不典型。一个阶级只有一个典型，这是完全错误的看法。从这个理论出发，又发生拔高问题。要人物高，这就容易把人物孤立起来。

再谈谈题材的广阔性与战斗性的关系。《人民文学》提出所谓“边缘题材”即很危险，去年提出后就好一些了。上海今年也提出多样性与战斗性的矛盾。不是提倡写小人物，日常生活中，我们还是可以看到有不少可歌可泣的人物。如《看愚公怎样移山》，作用很大。还有一些这类报导，教育群众，意义很大；不是写灰溜溜的，就是人民内部矛盾，这点也要说清楚。

我们当然也可以写不是直接与生活斗争有关的，也不要把写内部矛盾与战斗性对立起来。

关于深入生活问题，可以总结一下。最近，作家下去也有些困难。把作家看作“机关人”，老赵、康濯下乡去，也感到有这问题。国家与个人矛盾也反映在这问题上。

现在，再着重谈谈创作问题。

已接触的问题是：

第一，当前农村人民内部矛盾主要内容到底是什么？工农、集体与个体、领导与被领导、工作作风、缺点同正确等方面的问题，都摆出来了。主从关系怎么摆？而矛盾的主导一方面是什么？

第二，作家要正确反映农村人民内部矛盾，目的同意义是什么？用什么方法来描写？

第三，作家在认识和描写当前农村生活的内部矛盾时，如何根据政策理解现实，达到政治性跟真实性一致？（不能说政策跟生活总是一致的，有一定的矛盾。）

第四，怎样从描写人民内部矛盾中反映出建设社会主义、教育农民的长期性、艰苦性、复杂性，通过这来表现现实中劳动人民的积极的力量、积极的因素。要写消极的和积极的斗争，但主导的是积极的因素。这个问题也是很复杂的，不能简单化。

第五，写积极因素、艰苦奋斗，但是不可能不接触缺点错误这一面。怎样正确地反映我们必然要接触的缺点错误？同修正主义的暴露人民怎样区别？发生了怎样写、哪些暂时还不能写、投鼠忌器的问题。

第六，反映这种艰苦性、复杂性，主要的是创造人物。究竟什么叫做典型环境典型性格？典型环境到底怎么写？还有个创造英雄人物的问题。怎样克服过去创造人物性格的单纯化和简单化的毛病？总之，现实生活愈挖得深刻，性格也就更丰富，战斗性也就更强。怎样理解战斗性，通过写反面人物能不能表现战斗性？

第七，对报刊批评简单化的意见。

工农业失调、“五风”、自然灾害引起了整个国家暂时困难中间突出的矛盾。从性质讲，还是社会主义社会中生产力和生产关系的矛盾，是非对抗性的，正确处理不会变成敌我矛盾。它的内容究竟是什么？我个人以为还是国家、集体、个人三者之间的关系中产生的矛盾，最主要的是这个东西。由于国家工业发展快，征购任务大，集体就负担大；集体负担大，集体同个人也产生矛盾。就搞自留地，包产到户。搞自留地，包产到户，不是农民今天反对集体化，而是农民对集体保证他的利益不放心。这个矛盾也反映到农民的思想意识中间，就是集体主义思想同个体小农经济思想的矛盾。这本来是长期存在的，而现在表现得比较尖锐。还有领导与被领导关系、工作作风、方法方面的矛盾。最紧张时期——“五风”时期是过去了，但矛盾不是没有了。总之，归纳起来还是国家、集体、个人方面的矛盾。使矛盾如此突出，这同工农业比例失调有关系。主导方面还是巩固发展集体利益的方向。这个不能动摇。今天国家要解决农民群众的一些问题。反过来，农民今天还是要注意国家和集体的利益，而不应当背道而驰。今天要搞粮食，国家不得不对农民作一些让步。退步是不是走回头路？以退为进，恐怕不能叫走回头路。目的是为了前进，为了社会主义的利益，为了巩固工农联盟，巩固发展集体经济，还是为了国家利益。工业的压缩也是如此。

创作问题，我们不是客观主义地反映矛盾，而是为了团结教育人。反映矛盾，克服矛盾，是文学为政治服务一个具体的重要内容。既反对粉饰现实、回避矛盾，也反对主观主义的为写矛盾而写矛盾。或者更坏，片面地夸大矛盾。在革命现实主义基础上有革命浪漫主义。反对"写真实"的假现实主义，也反对浮夸的浪漫主义。

听到周扬同志谈到中央最近会议（编者按：指八届十中全会）的传达以后，有两点感想：

（一）农村形势有所好转，"五风"基本过去，解决农村问题的道路明确了，工农业关系，工业支援农业，商业上的措施，精简城市人口……等等。那天会后，赵树理很兴奋，道路找到了。

（二）找到了道路，困难还是很多，矛盾还是很复杂。斗争是长期的。集体化、机械化要二十五年。有困难，有办法，前途是光明的。前年、去年主要是克服"五风"的问题，现在，有残余，但基本上过去了。现在，主要是：国家利益、集体利益、个人利益的调整问题。在农村是：如何巩固集体化道路，发展生产。包产到户的问题，各省都有，应该怎么看？有的同志提出矛盾的主要方面是什么？在现实生活中，必须用阶级观点来加以分析。据陶铸、王任重同志的调查报告，只有百分之十主张单干，百分之六十坚决主张走集体化道路，百分之三十愿意走集体化道路。从这里可以看出，在人民内部，在农村和农民内部是有阶级斗争的，这种情况也反映在我们干部身上。

近三四年来，大家得到这样一个教训，任何事情——农村问题也是这样，首先方向问题上不能动摇。在农村问题上，也作了不少让步，甚至粮食也开放自由市场，但在方向上决不能动摇。人民公社是发展社会主义农业、解决农业集体所有制和全民所有制的关系，走向共产主义的道路。任何事情都是逐渐完备起来的。我们没有人怀疑集体化的方向，但是必须看到这条道路是长的、复杂和曲折的。一九五八年有人说，两年零八十天就可以进入共产主义，现在看来是可笑的。我们现在对于长期性、复杂性、艰苦性的估计是否已经充分了呢？小队所有制订出三十年不变。是否认为太长了些？基本机械化需要二十年，这样说不能算太长。搞创作的，必须看到这两点：方向不能动摇，同时要看到长期性、复杂性、艰苦性。没有后者，现实主义没有基础，落了空；没有前者，会迷失方向，产生动摇。这是一个革命者的世界观问题，是革命理想和求实精神相结合的问题。如何团结全国人民克服困难，这是我们作家在当前形势下的责任。复杂的农村斗争，首先在文学上反映出来，让全国人民了解这一形势；其次，个人主义还是集体主义；国家观念、整体观念要在生活中起作用。注意通过艺术形象，团结全国人民，克服困难，巩固发展集体主义。其次，在干部中，“五风”虽已基本上消除，但主观主义、官僚主义的工作作风仍然存在，这是人民内部矛盾的一个方面，如何通过艺术形象进行批评。总起来说，三个方面：生产关系；对农民进行社会主义、集体主义教育;工作作风方面。

第一点应当肯定,小说——包括农村题材,革命性很强。尽管有些作品内容显得空乏,现实主义不强,但是革命斗争精神很强。反映大跃进的作品,除少数的站不住以外,都反映出了斗志昂扬、意气风发的革命精神。《山鹰》这个作品,我也觉得有些缺点,但这个作品也是应该肯定的。杜鹏程的《飞跃》,我觉得有些缺点,但是它反映的革命气概,也是要肯定的。

在现实性方面,我们的有些作品也达到了相当的深度。有些作家对农村斗争的长期性、复杂性、艰苦性有深刻的认识。这次会上,对赵树理的创作一致赞扬,认为前几年对老赵的创作估计不足,这说明老赵对农村的问题认识是比较深刻的。柳青的《创业史》的现实主义成就,应该加以充分估计。孙犁同志写农村的小说,如《铁木前传》,现实主义也是相当强的。又如李准,从《不能走那条路》到《耕云记》,不同程度地反映了农村生活的变化。

总的看来,革命性都很强。而从反映现实的深度、革命斗争的长期性、复杂性、艰苦性来看,感到不够。在人物创作上,比较单纯,题材的多样化不够,农村复杂的斗争面貌反映的不够。单纯化反映在性格上,人与人的关系上,斗争的过程上,这说明了我们的作品的革命性强,现实性不足。

《老坚决外传》这个作品,在地方刊物上也应该肯定,有教育作用。缺点是人物性格单纯化。名副其实,处处坚决;王大炮更加单纯化。短篇小说很短,只能强调人物的一点,但这个作品使人感到单纯化,人物在作品中提出问题到解决问题很快,没有反映出人物性格的复杂性。杜鹏程的《飞跃》写人的精神状态的飞跃；飞跃是量变到质变的过程，是可能的，但是作品中，这个过程写得不够，是作者人为的“飞跃”。怎样表现革命的复杂性、艰苦性，怎样更深刻地反映当前农村的复杂、尖锐的矛盾，使革命性和现实性更好地结合，是大家所追求的。

如果说，农业是国民经济的基础，现实主义则是我们创作的基础。没有现实主义，就没有浪漫主义。我们的创作应该向现实生活突进一步，扎扎实实地反映现实。茅盾同志说的现实主义的广度、深度和高度，这三者是紧密相连的，罗曼·罗兰说，高尔基是从“黑土里生长出来的，而又把自己的根须伸入到黑土的深处去”。柳青、赵树理、李准、刘澍德在农村中生活的基础都是厚实的。除熟悉生活以外，还要向现实生活去突进一步，认识、分析、理解……，这是大家所追求的。现实主义深化，在这个基础上产生强大的革命浪漫主义，从这里去寻求两结合的道路。

如何表现内部矛盾的复杂性，看出思想意识改造的长期性、艰苦性、复杂性；更深地去认识、了解、分析、概括生活中的复杂的斗争，更正确地去反映人民内部矛盾，是我们作家的新的任务。

封建社会、资本主义社会的矛盾是对抗性的矛盾（写资产阶级浪子，写他本阶级的对抗性的矛盾），社会主义的内部矛盾是非对抗性的。写作的目的也不一样，那时写内部矛盾是为了动摇资本主义的基础（马克思说，我们的现实主义是为了动摇资本主义的乐观主义）。我们写人民内部矛盾，恰恰相反，是为了巩固和保卫我们的社会基础。我们不可能得出这样的结论：写人民内部矛盾，写不出激动人心的作品。如阿·托尔斯泰的《苦难的历程》，写出知识分子精神生活的艰苦历程。鲁迅的作品以及郭老的《凤凰涅槃》也是如此。农民的道路也是如此。柳青《创业史》的引言："创业难"；杜鹏程《在和平的日子里》的主题是：在和平的日子里不和平。我们的作家看到了这一点。为什么说，写敌我矛盾比写内部矛盾易于激动人心，主要是对内部矛盾的复杂性、尖锐性认识不足。艺术作品强大的感染力量是从生活中复杂、尖锐的斗争中产生出来的。

要写人民内部矛盾，有一种流行观念，就是要写缺点；写得不好，帽子戴上，因而不好写，这看法是不对的。人民内部矛盾，当然包括官僚主义、主观主义等工作上的缺点，但不仅仅是这些。写人民内部矛盾，无非是写无产阶级在社会主义建设时期，怎样克服阶级与阶级之间，以及自身内部的矛盾，不断前进。人物性格只有在矛盾、斗争中才能表现出来。马克思说，人物性格是社会关系的总和。不是为了矛盾写矛盾，而是为了通过写矛盾显示出生活斗争的真实性，以此教育人民、团结人民。现实主义是创作的基础，生活是现实主义的基础。写出好作品的作家，必然是深入生活的；但只是深入生活，不一定写得出好作品。创作有它自己的规律。周扬同志说得好，作家创作应该写所见、所感、所信。我补充几点：作家应有观察力、感受力、理解力。光感受还不行，还应有理解力——理解是通过形象及逻辑思维进行的，要有概括力。没有概括力，写不出好的作品。在我们社会里，独立思考往往被忽略。作家当然应该了解政策，但是应该通过自己的思考去了解、认识。赵树理同志对生活的理解、独立思考能力强，杜鹏程同志的感受力很强，茹志鹃同志的观察力很强。不体察入微，对现实的分析、理解就不深。没有强大的理解力、感受力、观察力，就不可能有高度的概括力。有了前面几个条件，概括就会水到渠成。提高文化修养，学习古人和外国的经验，无非为了帮助我们提高这些方面的能力。

作品中能给人以新的思想，这和作家对生活的理解有关。短篇小说有它的特点。人物成长、变化的过程，在长篇中问题不大，在短篇里要写出人的性格历史的过程，需要更强的概括力。在某种意义上说，短篇小说比长篇更难写。将一个复杂的东西，通过艺术的概括，以小见大，像树干的横断面，可以看出年轮及树木的性格。复杂与单纯的关系，通过单纯看出复杂，从一粒沙看整个世界，这与单纯化不同。鲁迅、契诃夫，在这方面的成就值得我们学习。鲁迅的《风波》，通过晚餐席上的风波，反映出辛亥革命时期农民没有起来，注定了失败的悲剧；主题与《阿Q正传》相同，这是经过长期观察得来的。鲁迅对辛亥革命的失败，理解得很深刻。现在，有些好的短篇小说，在一定程度上也进行了这样的概括。

短篇创作碰到的另一个问题，即在不多的篇幅中，提出矛盾，解决问题，但是不可能，怎么办？《赖大嫂》就遇到这样的问题，有些批评者批评赖大嫂思想没有转变成集体主义。是否非要写出解决问题不可？如果水到渠成，可以解决；否则，也可以指出方向，让读者自己去得出结论。《四年不改》就得到这个效果。短篇小说创作在进行概括时，抓住一点，让人看出前因后果就行了。

风格问题，平平常常与轰轰烈烈的问题，根本问题在生活基础。各人有各人的风格。最近几年,在成熟的作家中间,风格形成了。让各人发展自己的风格,从平常中见伟大也好,含着微笑看生活也好,皱着眉头看生活也好。有人说茹志鹃写的人物不够高大,缺乏浪漫主义,她自己也有些动摇。

人物问题、矛盾的复杂,归根结蒂在人物性格。写不出人物性格,怎样反映出斗争、反映出内部矛盾的复杂性、尖锐性?英雄人物,八条、九条标准,衣服不同,面孔一样。典型化的法则是现实主义的基本问题。典型的说法,有这么一个过程:高尔基说,看十个、二十个商人,才能创造出一个典型的商人,这是通俗易懂的说法;后来苏联有一种说法,成了加在一起。马林科夫在十九大提出反对平均数,典型不是大量存在的,是萌芽的东西,这也对。但从大量中概括出来的也应该算是典型,否则,只写萌芽,路子就窄了。无论萌芽也好,大量存在的也好,必须是在生活土壤中产生出来的。典型是社会本质的力量,有它的道理,但也容易被误解。只写阶级本质,结果面孔一样。落后的东西,用谢德林的怒火烧掉,这对反映人民内部矛盾来说就不一定合适。后来批评马林科夫的论点,提出个性问题,个性与共性的统一性,也不是那么简单。苏联现在也不大讲阶级共性,而是全民的人性,强调全民是共同的人性。我们认为,还是恩格斯讲的"典型环境中的典型人物"。一个阶级一个典型,是有害的理论。去年读了《城市姑娘》,觉得不应该这样理解。恩格斯是讲环境和人物的关系,在一个典型环境中间,有各种各样性格的人物,在一定环境中,写出各种人物之间的关系。我们的作家,是不会相信一个阶级一个典型这种理论的。但是,这种理论加给创作的压力还是很大的。

写英雄人物，谁也没有规定必须写缺点，但有发展过程，在克服、斗争中发展过来。怎样从艰苦奋斗、复杂的斗争中成长起来？《创业史》中的梁生宝，是最高的典型人物，但我不认为是写得最成功的。梁三老汉、郭振山等也是典型人物。谈《红旗谱》，只谈朱老忠；但严志和也是成功的典型。赵树理《锻炼锻炼》中的小腿疼，受到责难。作家对简单化、教条主义、机械论的批评应当顶住。提高、拔高的问题，也是从一个阶级一个典型来的。“拔高”就是拔到他们所订下的标准上去。

创造人物，根本问题是熟悉人、了解人，但也反对那种如实描写的自然主义倾向。提高无非是概括，是典型化，将人物性格概括起来，使它更加突出。

理想主义与理想化不同。

茅公提出“两头小、中间大”，英雄人物与落后人物是两头，中间状态的人物是大多数，文艺主要教育的对象是中间人物，写英雄是树立典范，但也应该注意写中间状态的人物。

创造人物主要依靠人物的行动，言行反映出他的心理状态，行动表现出矛盾的具体化的东西。写人物，应该注意写出人物的心理状态——心理就是灵魂——这是灵魂工程师的任务。

风格，每个作家可以不同，主要是从现实、从生活出发，在现实生活的基础上探求两结合的道路，团结人民，教育人民，克服困难，向我们的目标前进。

（根据记录稿整理）

一九六二年八月